四枢要徳について　西洋の伝統に学ぶ

四枢要徳について

——西洋の伝統に学ぶ——

J・ピーパー
松尾雄二訳

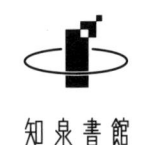

知泉書館

凡　例

1　原文の表記などは次のように変更した。
　・原文の»«（もしくは«»）は，「　」で表記した。
　・ドイツ語のイタリック体は傍点に変えた。
　・原文の［　］は（　）に変えた。ただし，（原文にある語句をそのまま訳文中に補って訳す場合，たとえば「四頭立て二輪戦車（das Viergespann）」のように，（　）に原語を入れて，訳語の意味を補足したところもある。）
　・ラテン語（まれにフランス語等）がドイツ語文のなかで使用されているときのラテン語等の和訳は，たとえば，**思慮**（prudentia），のようにゴシック体にした。
　・［　］による補足は，訳者自身の挿入であり，原文に対応するものはない。

2　各章のなかにある見出しは，原本では一括して各章のはじめにまとめて置かれているが，本訳書では，各章で適当と思われるところに，訳者が挿入し，ゴシック体で強調した。

3　注は次のとおりである。原注のうち出典注はまとめて巻末に，説明を含んだ原注は†で脚注に置いた。脚注にある＊印は，訳者による注である。

4　トマス・アクィナス著作の略号
　　Summa Theologiae『神学大全』たとえば '1-2, 50, 1 ad 1' とあるのは，『神学大全』2の1，第50問題，第一項，（1）への答え，のこと。創文社刊『神学大全』の既刊の分冊番号とページ数をすべてに付けている。
　　Scripta super libros sententiarum『ペトルス・ロンバルドゥス命題集註解』たとえば '2, d. 24, 3, 5' は，その第二巻，区別24，問題3，第5項。
　　Summa contra Gentiles『護教大全』（または，『対異教徒大全』）
　　Quaestio disputata de veritate『真理論』
　　Quaestio disputata de anima『魂についての討論問題』
　　Quaestio disputata de malo『悪についての討論問題』
　　Quaestio disputata de virtutibus cardinalibus『枢要徳についての討論問題』
　　Quaestiones disputatae de virtutibus in communi『徳一般についての討論問題』
　　Quaestiones quodlibetales『任意討論問題』
　　De regimine principum『君主の統治について』

5　聖書からの引用文は『聖書 新共同訳 旧約聖書続編つき』(日本聖書協会)による。

目　次

凡　　例 　v
訳者まえがき 　xv
徳とは何か？——ヨゼフ・ピーパーの「徳」論の理解のために（稲垣良典）　xvii

はじめに 　3

第Ⅰ部　思　慮

第1章　枢要徳のなかで第一のもの
思慮は倫理徳を「生む」。これはただの寓意ではない 　9
現代の誤解 　10
「思慮」をテーマとする論文の規制 　11
原因,「尺度」, 形相根拠としての第一の枢要徳 　12
真理とは現実的なものが現れでること 　15

第2章　現実在を知ることと善の実現
善を為すには現実にかんする知識が前提となる 　17
「原良心［良知］」と「状況良心」 　17
認識としての思慮：存在に対する誠実な記憶・何かを言わせうる
　こと・不測の事態にあっても真正面から機敏に対応すること 　19
「命令」としての思慮：予知 　25
倫理的決断における不確定性 　25
無ければならないことが欠けている無思慮, その根としての邪淫 　26
思慮ぶることと「貪欲」 　27

「おのれを利する者は輝かず」　　　　　　　　　　　　　　29

第3章　境界の線引きと対照
　　暗やみを起源とする人間の行為　　　　　　　　　　　　　32
　　それでも：「人間の善は理(ことわり)に即した存在である」　33
　　道徳主義と決疑論の過大評価　　　　　　　　　　　　　　34
　　道徳論を知っても「思慮ある」ことにはならない　　　　　37
　　行為と制作との混同　　　　　　　　　　　　　　　　　　40
　　思慮，すなわち倫理的に成熟しており自由であることの極致　42

第4章　思慮と愛
　　思慮と倫理徳の相互依存関係　　　　　　　　　　　　　　45
　　「不正義の捕虜となった」真理　　　　　　　　　　　　　47
　　二種類のものさし：「ただしい理性」と神　　　　　　　　49
　　思慮と愛との争い　　　　　　　　　　　　　　　　　　　51
　　「世界を軽蔑する」ことの唯一ただしい根拠　　　　　　　52
　　聖性は現実在のいっそう深いところを見せてくれる　　　　53
　　真理を行うものは……　　　　　　　　　　　　　　　　54

第Ⅱ部　正　義

第1章　権利［当然の持ち分］について
　　正と不正の種類は多様である。しかし，「その人のものはその人へ」
　　　という考え方は一貫している　　　　　　　　　　　　57
　　人には当然の持ち分が帰されるが，それは何を根拠としているから
　　　なのか？　　　　　　　　　　　　　　　　　　　　60
　　この当然の持ち分の譲り渡しえないこと　　　　　　　　63
　　人格としての人間　　　　　　　　　　　　　　　　　　65
　　権利の譲り渡しえないことの究極の根拠である被造性　　66

第2章　他者と負い目・責務
　　正しい人の相手方としての「他者」　　　　　　　　　　70

　　　　　　　　　目　次　　　　　　　　ix

　「異他なる者は清算されてよい」　　　　　　　　　　　　71
　何か負い目・責務があり，その負い目・責務を果たすこと　73
　倫理的な行いはすべて「何者か」に対している　　　　　　76
　外的な行為のあるところ，必ず正・不正が生じている　　　78
　「正しいことを行う」ということと「正しい人である」ということ，
　　これらは別である　　　　　　　　　　　　　　　　　　80

第3章　正義の優先順位
　諸徳の優先順位が問われれば，いつも答えがあった　　　　83
　「正義を根拠にしてわれわれは『善い』と言われる」　　　 83
　正義の優位を示す議論　　　　　　　　　　　　　　　　　84
　倫理的な秩序のもっとも悪い堕落：不正義　　　　　　　　87
　悪の世界支配は「修行」と「武勇・英雄」を排除しない。
　　それは正義を排除する　　　　　　　　　　　　　　　　87

第4章　正義の三つの基本的な形
　「いつ正義が支配していると言えるか？」という問いへの賢人の答え　89
　三つの基本的な関係とそれぞれに応じた正義の三つの形　　90
　個人主義と集団主義は共同生活の本当の姿をゆがめる　　　93

第5章　均等になるように調整することと「元どおりにすること」
　交換正義：人間共存の核心　　　　　　　　　　　　　　　95
　然るべき権利を与え返すことは「元どおりにすること」である　97
　過去の行為すべてをただひたすら「補修」すること　　　　99

第6章　配分の正義
　分配的正義のしくみ：共通善の管理者は義務を負う者である　101
　対価を支払うことと分配することとの違い　　　　　　　　102
　実質価値のほかに権利者の人格が顧慮される　　　　　　　103
　歪んだ二者択一：「全体主義的」か「民主主義的」か　　　104
　最高の共同体である国家　　　　　　　　　　　　　　　　105
　国家権力に相対したときの個人の権利の不可譲渡性　　　　106

分配的正義の履行は強制される性質のものではない：権力者をして
    不正を行わないように阻止するものは，当人の正義だけである　107
  不正な支配ほど大きな災いはない　108
  すぐれた政治の尊厳性　110
  思慮と正義：支配者にとくに必要とされる徳　112
  支配形態としての民主制の危うい点　113
  共通善の正しい行政管理には個人の方からも同意すること　115
  何が分配されるのか？　共通善からの然るべき割り当て　116
  共通善の概念　116
  階級対立が正当である場合　117
  不公平，別け隔て，という分配的正義の腐敗　120

第7章　正義の限界
  性質上返せない負い目　124
  正義の出番にはならないとき：敬神（religio），孝養（pietas），
    敬順（observantia）　125
  正しい者だけが自分の負い目ではないことを行う態勢にある　130
  「あわれみのない正義は冷酷である」　132

第Ⅲ部　勇　気

第1章　序　論
  在るところのものを誤って解釈することは，在るべき姿［模範像］を
    歪曲することに通じる　137
  思慮：屁理屈をこねる者の能力ではなく，真なる認識をただしく
    間違いのない決断へと転換する術である　138
  正義：これは契約上の利益を均等にする徳であるだけでなく，
    共同生活の目的実現に適合している　140
  勇気と節度の徳は悪の存在を前提とする　141
  「節制」：その皮相化。そして倫理の問題の私人化　142
  勇気：「険しい善」の徳　143

第2章　死ぬ覚悟ができていること

傷つく恐れのあるところにだけ勇気がある　　　　　　　　　145
死への隠れたつながり　　　　　　　　　　　　　　　　　145
血の証しにおける完成　　　　　　　　　　　　　　　　　146
善は自ずと貫徹されるものではない　　　　　　　　　　　146
殉教者の教会は殉教を美化しない　　　　　　　　　　　　146
死をもってする勝利　　　　　　　　　　　　　　　　　　148
「苦しみのための苦しみ」ではない。勇気ある者はいのちを軽視しない
　　　　　　　　　　　　　　　　　　　　　　　　　　148

第3章　勇気はみずからを信頼してはならない

「危険に生きる」のではなく、善く生きる　　　　　　　　150
「勇気はみずからを信頼してはならない」　　　　　　　　150
思慮ある者だけが勇敢でありうる　　　　　　　　　　　　151
諸徳のなかでの順位　　　　　　　　　　　　　　　　　　154
「正義のない勇気は悪の原動力」　　　　　　　　　　　　155

第4章　持ちこたえと攻撃

勇気は怖いもの知らずと同じではない　　　　　　　　　　156
倫理的な勇気と兵士の有能さ　　　　　　　　　　　　　　157
究極的に恐れるべきものを恐れることが前提となる　　　　158
より本来的な勇気：持ちこたえることであり攻撃ではない。襲い
　かかってくる悪を前にして、受け身ではなく固く善を守ること　158
忍耐：究極的な無傷の最高の状態　　　　　　　　　　　　159
勇気と怒りは協同する　　　　　　　　　　　　　　　　　160
狼の群れのなかの小羊，誤った見方とただしい見方　　　　161
持ちこたえる態勢にある者の自由な卓越性　　　　　　　　163

第5章　三つの勇気（生命的，倫理的，神秘的）

生命的，倫理的，神秘的という三つの秩序　　　　　　　　164
病的な保身欲　　　　　　　　　　　　　　　　　　　　　165
勇気における完全性［完徳］の段階　　　　　　　　　　　165

いっそう高い現実在を目の前にして慄然とする。「暗夜」 166
霊的贈物としての勇気 168
根本は神への人間の献身 170
希望をもつ者の試しとしての勇気の現場 171

第Ⅳ部　節　制

第1章　言葉の問題
「節制・控え目 (*Mäßigkeit*)」と「節度・抑え (*Mäßigung*)」という
　名称の難しさ 175
ソープロシュネーとテンペランティアのすぐれた意味 177
提案：「節制・締まり (*Zucht*)」と「節度 (*Maß*)」 178

第2章　無私無欲の自己保全
節制とは：自分のなかの秩序を自分で達成すること 180
おのれ自身へ立ちかえる二つの仕方 181
自分本位の自己保全が破壊的であること 181
無私無欲の自己保全としての節制 182
節制とふしだらの基本的な諸形 183
「世界」への姿勢 184

第3章　貞潔と邪淫
貞潔と邪淫についてのトマス・アクィナスの理論でほっとすること 186
性の力は善である 187
「理性の［による］秩序」とは：観念論，合理主義，啓蒙主義，
　精神主義のものは「理性の［による］秩序」ではない 188
貞潔と正義 191
邪淫が人格の造りを破壊するのは、それが現実的なものへの開放性を
　遮るからである 193
ふしだら (*intemperantia*) と無抑制 (*incontinentia*) との違い 196
決疑論的な判定の難しさ 198
感性的な美を悦ぶには、貞潔が必要である 200

貞潔を高く評価するときの誤った前提：常に危険なもの，マニ教　201
　「世の中」という名の腐敗した世界　206
　諸徳のなかでの順位　208

第4章　純　潔
　貞潔と純潔　210
　「神に献げているから」ほめるに値するということ　211
　おとめの奉献と結婚の肯定　212
　純潔に対する二つの異論　213
　挑戦のしるし　214

第5章　断　食
　断食と晴れやかな心　216
　自然法的な断食の義務づけ　216
　制欲：愚鈍に抗する徳　219
　無私無欲の証印　220

第6章　触　覚
　触覚の順位　221
　倫理的な人間の生命的な水源　221
　痛みを支配するものとしての節制　222

第7章　謙　遜
　節制の基本的な形，謙遜　224
　高邁：必然的に節制に属してくる徳　224
　謙遜とユーモア　226
　おのれの被造性を認めること　227

第8章　怒りの力
　怒りの力をほめる　229
　柔和は怒ることができないことではない　231
　怒りの抑制のなさと欲情の抑制のなさ　232

第9章 目の欲にたいする節制

どこまでも知りたがる無節度 234
「魔術」 235
「目の欲」による自己破壊 236
自己保全のために，見ることを躾ける 237

第10章 節制の結ぶ実

節制と美 239
憑かれたような欲求と絶望 240
節制は清める 241
清さ，心を開いて受け入れること 242

出典注 243
解　説 255
訳者あとがき 267
人名索引・事項索引 269

訳者まえがき

———————

　ここに一巻本として訳出したヨゼフ・ピーパー（Josef Pieper, 1904-97年）の著作は，もともと次の順序で個別にケーゼル（Kösel）社から刊行されている。

Vom Sinn der Tapferkeit, 1934（『勇気の意味について』）
　　　　　　　　　　　　　　　　　　　　　本書第Ⅲ部「勇気」
Traktat über die Klugheit, 1937（『思慮についての論考』）
　　　　　　　　　　　　　　　　　　　　　本書第Ⅰ部「思慮」
Zucht und Maß, 1939（『節制と節度』）　　本書第Ⅳ部「節制」
Über die Gerechtigkeit, 1953（『正義について』）本書第Ⅱ部「正義」

これらは，1964年，ピーパー自身によって'*Das Viergespann, Klugheit・Gerechtigkeit・Tapferkeit・Mass*'（四頭立て二輪戦車，思慮・正義・勇気・節制）のタイトルで一巻本として刊行され（ケーゼル社。以下，64年版と呼ぶ），さらに没後の2004年（生誕100年記念）にも，内容と体裁を全く変えないまま，'*Über die Tugenden*（諸徳について）'とタイトルを改めて，新版がだされている（同社。以下，04年版と呼ぶ）。

　ただ，上記四冊がそれぞれ豊富な注を含むのにたいして，ケーゼル社の一巻本は，二つとも，すべての注を省いたものである。

　訳出は個別に出された四冊を底本とし，「思慮」1960年，「正義」1965年，「勇気」1963年，「節制」1960年の版を参照して，それぞれの注をもらさず含めている。ちなみに，英語訳（*The Four Cardinal Virtues,* University of Notre Dame Press, 1966. 以下，英訳版）もスペイン語訳（*Las Virtudes fundamentales,* Octava edición, Rialp, 2003. 以下，西訳版）も，同じように，四冊それぞれの注をもらさず付けた訳本である。

　ただし，第Ⅲ部の「勇気」で訳出した第1章「序論」（内容は，四枢要徳それぞれの概要）は，もとの1934年版には含まれていない。この章は，まとめた一巻本のうち，西訳版にのみ入っており，その底本を1948年刊

としていることから，おそらくこの1948年版以後，1934年の原著にはなかった「序論」が付け加えられて，「勇気」は全体5章の構成になったものと思われる。

　また，四部全体への短い「はじめに」の訳は，64年版の一巻本が底本である。04年版，そして英訳版も西訳版も，一巻本はどれも，これを入れている。

徳とは何か？
―― ヨゼフ・ピーパーの「徳」論の理解のために ――

　ヨゼフ・ピーパーはトマス・アクィナスの語り方について，彼は屢々，重大な事柄を至極当然といった調子で語るため，そこで述べられていることの内容はけっしてわかりきったことではない，という事実が見落とされがちである，と警告する。この（それ自体きわめて適切な）警告は，そのままピーパーその人の語り方にもあてはまりそうである。たとえば倫理徳を取りあつかう本書のなかでも，著者はごく当たり前のことのようにトマス・アクィナスを「共同の教師（ドクトル・コムーニス）」と呼ぶ。もちろん，トマスにあたえられたこの綽名（地域や民族，さらには時代や学派の区別を超えて，キリスト教世界の全体にとっての教師，という尊称）をたんに慣習として用いるかぎり，何の問題もない。しかし，ピーパーがトマスをこのように呼ぶのは，哲学は神学から独立し，古代や中世の伝統に囚われるべきではない，とする近・現代の哲学の通念に反対して，哲学は神学と結びつき，「古人の叡智」を尊重するところから出発すべきだ，という彼自身の明確で一貫した哲学的立場にもとづいている。したがって，ピーパーのこのような立場に同意するか否かは別として，彼の語り方の背後にある強力なメッセージや挑戦を見落としてはならないのである。

　疑いもなく二十世紀の最も卓越したキリスト教哲学者の一人であるヨゼフ・ピーパー（1904-97）が，最大の関心と熱意をもって取り組んだテーマの一つが人間の徳であった。本書は著者のそのようなライフ・ワークとも言える「徳」論の比較的初期の実り（愛 caritas についての論述をふくむ著作 *Über die Liebe* は，本書の一部である剛毅（本書では勇気）の徳についての著作の約四十年後に公刊されている）であり，T. S. エリオットが讃

辞をおしまなかった簡潔・明瞭な言葉と独特の構成をもって綴られていて，哲学の書物にありがちな難解さはまったくない。しかし，彼が伝えようとする重要なメッセージが，心地よいリズム感にあふれる彼の文章のゆえに，かえって見逃されることがあるかもしれない。それで，次に，ピーパー自身が自らの「徳」論を解説した『キリスト教的人間像について』(*Über das christliche Menschenbild*, 1950)をよりどころにしながら，彼の「徳」論を正しく理解するために必要と思われる二，三の点を指摘しておきたい。

　第一の点は，「徳」の意味を，正しく行為し，ふるまうこと，醜(みにく)い行為を避けること，といった行為の領域に限定することは不十分であって，「徳」の意味はいつでも「人間であること」の全体を視野に入れる仕方で理解しなければならない，ということである。このことは，倫理学は本来的に，何を為すべきか，あるいは為すべきではないか，についての教えに限られるのではなく，真実の人間存在あるいは理想的な人間像をあきらかにするもの，その意味での人間学でなければならない，と言いかえることができる。

　この指摘は，主として，カント哲学の影響の下に徳が（「幸福」概念と対立させられて）もっぱら道徳性あるいは義務の観点から理解されるようになったヨーロッパの思想状況を頭におきつつ為されたものと思われるが，儒教の「徳」理想の伝統を継承するわれわれにとっても，徳をいかに理解すべきかに関して根源的な考え方の転回を迫る指摘である。われわれは徳（美徳）を身につけること，有徳であることを，われわれの人格としての在るべき姿として捉えることはあっても，徳はまさしくわれわれが人間で「ある」ために必要不可欠なものである，とは通常考えていない。そして，ピーパーはこのような人間の「存在」から切り離された「徳」理解を「道徳主義」と名付けている。

　言いかえると，われわれは通常，人間で「ある」ことを生物学的あるいは社会学的な所与，あるいは確定された事実として受けとっており，この「ある」が実際には生涯を通じて学び，実現されるべき「ある」であることを自覚していない。そして「徳」とはこのような「人間である」ことを生涯を通じて身につけ，実現してゆく歩みにほかならない，とい

うのがピーパーの「徳」理解なのである。

　上に述べた「道徳主義」の批判と並んで，ピーパーの「徳」理解において重要なのは，「英雄主義」的な「徳」理解の批判である。ピーパーは「英雄主義」的な徳の典型は「自然的に高貴なる人間，つまりゼントルマン」において見出されるとして，それにキリスト信者の徳を対立させているが，「ゼントルマン」の範囲はアリストテレスのいう「高邁な人」，すなわち「自らを大いなることに値するとみなし，また実際それに値する人」（『ニコマコス倫理学』第四巻第三章）をふくむと考えてよいであろう。ゼントルマン，あるいは高邁な人は真実のエリートであり，エリートであるがゆえに自らの力量が極限までためされるような困難や危険に直面してもけっしてひるんだり，逃げたりはしない剛毅さ，つまり「英雄主義」的な徳を身につけている。この「ヒロイズム」は，現代のように絶望への誘惑が強く感じられるような時代においては，「英雄的な態度で没落を甘受しようとする絶望的な剛毅さ」をえらびとるところまで行くかもしれない，とピーパーは言う。

　ピーパーはこのような自然的な高貴さとしての徳を無価値として斥ける「超自然主義」にくみするのではない。しかし他方「英雄主義」的な徳にふみとどまるかぎり，ニヒリズムに行きつくほかないことを見てとって，「自然を破壊することなく，かえってそれを前提し，完成する（超自然的な）恩寵」（トマス・アクィナス）にもとづくキリスト信者の徳をそれに対置させるのである。キリスト信者の徳としての信仰，希望，愛は，人間の存在そのものがそれへと自然本性的に秩序づけられている永遠の生命に参与する道なのであるが，それらは「英雄主義」的な徳とは違って，少数のエリートだけのものではなく，それこそ「素朴な人」もふくめてすべての人間にたいして開かれている。もちろん，信じる者，希望する者のたどる道が常に広く，平坦であるのではなく，愛はほとんど常に痛みや苦しみをともなう。しかし，すべての徳のなかで第一のものである愛は，神の側からさしだされた愛にたいする人間の自由な応答にほかならない。ピーパーによると，徳の第一の特徴ないし固有の価値は，極度の困難にうちかつ意志の強さではなく，最高の善にたいして自らを開き，それに参与する意志の善さなのである。

ピーパーはこのように人間の徳を「道徳主義」の狭さから解放して人間で「ある」ことの全体と関係づけ，純粋に自然的な高貴さの追求を超えて永遠の生命という超自然的な目的へ導く道として根本的に理解している。そのことにともなって，古代ギリシャ以来，最も枢要な徳とされてきた思慮，正義，勇気，節制についてのピーパーの理解も，右にふれた狭さや限界にとらわれている常識的理解とは微妙に，しかし根元的ともいえる程，異なったものになっている。その違いは，ピーパーの比喩をかりると，長い年月を経て色あせ，そしてもっと不幸なことに何度もその上に新たに色がぬりつけられたキリスト教的人間像のフレスコ画を，その元来の姿にもどした程のものである。
　たとえば，「為すべき事柄についての正しい理性」として定義される思慮は，根本的にわれわれの行為を実在についての真実の認識に従わせる徳であり，意志が常に真理にもとづいて善を選び，実践することを可能ならしめる徳である。思慮ある者とは，第一に真理にもとづいて善と正義を追求する者にほかならない。その意味で思慮は人が善く生きるために必要・不可欠な徳なのである。しかし，ピーパーが指摘するように，このような「思慮」概念は，われわれの現在の言語──および思考──の慣用とはかなりへだたっていることを認めざるをえない。われわれはむしろ，思慮深さとは正しく真実であることではなくて，むしろ正しさと真実を避けてうまく立ち廻る賢さ，あるいは技術であるかのように考え，語ることが多い。そして，ピーパーによると思慮の徳がほとんど狡智に近いところまで変質してしまったのは，近代において次第に当為が存在から分離──これが前述の「道徳主義」であり，多くの場合それはとくに「キリスト教的」であるかのように誤解されている──されたことに由来する。そして，それにともなって，実在の認識に基礎づけられていない，自己中心的な「非客観性」が支配するようになったのである。
　いいかえると，「道徳主義」は厳格な当為あるいは義務を確立するように見えながら，実はその場合の当為は真実の善──それは実在に適合するものでなければならない──から導き出されたものではなく，実在の認識から切り離され，或る意味で絶対化された意志から出てくる。このように「道徳主義」は内面的に「主意主義」と結びついており，そし

てこの「主意主義」——自己中心的な「非客観性」——が思慮の徳を根本的に変質させ，それが諸々の徳の間で占めていた優越的地位を喪失させた，とピーパーは指摘している．

「義務論的」倫理学と「幸福論的」倫理学との対立，さらに規範的な倫理学から区別された「メタ倫理学」をめぐる議論に埋没していた倫理学の状況を一新して，「徳の倫理学」を学界に復活させるきっかけとなったのは，1981年に出版されたアラスデア・マッキンタイアの After Virtue（邦訳『美徳なき時代』篠崎栄訳，みすず書房）であった，というのが定説である．しかし，戦前（1930年代）から着実に積み重ねられ，数十年にわたって仕上げられたヨゼフ・ピーパーの「徳」論は，マッキンタイアの書物のように声高な反響を呼びおこすことはなかったが，ドイツのみでなく，広く欧米において，静かに，しかし広く読まれ続け，影響を与えてきた．今回その中心的な著作が松尾雄二助教授の訳によってわが国に紹介されることは，わが国における倫理学および哲学的人間学の分野での研究や討論にたいする大きな寄与になりうるであろう．そのことを期待しつつこのささやかな解説を結ぶことにしたい．

長崎純心大学教授
稲 垣 良 典

四枢要徳について
―― 西洋の伝統に学ぶ ――

は じ め に

───────────

　プラトン［Platōn 前427-347年］の『饗宴／シュンポシオン』のなかで，前衛的な知識人ア　ガトン は——かれは，この有名になった宴会の，家の主人であり，また　ホスト役でもある——エロス賛美の演説をする順番が自分にまわってきたとき，とくに理由を述べないまま，徳を四つの基本的なものに分けて演説をしている*1。思慮，正義，勇気，節制がそれである。ソクラテス［Sōcratēs 前470-399年］の時代の人々にとって，このように区分する慣わしが，かなり早い時期から反省されて受け継がれたものだということ，これは言をまたずに明らかである——人間としてただしく間違いのないことを意味する「徳」の概念にかんしてだけではない，そのことをあれだけの数の多彩なスペクトルのなかで説明できるようになっていることにかんしても，そうなのである。この考え方，すなわち「徳論」という問題の立て方は，人間の自己理解という点で大発見の一つであり，ヨーロッパの精神から消え去ることはけっしてなかった。これは間違いなくヨーロッパの基本的な柱になっている——それも数百年にわたる思考の積み重ねに基づいてのことである。ギリシア人（プラトン，アリストテレス［Aristotelēs 前384-22年］）はもちろん，ローマ人（キケロー［Marcus Tullius Cicero 前106-43年］，セネカ［Lucius Annaeus Seneca 前4頃-後65年］）も，ユダヤ教徒（フィロン［Philōn of Alexandria 前20頃-後50年頃］）も，ほかならぬキリスト教徒（アレクサンドリアのクレメンス［Clemens Alexandrinus 150頃-215年以前］，アウグスティヌス［Aurelius Augustinus 354-430年］）

───────────

　＊1）　『饗宴』196B-197B。

も，西洋の土台を固めた原動力すべてが，ここに投入されている。

　もちろん，あとになって，この徳論はあまりにも「哲学的」だとして，とりわけ「聖書らしさ」が少ないとして，キリスト教から批判されて胡散げに見られたが，このことはまさにヨーロッパの伝統においてであった。人間らしい徳ではなくて，あくまでも「掟」と「義務」が問題にされた。たしかにそれは，人間の当為を表現するには，同じく正当で尊重に値するものでもあり，さらには不可欠だともいえる道である。しかし，掟もしくは義務の理論は，おのずと，つながりのない命令を宣言するだけで，何かを「為すべき」人間自身を見失う危険性をもつ。これにたいして徳論は，同じくおのずと，まさしくその人間について明確に語る。それも，われわれに思慮があり，正しく，勇気があり，節度があることによって，その実現へと成長すべきおのれの存在について語り，同じく，われわれがすでに持ちあわせている被造のままの存在についても，明確に語るのである。当為論のこのタイプは，本性上，規則で取り締まることとは無縁である。逆に，まさに道を解放して，道路を開通させることを目指している。

　しかしここは，倫理学説のいろいろな立場について論争的な話をはじめるような場所ではない。それらの一つを，できるかぎりその全射程にわたって，明るみに出すよう努力することになる。すなわち，基本的な諸徳を表している，かの「四頭立て二輪戦車（das Viergespann）」であり，それについてはつとに，人間をしてその独自の存在の可能性を極まるところまで導くことができる，という古人の言葉がある。

　分かってもらえると思うが，この分野では，思考法と用語法の独創性は，ほとんど意味をなさない。むしろ，疑惑の目で見られるのが精々である。それでは，そのような対象についてまったく新たな洞察が明らかにされるのかというと，これもほとんど期待できないことである。他方で，人間の実在の認識にかんして言えば，「古代人の知恵」は，事実として，汲めども尽きせぬ現実性をもっている。だから，そこのところをはっきりさせることが，この本のねらいである。

　そのさい——おそらく少なからぬ人々が不思議に思うかもしれない——特定の中世の著作家トマス・アクィナス［Thomas Aquinas 1225頃-74年］が，特別ひんぱんに引用されている。それは，多少なりとも偶然の

歴史的な関心が先行しているのではなく，この，分離以前の西洋キリスト教世界の「共同の教師」にたいしては，証人として唯一無比の地位が帰される，という確信によっている。その理由は，かれの個人的な天才ぶりというより，重要な教説すべてを対比的にちりばめて著作に書き表し，さらにかれ自身の限界を乗り越えるようにわれわれを誘うという，まことに創造的な無私無欲の精神のゆえである。ただ，そのようなことが，どれほど文句なしの超人的な実行力と，独自の思考を展開するのに必要な最高に鍛えられた明晰化のエネルギーとを条件にするにしても，ここでは，トマスという個人的な大人物が語っているのではなく，偉大な人類の知恵の伝統そのものが，口を開いているのである。

　人類の知恵の伝統という言い方をしたのは，この後代の解釈者が，その基準に照らすと自分の日常の生き方がまったくのでき損ないであるような一つの人間像を恥ずかしげもなく描き出している，といって笑われる危険をほんのすこしでも軽減するためでもある。

第Ⅰ部

思　　慮

―――――

「目が澄んでいれば，あなたの全身が明るい。」
　　　　（マタイ6:22）

第1章

枢要徳のなかで第一のもの

―――――

思慮は倫理徳を「生む」。これはただの寓意(アレゴリー)ではない

　「思慮の徳は，正義，勇気，節制という，思慮以外の三つの枢要徳すべての『生みの親』[†1]であり，形相（形式）的根拠である。思慮ある人だけが，正しい人，勇気の人，そして節制の人であることができる。そして，善い人というのは，みずからの思慮によって，善い」。古典的なキリスト教倫理学説のなかで，この命題ほど，現代の人々の耳に，いやキリスト者の耳にさえも，なじみがなく奇異に響くものはない。

　この命題をその意味のとおりにまじめに取るとなれば，違和感はもっと強くなるであろう。精神（知性）的・倫理的なことに親子の順をつけたり，また「徳」にも順位をつけるなどということは，アレゴリー以外ではなく，さらに，基本的に無意味だ，というのが通常の理解なのである。スコラの神学者たちが設えたような競技で，四つの枢要徳のうちのどれが「一等賞」をとるか，われわれにはまったくどうでもいいことに思われている。

　しかし，実のところ，キリスト教的で西洋的な人間像が問題であるかぎり，その構造は，まるまる，思慮がその他の諸徳にたいして優位にあるということに基づいているのであり，それ以上でも以下でもない。存在は真理に先だつ，そして真理は善に先だつ[1]という，あらゆるキリスト教的西洋的な形而上学の内的な骨組みは，倫理学のどの命題にもまし

　[†1]　「思慮は諸徳の母親と言われる」（トマス・アクィナス『ペトルス・ロンバルドゥス命題集註解』3, d. 33, 2, 5）。

て，思慮の優位を示す命題に，姿を現している。じっさい，父は永遠のみ言葉［子］を生む源である，そして聖霊は父とみ言葉から発する，というキリスト教神学の核心を成す神秘の輝きさえも，そこに反映しているのである。

　したがって，思慮の優位という命題を前にしてこんにちのわれわれが感じる違和感は，命題そのもの以上のことをさえ語っているのである。それは，われわれがキリスト教的西洋的人間像との結びを解かれて，実在の基本構造についてキリスト教理論のもっている基礎にたいして理解が足りなくなってきているという，いっそう深い客観的な疎外性を示していると言えよう。

現代の誤解

　現代的な言語使用や考え方から言えば，思慮は，善いことの必要条件であるよりは，善いことを避けてとおることを意味しているように見える。善いことは思慮のあること，この命題はわれわれにはほとんど不条理なことに聞こえる。さもなければ，われわれはそれを見事に偽装した功利主義の定式だと誤解してしまう。つまり，思慮，賢明，賢いということが，その概念からして，**貴い善**（*bonum honestum*），すなわち立派さ・美しさ，ではなくて，たんに役に立つもの，つまり**効用善**（*bonum utile*）と同類のものと思われているのである。思慮という言葉の巷の考え方には――ちなみにフランス語と英語の**思慮**（*prudence*）もそうである――，おずおずとして卑屈で保身的だという意味と，何とかして自分のことを利己的にのみ気遣うという意味とが，左右に振幅している。どちらも立派で美しい人に似つかわしくないし，どちらも立派で美しい人にふさわしくないのである。

　こういうわけで，正義という第二の枢要徳，ならびにそこに含まれるすべてが，基礎をこの思慮におくということがわれわれに理解しにくくなっているのである。また，思慮と勇気でさえ，一緒にはならない概念だというのが常識のようになっている。「賢明な，賢い，思慮がある」とは，勇気を出さねばならないようなまずい状況を避けるのに賢しい者のことであり，いざというときに逃げ方を承知している「抜け目のない策士」について「思慮がある」のだから，と言われ，危うきに近寄らな

い者が「賢明，思慮」を引き合いに出すのである。思慮と第四の枢要徳である節制とのつながりについて言えば，現代の考え方にはたしかに，よりただしい理解があるように思われる。しかしここでもまた，もっと深く掘り下げてみると，これら二つの徳がもとの偉大な範型にただしくかつ十分には対応していないことがはっきりする。なぜかというと，衝動的な色欲にたいする躾けというのは，凡俗な平穏無事をねらって行き過ぎのないように導く，といった意味ではないのだ。ところが，この意味が「思慮ある［賢明な，賢い］節度・抑え」という通常の言い方に密かに込められている。これが正体を見せるのは，純潔の生涯をつらぬく高貴で大胆な思い切り，そして厳しい断食にたいし——激しく立ち向かうときの勇気もこの種のものである——危うきには近寄らずといった狭量な保身から「度が過ぎて賢明でない」として，その価値が無視されるときである。

したがって，こんにちの平均的な人間理解によれば，善の概念が思慮の概念を受け入れるというより，むしろ追い出している。善い行動であればぜったいに無思慮ではありえないといった，また悪い行動であればぜったいに思慮がないといった，そのような行動は存在しないことになり，うそや逃げ腰がしばしば賢い［思慮ある］と言われ，誠実や勇気ある自己犠牲が，またしばしば，賢明でない［無思慮な］ことになる。

「思慮」をテーマとする論文の規制

これにたいして，古典的なキリスト教倫理学は，われわれが思慮があると言われ，また善いと言われるのは，同時にでしかありえないし，思慮は善さの定義に属している[2]，と主張する。思慮の徳に対立してしまうような正義も勇気もまったくないし，不正な人はそもそも同時に思慮がないのだ，ということである。**どの倫理徳も必ず思慮あるものでなければならない**（*ominis virtus moralis debet esse prudens*）。徳はすべて思慮あるものでなければならない[3]。こんにちの倫理意識は日常の言語使用に自ずと明らかであるが，それにはさらに組織的な道徳神学も対応している。どちらが先に，あるいはどちらが後に，このような語り方をしたのか，これを言うことは難しい。考えられることは，両方，すなわち一般的な倫理意識と道徳神学が，同じように，深くにある知的なレベルで

の価値転換の動きを表しているのかもしれない。——とにかく，近世の神学的倫理学は，みずからが明らかに古典神学に従っていると思い込んでいたり，またそのように自称しているときでさえ，思慮の順位や位置について，まったくか，あるいはほんのわずかしか語られることがないということ，これに議論の余地はない。まさしく現代の優れた神学者の一人であるガリグー・ラグランジュが述べているように，近世の道徳神学には，一貫して，思慮についての論文を控えるということがあるのだ（思慮についての論文の準規制）[4]。道徳神学の新版が，思い切って再度，トマス・アクィナスの徳論に倣っているときにも，そのような「復帰」が必ずといっていいほど論争的な自己弁護を伴っていることが，どうしても目立つのである[†2]。

原因，「尺度（Maß）」，形相根拠としての第一の枢要徳

古典神学は，ほとんど通覧できないほどの多様な概念と比喩を使って，思慮の体系的な場所を定位し，また表現しようと努力してきた。これこそ，ここでどれほど本質的な意味の順位と等級順位が問題になっているのか，したがってまた，どれほどたんなる偶然の順番ではないのか，それをはっきりと示すものはない。

思慮はその他の徳がそもそも徳であるための原因である[†3]。たとえば，衝動的な欲求について，いわば本能的に「間違いなくただしい（Richtigkeit）」，

[†2] たとえば，メルケルバッハ（Merkelbach）の『道徳神学の大全（*Summa Theologiae Moralis*）』（パリ，1930～），第一巻7ページを参照すること。——16世紀の第2四半期のスペイン人ビトリアのフランシスコは聖トマス研究をあらたに築いた人であるが，『神学大全』2-2にかんするかれの大きな注釈書では，奇妙なことに，思慮についての記述がほんのわずかしかないのである。また，その100年後，トマスのもっとも優れた解釈者の一人で，おなじくスペインのヨハネス・ア・サント・トマスは，その有名な『神学行程（*Cursus theologicus*）』で，もはや思慮の徳をまともには扱おうともしない。——現代の道徳神学については，「本当に驚くが‥‥今日の道徳論には枢要徳の第一のものの場所はほとんどない」，とガリグー・ラグランジュが言っている（出典注第Ⅰ部4）。

[†3] トマス：『徳一般についての討論問題』6。同『神学大全』2-2, 51, 2（和訳第17分冊283ページ）。同『真理論』14, 6。アンブロシウス（訳注：Ambrosius, 339頃-397年。アウグスティヌスに大きな影響を与えたと言われるミラノの司教）は『聖職者の義務について』のなかで，ずばり，もしある人に思慮がなければ正義は無益である，と言っている（1, 27）。かれは聖書の一文（箴言17:16？）をこの証左としているが，これはおそらく古代の翻訳にだけ含まれていたものであろう（訳注：箴言17:16「愚か者が代金を手にしているのは何のためか。/

第1章　枢要徳のなかで第一のもの

ということがあるかもしれない。だが，思慮によってはじめて，この本能的なただしさは節制の「徳」となる[5]。徳とは精神的人格としての人間の「完成した能力（vollendetes Können）」である。そして，正義，勇気，節制は，全き人の「能力」としては，それらが思慮の上に，すなわち，そもそもただしく選択決定をすること，という「完成した能力」の上に基礎づけられてはじめて，「完成」に達する。この「選択決定の能力が完成する」ことによってはじめて，善に向かっている本能的な傾きが精神的な決断の中枢へと高められるし，その中枢から真正の人間らしい行動が出てくるのである。思慮がはじめて，衝動的で本能的なただしい行為，つまり自然的に善い「素質」を，本来の徳へと，すなわち「完成した能力」という真に人間らしいあり方へと，完成させる[†4]。

思慮は正義と勇気と節制の「尺度」である[6]。この意味は次のとおりである。すなわち，創造する神の認識において，創造される事物はすべて前もって形象（Bild）が作られ，前もって形相（Form）が作られているように，したがって神のなかで，現実的なものすべてに内在して本質をなす諸形相が「諸イデア」として，「先行する形象」として（このようにマイスター・エックハルト［Meister Eckehart 1260-1327年］は言う）存在するように，また，人間の聞き取る（vernehmen）ことによる現実認識が客観的な存在世界の形相に合わせて受容的に作られる形相であるように，また，造形作品が，創造する芸術家の認識にある生きた範型（Ur-bild）に従って作られるように——そのように，思慮による決定は，すべての倫理的に善い行為に先行する形象であり，先行する形相にほかならない。思慮の決定は「ものごとの外在的な形［形相］」[†5]であり，それによって，善い行動はまさしく善い。つまり，思慮の範型的な決定に

知恵を買おうにも心がないではないか」。同じ箴言の1:2-3には「これは知恵と諭しをわきまえ／分別ある言葉（ブルガタ訳：'verba prudentiae'）を理解するため／諭しを受け入れて正義と裁きと公平に目覚めるため」とある）。——『聖職者の義務について』の同じ章で「したがって，義務の第一の源は思慮である」という文がみられる。

†4)　「思慮は倫理徳すべてを完成させるものである」（2-2,166, 2 ad 1, 和訳第22分冊，281ページ）。「そこ（思慮）から，……その他すべての徳における善の補完がある」（『徳一般についての討論問題』6)。

†5)　「外在する形」としての「尺度」の概念については，ヨゼフ・ピーパー『現実在と善（Die Wirklichkeit und das Gute）』（Kösel-Verlag, München, 1949）の23ページ以下を参照すること。

よってはじめて，その行動は正しくあり，また勇敢であり節度があるのだ。創造は，創造する神の認識の尺度と一致することによって，まさしく創造である。人間の認識は客観的な現実という尺度との一致によって真である。芸術作品は芸術家の精神にある範型という尺度と一致することによって，真実かつ現実的である。人間の自由な行為は，思慮の尺度との一致によって，まさしく善い。思慮あることと善いことは，その本質においては同一のものなのだ。それらは，実現される順序のどの位置にあるかによってだけ，見分けられる。善いものは，その前に思慮あるものである。

　思慮はその他の諸徳を「形あるものにする（informiert）」，すなわち，内的な形［形相］を諸徳に与える[7]。この命題は，先ほどと同じことを別の仕方で表している。「尺度」としての思慮の場合，それは善いことの「外在的な形」であり，善いことの範型ないし善いことに先行する形相を意味している。しかし，善いことの「内在的な形」は，その範型に似るように同型的にかたどられており，その先行する形相に似るように同型的に形づくられている。このようにして，思慮は，善性という内的な証印を，人間の自由な行為すべてに刻み込んでいることになる。倫理徳というのは，欲することと行うことに思慮の証印が押され刻み込まれたものなのである[8]。思慮はあらゆる徳のなかで働き[9]，すべての徳は思慮を分有しているのだ[10]。

　神の十の掟（十戒）はすべて，**思慮の実行**（executio prudentiae）[11]につながっている。──こんにちのわれわれにはほとんど理解できなくなった命題であるが──。だから，すべての罪は思慮に反していることになる。不正義，臆病，無節度は，正義，勇気，そして節制という諸徳と対立するものだが，最終的には直接の相手を介して思慮に対立している[12]。罪を犯す者はだれであれ無思慮である[13]。

　このように，思慮はすべての倫理徳の原因，根，「生みの親」，尺度，規範，御者，そして形相根拠である。思慮は諸徳すべてに働いて，すべてをそれらの本来のもの(ヴェーゼン)へと完成させる。すべてが思慮に与り，その分有によってそれらは徳なのである。

　人間に本質的に特有の善は──これは，人間の真の，人間らしい存在(ザイン)ということであるが──次のこと，すなわち，「真理認識において完成

した理性」が，欲することと行うことに内的に形を与え，形を刻み込むということにある[†6]。この，トマス・アクィナスによる基本命題において，思慮の全理論が一つに要約されている。これまでに挙げてきた思慮の優位を示す比喩と概念すべてが，この命題においてはっきりと統一されている。

真理とは現実的なものがおのれを示していること

同じ考え方が教会の典礼では次のような祈りの形で表現される。**神よ，あなたは誤まれる人々が正義の道へ帰ることのできるように，真理の光を示してくださる**[†7,*2]。正義の前提は真理である。自然的であれ超自然的であれ，真理を拒否する者は，そもそものはじめから「邪悪な」者であり，回心して引き返す道がない。「すべての法と倫理規則は一つのものに，すなわち真理に還元される」[14)]というゲーテ［Johann Wolfgang von Goethe 1749-1832年］の言葉は，「自然的な 命の知恵（レーベンスヴァイスハイト）［すなわち，哲学］の領域から，したがって超自然的な新しい命が「前提としており，また完成させる」ことになる領域から想い起こされてよかろう。

われわれは，「真理の認識において完成」した「理性」，というトマス・アクィナスの言葉を，よくあるように性急に誤解してはならない。

かれの「理性（Vernunft）」とは，「現実在を注視すること」，「現実在にたいする開放」にほかならない。そして「真理」とはかれにとって，自然的現実も超自然的現実も，現実在そのものの覆いがとられ，顕わにされることにほかならない。したがって，「真理の認識において完成した理性」は，自然的であれ超自然的であれ，現実在を明るみに出すことによっておのれが現実在へと高められるかぎりでの，人間精神の聞き取る力（Vernehmungskraft）である。

たしかに，思慮は欲することと行うことの尺度である。しかし，思慮の尺度は「**事物そのもの（**ipsa res, die Sache selbst**）**」[15)]であり，客観的

[†6]　人間であるかぎりの人間の善とは，真理の認識において理性が完全であるように，低次の欲求が理性の規則に従って統べられることである。なぜなら，人間はおのれが理性的であることによって，人間であると言われるのだから。『徳一般についての討論問題』9。

[†7]　年間第15主日，および復活節第3月曜日の集会祈願。

[*2]　ただし，ピーパーは元の文章に「正義」を加えて「正義の道」としている。

な存在現実性である。
　それゆえ,思慮の優位とは,まず欲することと行うことを真理に合わせる状態を意味する。しかし最後には,欲することと行うことを客観的な現実在に合わせる状態を意味する。善いということはまず思慮あることである。ただし,現実に合っていることが思慮あることなのである。

第2章

現実在を知ることと善の実現

―――――

善を為すには現実にかんする知識が前提となる

思慮が優位にあるということは，善を実現するには現実についての知識が前提となる，ということを意味している。事物がどうありどういう状況か，これを知っている人だけが，善いことを為すことができる。思慮の優位とは，いわゆる「善意」ないしいわゆる「善かれと思って」ということではけっして十分ではない，ということを言っている[16]。善を為すには，われわれの行為が現実の状況に――つまり，具体的な人間的行為を「取り巻いている」具体的な現実に合っていることが，したがってまた，われわれはこの具体的な現実を真正面から真剣に見るということが，必要である。

「原良心［良知］*3」と「状況良心」

われわれが思慮ある決定を下し，そこから自由な行為を為すとき，その決定には二つの栄養源がある。「思慮ある人は，理性の普遍的な根本命題を認識し，さらに倫理的行為を為すさいの個別的な事態もまた認識する」[17]。

―――

*3) ドイツ語は 'Ur-gewissen'。ギリシア語 'synderēsis' のピーパーによるドイツ語訳である。ラテン語，近代欧語にはこれに応じる直訳の単語はなく，そのままの語を使うか，良心［Gewissen, conscience, syneidēsis］に，「原理の」「第一の」「本有的」等を付けて区別する通例と言われる。ピーパーはこれに 'Ur-gewissen' というドイツ語を当てている。『神学大全』の1, 79, 12（和訳第6分冊，184-187ページ）はこの 'synderēsis' をテーマとしており，一般的にも「良知」の訳語で一貫している。本訳書では「状況良心」との対比から「原良心」とも訳した。

実践理性の「普遍的な根本命題」は，原良心［良知］の命令的な声という仕方でわれわれに立ち現れる。これは，ちょうど理論的思考の最高の根本命題が具体的な判断と言明のすべてに内的に働いているように，具体的な決定のすべてに内的に働いているのである。原良心［良知］の声において，善のもっとも普遍的な本質認識は命令的となる。「善をこそわれわれは愛し，また為さねばならない」，この命題（そして，これから直接でてくること）が原良心［良知］の内実である。これは，人間らしい行いすべてに先んじて定められている共通の目的を言い表している[18]。——さらに，キリスト者の「注ぎこまれた」思慮においては，信仰と希望と愛という三つの対神徳が前提となり[19]，そこでキリスト者は，おのれの現存在の超人間的な目的が三位一体の神のいのちに与ることだ，ということに気づく。

　しかし，思慮は直接には，最終的な——自然的であれ超自然的であれ——人間らしい生の目的にではなくて，この目的への道［手だて］に向けられる[20]。思慮の本来の役割はあの「普遍的な根本命題」を意識に上せることではない（もちろん，意識に上せることが思慮ある決定をはじめて可能にすることは言うまでもない。**良知が思慮を動かす** *synderēsis movet prudentiam* [21]）。また，対神徳がなければキリスト教的な思慮もないことは言うまでもない）。だから，思慮の独自性は，「道と方法」の領域に，したがってまったく具体的な現実の領域に，つながっているということである。

　ところで，原良心［良知］と思慮との生きた統一こそ，われわれが「良心」と呼んでいるものにほかならない。

　思慮，もしくはむしろ思慮で完成する実践理性というのは，原良心［良知］から区別して，いわば「状況良心」である。原良心［良知］の声は，具体的な知識にとっての矛盾律と同じく[22]，「状況良心」が具体的に決定を下すときの前提であり，また基盤である。決定においてはじめて，原良心［良知］は本当の意味で現実のものとなる。

　「思慮」という言葉が出てくるときにはいつも，その代わりに，一定の意味で「良心」とも言えることを思いだせば，これからの説明やこれまでの説明が，おそらくひときわ鮮明になると思う[†8]。

認識としての思慮：存在にたいする誠実な記憶・何かを言わせうること・不測の事態にあっても真正面から機敏に対応すること

　実践理性の「ただしい態勢」としての思慮は，この理性そのものと同じく，二つの顔をもつ。それは認識するとともに決定を下す。それは現実を聞き取る（vernehmen）とともに，欲することと行うことの方に向かって「命令する」。しかし，認識することがより先であって「尺度を与えるもの」である。決定を下す方は，それなりにまた「尺度を与えながら」，欲することと行うことを規定し，認識からの「尺度」を何か二番目のもの，従属的なものとして受けとる。思慮の「命令」は，トマスが言うように，「ただしい方向を示す認識」である[23]。思慮ある決定は前もってあった真なる認識の押印である。（ちなみに，このように思慮がまず第一に，そして根本的に認識的であることはドイツ語「ゲヴィッセン 'Ge-wissen'」［共に知る＝良心］やラテン語「コンスキエンティア 'conscientia'」［同］の直接の意味からも明らかである。共に知る＝良心，これと思慮は，繰りかえすが，ある一定の意味で同じである。）

　ただし，思慮はたんなる認識ではない，たんなる事情通ではない。大事なことは，現実にかんする知識が思慮ある決定へと——ここからただちに実行ということになる——転換・変換されるという点にある。この，思慮が具体的な実行にそのまま向かうというところこそ，思慮の知識が道徳論の知識と，いや「決疑論的」な知識とも，ちがう点である。この二種類の倫理的な知識を取りちがえないことが大切である。これについて，もうすこし話すことになる。

　この転換（真なる認識が思慮ある決定へ）の形式的な「力学」については，わたしは別の本で十分に話した[24]。転換のステップは次のようになる。思案をめぐらすこと［思量］，判断，そして決定を下すこと。ここで，思案をめぐらし判断するという，受け入れて聞き取る習慣的姿勢にあっては，思慮の認識する性格が顔をだす（**認識するものとしての思慮** *prudentia secundum quod est cognoscitiva*）のにたいして，最後のステップは命令する性格を示す（**命令するものとしてのそれ** *secundum quod est*

---

　†8)　「ただしく確かな良心というのがほかならぬ思慮の働きである。それは思案し，実践的に判断し，そして命令する」（ガリグー・ラグランジュの前掲書（出典注第Ⅰ部4），354ページ）。メルケルバッハの『道徳神学大全』第二巻42ページも参照すること。

praeceptiva) [25]。

　真なる認識が思慮ある決定へと転換されるさい，不完全になされることがあるが，それが同時に，いくつかの無思慮のタイプを示している。

　たとえば，ただしく思案をめぐらすこと（思量）なく，また根拠のある判断ではなくて，性急に結論と行動に走る者は，軽率（Unbesonnenheit）という仕方で思慮なき者である[†9]。他方で「迅速」が考えられるが，こちらは問題なくプラスの方向に思案をめぐらしている。だから，思量と行動において，「速い」と「ゆっくり」には二種類があることを覚えておくとよい。つとにギリシア人も言っていることを[26],[*4]，トマスは次のように言う。思案はゆっくりでいいが，思案の済んだ行動は迅速であるべきだ[27]，と。加えて，不測の事態を瞬時に把握して最高に機敏に決断する能力を，トマスは完成した思慮のまさに一要素であると見なす。**明敏**（*solertia*），すなわち，不測の事態にあっても真正面から機敏に対応するというのが，『神学大全』では明確に，それがなければ思慮が完成されないような前提として，数えられている[28]。

　無思慮の二番目は無決断である[29]。この無決断は，決断すべき大事なところで，真なる認識を思慮の「命令」に転換するコースを傷つけて遮断する。思量と判断は，最終的な結論へと流れ込まずに，実を結ばないまま無駄にこぼれ落ちる。ところで，思慮がほんらい「ほめられる」のは，実行にすぐつながっている結論の場面においてなのである[30]。

　思慮の二つの顔のうちの一つは客観的な現実に，もう一つは善の実現に目を向けている。これら二つにそれぞれの諸前提があり，思慮の完成はこれらから切り離せない。そこで，これらの前提について話さなければならないが，まずは「認識としての思慮」に関わる。

　「認識としての思慮」は，すなわち具体的な行為の具体的な状況の認識として，とくに現実をただしく聞き取るさいに沈黙できるということ，そして経験（*experimentum*[31]）という忍耐づよい努力——これは，独り

[†9]　2-2, 53, 3-4（和訳第17分冊，311-316ページ）。盛期中世において，思慮が結論を下すさいに認識の基礎がいかに重視されているか，それを示すものがある。すなわち，トマスは思案の欠如と判断の欠如に別々の名前を当てているのである（「軽はずみ 'praecipitatio'」と「熟慮のなさ 'inconsideratio'」）。われわれは，二つを一つの言葉で引っくるめている。

[*4]　「思案の済んだことはすみやかに実行しなければならないが，思案はゆっくりするのがよい」（アリストテレス『ニコマコス倫理学』6, 10, 1042 b 3-5）。

よがりで短絡的に信仰に訴えたり，いわんや視線を「一般的なもの」へと「哲学的に」限ったりすることで，無しで済ますわけにはいかないし置き換えのきかないものである——を含んでいる。

　キリスト者はだれでも，洗礼にさいして，新しいいのちという神との親しい交わり［友愛］とともに，超自然的な（「注ぎこまれた」）思慮を受けとっていることは確かである。しかしトマスは言う，キリスト者一人ひとりに贈られたこの思慮は，永遠の救いに必要なことだけにつながっている。しかしながらもっと別の，洗礼において直接贈られているものではないような，「より十全な（voller,［plenior］）」思慮というものがあり，これがわれわれを，「救いに必要なことだけでなく，人間的な生に属するすべてのことについても，思慮ぶかくおのれ自身と他者の舵をとる」という状態におくのである[32]。それは，その中にあってこそ超自然的な恵みが，自然的に完成した能力という「前提」と一つになっている，そのような思慮である。——ちなみに，『神学大全』には大いに慰められる次のような文がある。「人からの思案の助言を必要とする者でも，もし恵みのうちにあれば，自分が人の助言を乞うているということ，そして善い助言を悪い助言から見分けられるということ，少なくともこのような点で，その者は自分自身で思案をめぐらすことができている」[3]，と。ここには，含みとして，あの「より十全な」思慮がいっそう高い位置にあることもまた言われている。——しかし自然的で「獲得された」思慮が超自然的で「注ぎこまれた」思慮よりも優位にあることがここの趣旨だ，という誤解にたいしては，警戒しなければならない。「より十全な」思慮の優位というのは，自然的なものと超自然的なものとが，獲得されたものと贈られたものとが，いっそう幸せな，文字どおり恵まれた一体として結びついている，ということなのである。

　現実を「沈黙のうちに」見すえるという習慣的な基本姿勢は，「認識としての思慮」が完成するにあたって必要な個々の前提すべてに共通なものである。これらの前提のなかでもっとも大切なものは三つ，すなわち，**記憶**（*memoria*），**ものわかりのよさ**[*5]（*docilitas*），**明敏**（*solertia*）である。

　記憶とは，ここでは，思いおこす能力という，いわば自然のままの能力以上のことを意味している。何か「記憶術的」な，忘れない方法など

とはまったく関係のないことである。思慮が完成するために必要なものとしての「善い」記憶とは，ほかでもない，「存在にたいする誠実な」記憶である。

　思慮の徳の要点は，現実ありのままの客観的認識こそが行為の尺度になるということ，ただしい方向を示すべく発言を許されるのは現実的なものごとの真理であるということ，ここにある。ところでこの現実的なものの真理は，存在にたいする誠実な記憶において「保持される」。存在にたいする誠実な記憶とは，それが現実的なものを，あるがままに，またあったがままに，おのれのうちに「保持している」ことを意味する。現実に反して，自分に都合のいいように記憶を歪曲すること，これは記憶の決定的な腐敗となる。現実的なものの真理を「保持しておく」ことのそもそもの意味に，まともに反するのである。（記憶のこのよう意味から，よく誤解される聖アウグスティヌスの三位一体の譬え[34]もすこしはっきりしてくる。かれにとって記憶というのは，思考することも意欲することもはじめてそこから出発するところの精神の原初的現実である。したがって，かれにとっての記憶は，み言葉と聖霊がそこから発出するところの，父なる神のかたどりである）。

　トマスは存在にたいする誠実な記憶を，思慮の完成のための第一の前提として挙げている[35]。また事実，この前提は基礎的なものであるが，一番危険にさらされるものでもある。実在の真理を自分の都合に合わせて歪曲する危険が大きいところは，精神［知性］的・倫理的なことの生じるもっとも深い心根においてよりほかにはない。また，この危険の危険性は，それが気づかれないという点にあるのだ。事実から離れた不正な「利害関心」が抑制なく座り込むのは，まさしく記憶の歪曲――ほんのすこし修正したり，入れ替えたり，変色したり，抜かしたり，強調点を変えたり，といったことによって――においてである。そのような歪曲は，真剣な良心の究明にさいしてもけっしてすぐさま姿を現すもので

＊5）'docilitas' はギリシア語 'eumatheia' の訳語とされている。この和訳には「ものわかりのよさ」（藤沢訳，プラトン『メノン』88a），「学びの善さ」（山本訳，アリストテレス『弁論術』1362b24），「学習能力」（池田訳同）等がある。『神学大全』の和訳は「素直さ」「順応性」を当てる。ちなみに，ソロモン王の求めたものは 'cor docile' であった（列王記上3:9）が，この箇所の共同訳は「聞き分ける心」となっている。また，そのギリシア語は 'kardia akouein...'，文字どおりには「聞く心」である。

はない。わたしの全存在のただしさだけが——これこそ，もっとも深くに隠れた意欲の心根を清める——記憶の客観性を保証することができるのだ。——ここで明らかになるのは，すべての徳が依存している思慮が，すでにその根本で，その他の諸徳全部に，なかでも正義に，依存しているということ，それも大いに依存している，ということである。この相互の依存性については同じ意味の依存関係ではない——にしてもいずれ問題にすることになる[†10]。

　容易に見られるように，ここでは「心理学」以上のことが問題になっている。倫理的人格の形而上学の問題なのである。

　ここにいたって，少なからぬ人々がときめきを覚えながら気づくだろう。古典キリスト教の「思慮の徳」という概念は，どこかで難なく身につけられる事情通のようなものだと見なす一般的な考えから，ひじょうに大きくかけ離れているということである。思慮の徳も「険しい善（*bonum arduum*）[*6]」なのである。（これこそ，カント［Immanuel Kant 1724-1804年］の同国人であるわれわれが，思慮をはじめて「徳」として認め，疑念のないものにする要点である。）

　「思慮に属する事がらにおいては，どれについても，いかなる者も自分だけで足りる，ということはない」[36)]。**ものわかりのよさ**（*docilitas*）がなければ，思慮は完成しない。しかしもちろん，**ものわかりのよさ**というのは「優等生」に見られるような「御しやすさ」や無分別な熱心さではない。経験可能な事物や状況が実に多様であることを受けながら，かえって偏狭に，知識と勘違いしたものに自足閉鎖的に逃げ込んでしまうということ，これを拒否する姿勢である。漠然とした「控えめ」からではなく，ひたすら本当の認識への意志からでてくるところの，何かを人に言わせうること，を意味している（ただし，これは真の謙遜を必ず含んでいる）。ものわかりの悪い心と知ったかぶりは，実は，現実の真理にたいして抵抗することである。二つともに，「利害」を追い易い自分を，現実から聞き取るさいの不可欠の前提——沈黙——へと強いる

　[†10]　第Ⅰ部本章，29-30ページ，「思慮と愛」45ページ以下。
　[*6]　「悪徳はやすやすと山ほども手にはいる／そこへ行く道はなめらかで　その住まいはごく近くにある／されど徳の前には　神々は汗を置きたもうた／そこに至る道は遠く険しく急である」（藤沢訳，プラトン『国家』364C-D）。

ような習慣，これがないことに起因している。

明敏（*solertia*）というのは，突発的な事件に出くわしたときに，反射的に目を閉じたり，ついで，見境もなく，慌てふためいて事を為すのではなく，素速く，真正面を向いて善を決断できて，それによって不正義や臆病や無節度の誘惑を斥けるような，「完成した能力」である。この「不測の事態にさいしても真正面を向くこと」という徳がなければ，完成した思慮はありえない。

このことには，さらに多くのことが含まれている。人間の身体的・精神的な構造について多少分かっている人なら，**明敏**（*solertia*）という思慮を完成する能力がどれほど生命的なものの健康を前提としているか，その場所で神経症が生じたりそれに打ち克ったりする区域の健康を前提としているか，それを知っている。（そこは——相互に条件づけあう謎にみちた闘い！——気づかない深みで，本来の倫理的なものが，すなわち自由が，その形を浸透させ，また作用している場である）。したがって，ここで明らかになるのは，別の多くの事でもそうだが，古典キリスト教徳論においては，またもや生命的なものの目覚めた健全さが，またいわば「訓練された」心身の力が，高く厳しく要求されている，ということである[†11]。

注記を一つ。たえず新しい状況にたえず新しい答えを，という**明敏**に伴う「機敏さ」は，「性格の欠落」とはまったく無関係である。もっとも，ものわかりの悪さを，また変化する現実の真理に抵抗する姿勢を「性格」と言うのなら，話は別である。しかし，この「機敏」というのは，**生全体の目的**（*finis totius vitae*）に仕えるために[37]，人間らしい生の真正で不変の目的に仕えるためにあるということ，また，このたえず新しい道は現実の真理に即したものだということ，これらが前提としてある[†12]。

[†11] 『神学大全』（2-2, 49, 1 ad 1, 和訳第17分冊，244ページ）には，「感覚的部分に属するところの多くのものどもが思慮に必要とされる」とある。この命題の脈絡は差し当たって記憶とのつながりであり，アリストテレスの捉え方によれば（『記憶と想起について』1），とくに感覚認識と密につながっている。しかし，このきわめて一般的な命題は生命的なものすべての層にまで拡げることができるし，そうしても完全に有意味である。

[†12] 現代の性格学では「可塑性（Elastizität）」と「私情のない客観性（Sachlichkeit）」を，そしてそれぞれの対立概念どうしを，ただ「論理的」な親近性の意味だけでなく，倫理的人格の具体的な行為のつくりに実在的につなげて，互いに直接対応しあい条件づけあっていると見なす。これは注目に値するし，啓発的である。

存在にたいする記憶の誠実性，ものわかりのよさ，不測の事態における鋭敏さ，これらが認識者として思慮ある者の徳である。

三つすべてが，「すでに」現実となっている過去と現在に，したがって「かくかくでありそれ以外ではない」事態に，その事実にはある種の必然性の烙印が付いている事態に，目を向けている。

「命令」としての思慮：予知

思慮ある人は，命令し，決定を下し，決断する人として，「まだ実現されていないこと」，まさしく，これから実現されるべきことに，ただしく向かわなければならない。「命令としての思慮」を完成させる第一の必要条件は，したがって予知（*providentia*）[38] である。それは，特定の行為が目的実現の途上に本当にあるのかどうか，より確かな直観で見定める能力のことである。

倫理的決断における不確定性

ここで，どのような倫理的選択にもある不確定性と冒険性が明るみにでてくる。性質上，具体的なこと，すなわち必然的ではなく偶然的なこと（個別性 *singularia*，偶然性 *contingentia*，未来性 *futura*）につながる思慮の決定においては——ここでは，理論的な推論に内在するような確定性はないのだ。あると言うのは間違いであり，決疑論の道徳主義的な過大評価に含まれる自己欺瞞である。トマス・アクィナスは，思慮は「知性的徳」だからその決定には「真理の確かさ（*certitudo veritatis*）」が帰されねばならないという考えにたいして，解答している。**思慮の確かさは思い煩いが全くなくなるまでにはいたらない**[39]，と。奥深い文である！——人間は決定の「結論」を下すさい，必ずそうなるといった帰結を伴う理論的な確かさを期待し，待つことはできない。それを待つかぎり，人間はけっして決断にいたらないし，決めかねて動けないことになろう。誤信した「必ず」という確かさで満足するということがないかぎりである。思慮ある人は，確かさのないところではそのとおりにこれを期待しないし，偽りの確かさによっては欺かれない[†13]。

[†13] 思慮の命令の「不確かさ」は，客観的に善でありただしく間違いのないことを，

それでも，思慮の決定，ならびに予知（*providentia*）の直観は（ちなみに，これをトマスは完成した思慮のもっとも重要な構成要素だと見なし思慮（*prudentia*）という名称もここからくる，と言う[40]），その「実践的な」確定性と決断力を次のようなことから受けとるのである。すなわち，これまで生きてきた生活の経験から，そして本能的な先見の能力が目覚めていて健全であることから，そして，われわれに真正の目的への道が閉ざされるはずはないという希望から——冒険的で不安を伴ってはいるが——，そして意欲することならびに究極の「意図」のただしさから，そして直接間接の神の導きの恵みから，である。

無ければならないことが欠けている無思慮，その根としての邪淫

人間は二つの仕方で思慮の徳の要求していることを過つことになる。

まず第一に，そもそも欠如して用をなさず，置きざりにされていることによって，つまり思慮の活動的な要件が満たされていないことによってである。すでに触れたとおり，軽率と無決断はこの不足・欠如という仕方で無思慮であるが，われわれの行為を取りまく具体的な現実を上の空にみやり，不注意でいることがそれである。また，決断するときの見逃しもそうである。これらの無思慮すべてに欠陥（*defectus*）が，そもそもの欠如が，「ない」が，共通している。ただしく思案をめぐらすことが，また根拠ある判断が，ゆるがぬ最終的な決定が「欠けて」いる。——トマス・アクィナスはこの「欠如した」無思慮のもっとも深い根を邪淫[41]

それが取りちがえることもある，というところにある。それが主観的な善を取りちがえるということはありえない。思慮によって命令される行為は，どういうときでも，そして事の必然によって，主観的に善だからである。ここには解きがたい問題があるのであり，人間の実存の有限性と不足とがひじょうに鮮やかに映し出されてくる。すなわち，良心が主観的には確定していながら，しかも誤っているという問題である。この実存的な問題においては，言語が一意的な指示力を失うという危険さえある。「思慮ある」，「善い」，「義務の」，これらすべてが，薄明のなかにあるように，不確かな多義性をもっているのである。——具体的行為の具体的状況には，つねに，十分に注意していてもなお隠れてみえない要素が含まれることがある。あらゆる具体的行為が，予測だにつかないような，直接的で避けがたい結果をもつことがあるのである。（『神学大全』フランス版（1925，パリ）にある，ドミニコ会士 H.-D. ノーブル（H.-D. Noble O. P.）による思慮についての諸問題への解説，241ページを参照すること。）現実との不一致という，したがって現実にもたらすべきものとの不一致というこの不確かさは，人間的な思慮すべてを悩ますトゲであり，また道徳主義の自信を締めだしそれを内側から不可能にするトゲである。それは他方，倫理的なことがらにおける生命的な基盤が弱まった場合，迷いに導くことにもなる。

(Unkeuschheit，[luxuria]）に見る。人はおそらくこれを意外に感じるであろうが，理解に苦しむことではない。邪淫とは，決断する力が二つに分裂して†14，感性的世界の善のなかにおのれを見失っている状態なのである。

思慮ぶることと「貪欲」

これにたいして，かれが第二群の無思慮を一つの共通の起源に持っていく議論は，稲妻のように驚かされるし思いがけないが，しかし，稲妻に照らされるようでもある。まずは，この種の無思慮そのものを問題にしよう。偽って同意することと同意を拒否することがちがうように，また，見かけ上似ていることと単純に対立していることがちがうように，二番目の無思慮というのは，軽率と無決断と見逃しに共通なそもそもの欠陥・欠如とはちがっている。それは偽りの思慮と，いわば「劣等な」無思慮との違いである。トマスは偽りの思慮を扱った問題42)で，まず「肉の思慮」について語る。これは真実の目的たる人間らしい生全体に仕えるのではなく43)，ひたすら肉体に関わる諸々の善にだけ向かっており，ロマ書によれば（8:6以下）「死」であり「神に敵対するもの」である。ついで本論としてかれは，いくつかの項目45)を用意して「奸知・ずる賢さ」を問題にしている。

奸知（*astutia*）は偽りの思慮の典型である。真正面には目が行かずにいつも待ち伏せるような，ひたすら「戦略的なこと」しか考えない策士の気質であり，まっすぐに見ることもまっすぐに行動することもできない，ということである。マルティン・ルター［Martin Luther 1483-1546年］のドイツ語はこれに「'Schalkheit' 悪賢さ」を当てる。使徒パウロ［Paulo ?-64年頃］の手紙のなかでこの奸知の概念がなんども出てくるが，その概念を明確にするために，対比的に「真理を明らかにする（*manifestatio veritatis*）」（コリントの信徒への手紙二4:2）こと，ならびに「純潔」と惑わされない思いの「真心（*simplicitas*）」［同11:3］と共に，使われている。——同じ「シンプリキタス（*simplicitas*）」という概念はこの手紙

---

†14)　「ふた心（duplicitas animi）は邪淫の結果である」（2-2, 53, 6 ad 2, 和訳第17分冊，320ページ）。訳註：本書第Ⅳ部第3章，193ページ参照。

より前に置かれた文にもある。曰く，「目が澄んで（*simplex*）いればあなたの全身は明るい」（マタイによる福音書6:22）。

　間違いのないただしい目的への誤った，まっすぐでない道（手だて）がある。しかし，思慮の徳の要点は，とりわけ，人間らしい行いの目的だけでなくその実現のための道も現実の真理に対応している，というところにある。ふたたびこのことは，主体の自己中心的な「利害関心」には沈黙してもらって，現実的なもののあの真理が言いだすのを聞き取れるようにし，現実そのものが答えることで実現に合った道が明らかになる，という条件を含んでいる。これにたいして奸知のポイントは，いや無意味な点は，多言を弄する「策士」が聞こうとしないまま現実から離れ［沈黙する者だけが聞いている］，実現の道を現実的なことの真理から分離させてしまうところにある。「善い目的に到達するためであっても，真なる道を選び，偽りの，人を惑わす道を選ぶのではない，と言われている」[45]とトマスは言う。ここで，悦ばしいことに，高邁という，思慮の隣に位置する颯爽とした徳が登場するのである。待ち伏せ，隠しごと，奸計，そして騙しごとは，卑劣で卑屈な者の避難所である。しかし，高邁については，「共同の教師」の『神学大全』において[46]——すでにアリストテレスの『ニコマコス倫理学』にあるように[47]——高邁は何ごとにつけてもあからさまであることを大事にする，と言われている[*7]。

　これら偽りの思慮と思慮ぶることは，すべて貪欲から生じており，その本質は同類である[48]。トマス・アクィナスのこの言葉は，先にも言ったように驚きであり，またほとんど測りがたい深みをもっている。

　この言明は，思慮の徳そのものと，そこで作動している習慣的な基本姿勢を，もう一度新鮮で鋭い光のなかにおくものである。それは，思慮がきわめて独特の仕方で貪欲に相対しているという，まだ述べていなかった事態を明るみに出しているのだ。まるで爆破されたように，これまでは無関係に思われたいくつもの思考過程に結びつきのあることが，突如として露呈するのである。

　ちなみにドイツ語は，もはや鮮やかに脳裏に浮かぶわけではないが，

　　[*7]　高邁の徳については，本書の第Ⅳ部第7章，224ページ以下で触れられている。

偽りの思慮と貪欲との，この秘かな結びつきに気づいているようだが，これも驚きの事実である。低地ドイツ語では，同じ言葉（wies）が，抜け目のない人と貪欲な人を指している。自分のためだけを考えるという巧妙な狡猾さを意味する中高ドイツ語の 'karg'*8（karc）は，もっぱら思慮の意味領域とその「語群」に属しているのである[49]。

　ここでの「貪欲」は，財貨にたいする節度のない愛好よりもっと多くのことを意味している。貪欲とは（トマスがグレゴリウス大教皇［Gregorius I 540頃-604年］の言葉を使って言っているように[50]），それによって人間が自分の重要性と地位（*altitudo, sublimitas*）を確保できると思う「所有物や状態」（Habe）のすべてを，度を超えて欲求すること，と理解されなければならない。つまり貪欲は，ぎこちなくただ自分の存在を確保し保障するだけの自己保全を，つまり不安だらけの老年性[51],*9 を，意味している。もうすこし，付けくわえておけばいいだろうか。これらすべては，思慮のもっとも中心になる方向に反していること，それも大きく反しているということである。また，現実的なものの真理を前にした主体が認識し受け入れるためには沈黙しなければならないが，さらに，認識し決定するに当たっては存在にたいする正義がなければならないが，これらは，敢えて信頼することで，思い煩う自己保全をいわば惜しげもなく捨てるという若々しさがなければ，また自己の確保にのみ導く我執的な「利害関心」を捨てなければ，不可能だということである。したがって，たえず自分自身を依怙ひいきしないゆるがぬ姿勢があってこそ，そしてまことの謙遜ならびに私情なき客観性という，解放性と素直さがあってこそ，思慮の徳は可能なのである。

「おのれを利する者は輝かず」

　ここで同時にはっきりしてくるのは，思慮と正義がどれほど近く，またどれほど直接，互いにつながっているかということである。「倫理的

---

　　*8）　例えば小学館『独和大辞典』（第二版，コンパクト版）には，「けちる，惜しむ」という訳例がある。
　　*9）　「老人はその自然本性の欠陥のゆえに，すべて窮乏している者がその窮乏を補ってくれるものを求めるように，外的なものによる援助をより貪欲に追求するとはいえ，もし富にかんして理性の然るべき度合を超え出たならば，罪を免れることはないのである」（『神学大全』和訳第22分冊，250ページ）。

な諸徳のなかでは，ただしい理性の（すなわち，思慮の）実現は理性に従った欲求能力に基づいている正義においてこそ一番明るみにでる。したがってまた，理性のただしくない実現は，正義に反する罪においてもっとも明るみにでる。ところで，正義にもっとも対立するものは貪欲である」[52]。──自分だけに目を向け，したがって現実からの真理の発言を許さない者は，正しくもなく勇気もなく節度もないが，なかでもその人は正しくない。なぜなら，正義の実現にまず第一に必要とされるのは，人間がおのれ自身を依怙ひいきしないというところにあるからである。日常の言葉づかいで，事がらに沿っていないこと（Unsachlichkeit）と不正（Ungerechtigkeit）とがほとんど同じことを意味しているのは，偶然のことではない[†15]。

したがって，思慮はあらゆる人間らしい徳の形相根拠ならびに「生みの親」として，現実についての知識を善の実現へと転換・変換するところの，精神の慎重かつ決断ある刻印能力である。それは，沈黙，すなわち囚われずに聞き取るという謙遜と，存在にたいする記憶の誠実と，何かを自ずと語らせる術と，不測の事態にも冷静に対応できることとを含んでいる。思慮は，真剣に思案をめぐらすこと，そして熟考といういわばフィルターを意味しており，また同時に，最終的に結論を下すときの思い切った勇気を意味している。それは人柄が清廉であること，率直であること，開かれていて囚われていないことを意味しており，ただ「戦術的」なだけの，いっさいの込み入った功利性を超越している。

思慮というのは，ポール・クローデル［Paul Claudel 1868-1955年］が言

[†15] 思慮の基盤となる認識の客観性（Sachlichkeit）と共同の生活の徳である正義との結びつきは，言語のもつ二重の機能にとくにはっきりと示されている。一方で言語は伝達であり，他方でそれは現実在認識の，したがって現実在自身の，写像である。言語は「記号」であるかぎりで（いや，記号以上ではあるが），記号一般として「何かについての誰かのための記号」である。言語が，いやむしろ一つの語りが「ものの像」でなければ，それに応じて真の「伝達」ではなくなる。語ることがもはや「何かについての」真実の記号でないところでは，すなわち現実在の記号でなくなっておれば，それはすでに「誰かのための記号」でもない。ヨゼフ・ピーパー「客観性と思慮」（「カトリック思想（Der Katholische Gedanke）」年報5（1932）72ページ以下）を参照すること。──ここでもまた，注目すべき事実を言っておくべきである。「個人心理学」的な性格学は「共同体感情（Gemeinschaftsgefühl）」という多少不明瞭な基本概念を「客観性」と直接つなげたり，いやほとんど同じであると取るのである。（たとえば，エルヴィン・ヴェクスベルク（E. Wexberg）『個人心理学（Individualpsychologie）』，Leibzig, 1928, 77ページ以下。）

っているように[†16]，多様な現実世界のなかにあって完徳へと舵をとるわれわれ人間の「知的な船首」である。

　思慮の徳において，活動的な生の一巡りが閉じて，丸く完結する。人間は現実の経験からはじめ，決断と行動において自分自身を現実のなかへと実現する。——このことの奥深い意味は，トマス・アクィナスのまれに見る言い方に顕わになっている。思慮，つまり生の「生き方を決める」統治者的な徳は，活動的な生の幸福を本質的に含むものである[†17]，と。

　思慮とは，東方の賢者の書の語るとおり，「おのれを利する」者には拒まれるような，倫理的実存の輝きなのである。[†18, *10]。

　決意するにも暗いものと明るいものとがある。思慮とは「真理を行う」（ヨハネ3:21）ことを決断している人の明るい決意である。

　[†16)　ポール・クローデル『五大讃歌（Cinq Grandes Odes）』。第五讃歌（「閉ざされた家（La Maison fermée）」）の四枢要徳にかんする章に，次のような詩句がある。「私の心の北方には，船全体を導く知的な船首のようにして，思慮という星がある」。

　[†17)　「観想的な幸福とはほかならぬ至高の真理を完全に観ることである。一方，活動的な幸福は思慮の働きであり，それによって人はおのれ自身と他者を統べる」（『徳一般についての討論問題』5 ad 8。『真理論』14, 2.)。——同時にここで注意すべきは，トマスにとって，思慮（正義と並んで）は，支配する術（支配的思慮 prudentia regnativa）が思慮の最高の形であるように（2-2, 50, 2 ad 1, 和訳第17分冊，270ページ），支配者にもっともふさわしい徳である（2-2, 50, 1 ad 1, 和訳第17分冊，268ページ），ということだ。

　[†18)　「おのれを利する者は輝かない」。老子『道徳経』第24章。
　[*10)　その原文は「……自見者不明，自是者不彰……」。小川環樹訳「……自ら見る者は明らかならず，自ら是とする者は彰われず……」（中央公論社「世界の名著4」96ページ）。

第3章

境界の線引きと対照

暗やみを起源とする人間の行為

　思慮の意味と順位についての古典キリスト教の教えは，あらゆる非合理主義と主意主義にはっきりと対立しているということ，これはまったく自明のことである。これについては，一言といえども無駄にされてはならない。

　人間の自由で責任ある行為は，それが「ただしく」て善いならば，その形を暗やみからではなく明るみから受けとる。「行っている人に要求される第一のことは，その人が知りつつ，ということである」[53)]。ところで，知るということは現実在が人間の精神において明るく判明であることをいう。「善は真理を前提とする」[54)]。ところで，真理はすべてを覆い隠す暗やみに対立するものであり，定義によって，まさしく「存在(ザイン)が明るみに出されていること」である[†19, *11]。

　とはいえ他方で，「意志の最初の働きは理性の命令からではなく，自然の，またはより高い力の衝動からでてくる」[55)]，ということも妥当する。認識が支配する，自由で人間らしい行いという明るい区域は，その周囲全体が暗やみと隣り合わせである。われわれ自身のなかにある自然のままという暗やみと，われわれの欲することと行うことが直接神に規定されるところの，いっそう深く近寄りがたい暗やみである。とはいえ，二つの問題領域が暗いのは，われわれにとってだけである。じっさいの

---

　†19）「真理とは表明され顕わにされた存在である」（ヒラリウス（Hilarius, 315頃-367年）。『真理論』1, 1に引用）。

　＊11）　花井訳『真理論』（哲学書房，1990年）30ページ参照。

ところ，そこは神の知と予知［摂理］という無限の輝きによって射通されている。これについて聖書は，その「光」は「近寄りがたい」（テモテへの手紙一6:16）と言うし，アリストテレスは，それにたいするわれわれの知性を，「夜鳥の目が真昼の光にたいしているように」，と言う*12, 56)。

　付け加えておくことがある。真理とは認識するわれわれの精神にとっての善であり57)，その善に精神は自然のままに引き付けられる58)。この善をもう一度，認識することを根拠にして「選択」したり「選択」しなかったりということは，精神の為すところではない。有限の精神は，あらゆる場合に自分の光だけに従えばすむほど自分自身を深く理解しないし，自由に自分を支配できない。また，睥睨する軍司令官のように，現実在に向かって主権的に対面しているのでもない。むしろ，自然本性的に，現実的なものの真理を知るようにと，精神が急き立てられ強いられているのである。この，自己規定をいっさい超えた急き立て，衝動の通り行く道は，われわれの射程範囲内の自由という明るい居城が完全に覆われ包まれてしまうところの，あの暗やみの光に囲まれている。

それでも：「人間の善は理に即した存在である」

　だが，この自由な行いの区域について間違いなく言えることがある。それは，人間の善は「理に即している」（bonum hominis est <secundum rationem esse>），人間の善は理性に即した存在にある，ということである59)。何度言っても言い過ぎにはならないことを再度付け加えておくと，ここで「理性」という概念は現実在を知覚する仕方すべてを含んでおり，なかでもキリスト者の「理性」は信仰の現実在をも知覚するということである。

---

　*12)　「真理についての研究は……ここでいう困難の原因は，事がらそれ自体のうちにあるのではなく，われわれ自らのうちにあるのであろう。というのは，あたかも真昼の光にたいする夜鳥〔こうもり〕の目がそうであるように，そのようにわれわれの霊魂の目すなわち理性もまた，自然においてなによりも最も明らかな事がらにたいしてはそうだからである」（993 a30-b11。出訳『形而上学』，「アリストテレス全集12」，岩波書店）。ここに言われている「自然において……明らかな事がら」とは，自然本性的に，つまり第一原理の方からすれば，という意味であり，分析の極にあるもっとも単純で自明的なもののことである。

道徳主義と決疑論の過大評価

　主意主義と完全な近縁関係にあり，しばしばことさら「キリスト教らしい」と一般に見なされている道徳の教えがある。これによって人間の倫理行為は誤解されて，「遵守事項」，「徳の習練」，そして「禁止事項」を不整合なまま集めたものとなる。またこの誤解によって，倫理行為は，現実認識という根の張る大地，ならびに生身の人間から，抜き取られている。そのような「道徳主義」が知らない，または知ろうとしない，いやそればかりか，とくに知らせようとしないことがある。それは，善というのが人間の存在(ヴェーゼン)と現実とに即しているということ，この現実に即しているという事態は，思慮という，ただしい方向を示す洞察のなかでだけ照らされるということ，したがってまた，善を実現するということは，強力な恣意の暗やみから訳も分からず「立てられた」指令をただ事実的に遵守することとはまったく別のものだ，ということである。この道徳主義にたいしては，教会の「共同の教師」の次の文章がもっとも納得のいく答えとなろう。「感性的な欲望の点で節制があるとしても理性に思慮がなければ，この節制は徳ではないことになる」[60]。同様に，グレゴリウス大教皇には次の文がある。「もしその他の徳がその目的を思慮とともに実現するのでなかったら，それらはけっして徳ではない」[†20]。すでに何度も言ったことではあるが，思慮とはただしい方向を示すための現実認識である。善い行動はこの認識から「生まれる」[61]か，さもなければそもそも生まれないかである。思慮の決定において，当為の形成は存在(ザイン)を通してものにされるのである。そこにおいて，現実の真なる認識は善の実現へと完成する。

　人間の善い行為は現実に直面しながら生じる。具体的な人間的行いの善さは，現実的なものの真理を変換することに基づいている。それは**事物そのもの**[†21]を，まさしく現実そのものを注視することで勝ちとられ受

[†20]　「このただしさ，そして善の補完から，すべての欲求的習慣は徳の理(ことわり)を手に入れるのだから，思慮が，倫理的と呼ばれる欲求的部分のすべての徳の，それらが徳であるかぎり，原因であることになる。そのために，グレゴリウス（『大道徳書 (*Magna moralia*, 訳注：別名『ヨブ記訓釈 (*Moralia in Job*)』)』22, 1）は，欲求するものどもが思慮を伴って働くということがなければ，他の諸徳はけっして徳ではありえない，と言っている」（『徳一般についての討論問題』6）。『任意討論問題』12, 22を参照すること。

[†21]　「知的徳の規則 regula（それによって倫理徳の中間が決められる。1-2, 64, 3, obj.2

第3章　境界の線引きと対照　　　　　　　　　　　35

けとられた真理を，変換することなのである。

　人間の具体的な行いをとりまく現実は，ほとんど無限に多様である（quasi infinitae diversitatis）[62]。なかでも，人間そのものが「多種多様に行う存在ヴェーゼン」であり，そこに動物との違いがある。まさしくその存在ザインの順位によって，人間の魂［心］は限りのない多様性へとひろがっているのだ[†22]。

　このため，「人間の善は，人間の多様性によって，また時と所などによって，多様に変化する」[†23]。しかし，人間的な行いの諸目的は変わらないし，基本的な諸方向も変わらない。どのような「状態」にあっても，いつでもどこでも，正しく勇敢で節度をもつ，ということは義務である。

　だが，この不変の当為を具体的に実現する仕方は千差万別である。正義について，勇気について，節制について，「これらのどれも多様な仕方で実現されるのであり，すべてにおいて同じ仕方でというのではない」[†24]，ということが成りたつ。『神学大全』では，「人間の事がらにおいては，目的への道は確定しているのではなく，さまざまな人間と仕事に応じて多種多様である」[†25]，と言われている。

　とはいえ，このことは覚えておかねばならない。本来の正義の義務（これには教会法と国法に素直に従うことが含まれている）の履行につ

――――――――――

（和訳第11分冊，280ページ））は……，ものそのものである」（1-2, 64, 3, ad 2, 和訳第11分冊，282ページ）。

　[†22]　「ところで人間は多種多様に行為する。これはその能動的原理である魂の高貴さによるのであり，その力はある意味では無限に広がる」（『徳一般についての討論問題』6）。

　[†23]　「これ（人間特有の善）は多様に変動するし，また人間の善は多様さにあるのだから，人間にとって善であることに必要なすべての条件に沿うところの善を決める自然的欲求が人間に内在するということはありえなかった。なぜなら，この善は人や時や所などの条件によって多様に変わってくるからである。……それだから，個別的な場合に応じた人間らしい善をただしく判断するためには，実践理性が習慣（habitus）といったものによって完成される必要がある。そして，この徳こそが思慮と呼ばれる」（『徳一般についての討論問題』6）。

　[†24]　「これらのどれをとっても，その生じ方は多様であり，すべてにおいて同じ仕方で，というのではない。だからこそ，ただしい仕方で行為を定めるためには，判断の思慮が要求されるのである」（『徳一般についての討論問題』6）。

　[†25]　「人間的なことがらにおいては目的のための道［手だて］は決まっておらず，いろいろな人と役務に応じて多様に異なってくる」（2-2, 47, 15, 和訳17分冊，231ページ）。さらに，『徳一般についての討論問題』13 ad 17と2-2, 47, 2 ad 3（和訳17分冊，195ページ）を参照すること。

いては，それが状況の変化から影響を受けることがもっとも少ないと，したがってまたもっともきっぱりと確定されると，トマスは言っている[†26]。

まことに人間的な願望として，確定性と見通しを，間違いのなさと境界と精確さを，ものにしたいために，ほとんど必然的に生まれてきた試みがある。抽象的・合理的に緯度経度を計測することによって，善を実現するさいの混沌として多様な道を「秩序づけ」て，見通しをきかせようとするのである。この試みの結果が決疑論という，個別的な「諸事例」をまとめ上げ，分析し，評価することを独自の仕事とする道徳論の一部——主要部を成すこともまれではない——である。

さて，具体的な倫理的決断が不確実であり冒険的な性格をもつことを理由に，よく調べもせずに，勝ち誇ったように決疑論を笑いとばすことは，もちろん安易にすぎる。——笑っている者は，具体的な人間の具体

[†26] 「倫理徳のすべての『ただしい中間（rechte Mitte）』は理性の決める『中間』である。なぜなら，倫理徳は『ただしい理性（ratio recta, rechte Vernunft）』との一致によって，『ただしい中間』にあるからである，と言われている。しかし，ときとして理性の決める『ただしい中間』が同時にものごとの決める『ただしい中間』でもある，ということがおこるのであって，その場合には倫理徳の『ただしい中間』は，たとえば正義の場合がそうであるように，ものごとの決める『ただしい中間』となる。しかし，ときとしては理性の『ただしい中間』はものごとの『ただしい中間』ではなく，われわれ自身にたいするつながり方からして決まる。そして他のすべての倫理徳における『中間』はこのようなものである。その理由は以下のとおりである。正義は外的なものにおのれを現す行為につながっている。そして，そこでは，ただしく間違いのないこと（das Richtige）は端的に，そしてそれ自体において，確立されなければならない。このようなわけで，正義においては『理性の中間』は，正義が各人にたいして当人の分を，過・不足なしに与え返すかぎりにおいて，『ものごとの〔客観的〕中間』と同一である。これにたいして，他の諸々の倫理徳は内的な情念につながるのであるが，それら情念においては，人々が多様な仕方で情念に関係しているという理由によって，ただしく間違いのないことが同一の仕方で確立されることは不可能である。このゆえに，諸々の情念にかんする理性に合ったただしさ（Rechtheit）は，情念によって動かされるわれわれとの関連を根拠にして確立されるのでなければならない」（1-2, 64, 2, 和訳11分冊，278-279ページ）。「他の諸々の倫理徳はまず諸々の情念に関わるのであるが，それらをただしいものたらしめることは，それら情念を有する当の人間とのつながり方において問題になるのみである。すなわち，様々の状況にてらして，そうあるべき仕方で，欲望し憤激する（concupiscit et irascitur）ということである。したがって，このような徳の『ただしい中間』は一事物の他の事物にたいする比例に即してではなく，ただ当の有徳なる者との比例的なつながり方において捉えられるのである。このことのゆえに，これらの徳における『ただしい中間』といえば，われわれ自身を顧慮しながらの，理性に即してのそれがあるのみである」（2-2, 58, 10, 和訳18分冊，50ページ）。1-2, 60, 2（和訳11分冊，278-79ページ），2-2, 61, 2 ad 1（和訳18分冊，102ページ）を参照すること。

的な倫理行為をあたかも裁判官のように裁かねばならないという課題を，一度も引き受けたことがないのである（決疑論が司法修習から出てきたのは偶然ではないし，聴罪司祭の補助手段として成立したのも偶然ではない）。

とはいえ，決疑論は，確定性を目ざせば必ず内側からの危険に脅かされるという，そのような区域外にいるわけではけっしてない。まずいことは，旅路にある存在(ザイン)というこの地上的な身分のゆえにいくら目ざしてもこれで十分だといえる点には到達できないということではない。目ざす方向そのものによって，またその自然の重みによって，そのねらいが堕落して人間らしからぬところに固化してしまうこと，これこそが問題なのである。人間らしからぬものに転落する危険は，確実性への願望が精神［知］的人格の決断中枢にもろに関わればかかわるほど，必然的に大きく，また恐るべきものとなる。

道徳論を知っても「思慮がある」ことにはならない

決疑論は間に合わせまで，判断の訓練をつむための補助手段まで，さし当たってのアプローチの方法まで，いのちのないモデルを相手にした練習まで（これらはたぶん不可欠であろう）であり，それ以上を要求するや否や，この危険に陥る。人為的に色づけしたこのモデルを現実そのものの血肉と混同すれば，それこそ，ちょうど医者の見習いが教室の人体モデルとそのメカニズムをそのまま基準にしてじっさいの病気を診療すれば見当ちがいであろうように，これに劣らず，いやはるかに取り返しのきかない見当ちがいをしでかすことになる。

モデルと現実の混同，したがって決疑論の過大評価（たんなる補助手段であれば役に立つし，たぶん必要でさえあろうが，それがそのまま具体的な倫理行為を為すにあたっての基準に——したがって，そのまま判定の基準にも——なり，また，なることができるとされる）は，思慮の徳の意味と順位を誤認もしくは曲解することにほかならない。思慮にかんする古典キリスト教理論が後退し，忘れ去られていったこととちょうど符合するように，過大評価された決疑論が道徳神学の顔となったのは偶然の一致ではない。——19世紀，二三のひじょうに多く出回った道徳の教科書に特徴的であった押しつけがましい冗舌は——ようやく，すこ

しずつ消えつつある——，徳論一般にかんして，第一番目の枢要徳がもつ本質と優位性が理解されていなかったことを如実に示している。他方で，まさしくこのゆえに，学校教師という，例のすべてを知りすべてを決めながら，なかでも数知れぬ禁止と警告の一覧表を作るのに汲々として息つく暇もない人たちから，トマス・アクィナスの倫理学が無傷でいられたのである。じつに，思慮という徳の優位性の理論にこそ，醒めて恬淡としていること，自由，そして肯定・同意という雄々しい貴さ——「共同の教師」の道徳神学の秀でた特徴をなす——にたいする，いわば「体系的な［組織的な］」基礎がある。

具体的な倫理行為の直接の尺度は選択決断する当人の思慮の命令だけである。この基準はけっして抽象的に——つまり，決断の現場そのものを抜きにして——後で構成されたり前もって計算されたりはできない。思慮の命令は，いつも，また本質的に「今・ここ」で為されるべき行動にたいする決定と決断である。そして，具体的な倫理的決断はまさしくこの決断に立たされている人だけの問題であること，これがその本質である。決断に必ず付いてまわる責任は，だれ一人として代わって引き受けたり取り去ったりできないように，だれも当人の代わりに決断を代行することはできない。したがって，倫理的なことの端的で本来の具体性は，ただ一人自ら決断する人間の生きた経験にだけおこることである[†27]。

行為が関わっている個別的なこと（*singularia circa quae sunt operationes*）[63)]

[†27)] このように言うことで，個人的な決断にかんして極端な主観主義が主張されているのでもなければ，また普遍的な倫理規範の無条件的な妥当性に反対しているわけでもない。——まず，思慮はなにか純粋に主観的な「価値感情」に決断を任せることを意味するのではなく，まさしく主観が現実という客観的な基準に結び付くことを意味している。——さらに，本性上，道［手だて］だけに向かっており目的には向かわない思慮は，すでに言ったが，良知［原良心］の声を必要としている。良知は自然本性的な道徳法則を，より具体的には神の十戒を，現前させることにほかならない。したがって，自然本性的な道徳法則に反することは，けっしてどのような「具体的状況」にあっても，思慮あること，善いことではありえない。——最後に，これもすでに言ったが，本来の正義の義務は，ことのほか「状況に左右されない」，ということである。前注で言われていることを参照すること。

思慮の理論は「人間はおのれの良心に反することを為してはならない（ローマの信徒への手紙14:23），この良心が誤っているとしても」という一般的なキリスト教理論より以上に「主観主義的」ではないし，またそれ以下に「主観主義的」でもない。

しかし，とくに言っておくべきことは，具体的な倫理行為が確定されないというまさしくそのことによって，キリスト教がユダヤ教から，キリスト生誕以降の時代がキリスト生誕以前の時代から，区別されるということである。極端な決疑論は「ユダヤ教的」だと（リンゼンマン

第3章　境界の線引きと対照

の全体が分かっているのは，すなわち具体的な行為を取り巻いている具体的現実の全体が分かっているのは，さらに，その人自身，ならびに今とここの「状態」が分かっているのは，その人だけなのである[†28]。

　道徳論の言うことは，したがって決疑論もそうだが，どうしても具体性に欠けることになる。その言明はけっして現実的かつ全き「今とここ」を手中にできない。具体的な行いの具体的な状況を経験する（あるいは少なくとも，経験し・う・る・）のは，まさしく現実に決断する人間だけなのだし，その人しかいないからである。そうだとしても，決疑論の思案［思量］が決断の現実の状況の――多少なりとも――近いところまで行くことができる，ということに異議を挟むつもりはない。正義を実行するという問題であれば，それだけいっそう近づくであろう。しかし，本来の具体的なことについては，もっとも直接的な経験だけが能く為すところなのだ。だからこそ，決疑論者の知識は，総じて道徳論の知識がそうであるように，けっして具体的な行為の善さを保証するにはいたらないのである。道徳神学の知識は，どれほどそれが「個別的なことに入り込む」ことがあっても，それだけでは第一の枢要徳という意味で「思慮がある」ということにはならないのだ，このようにきっぱりと諦めれば，それだけ道徳神学は真実でただしく，じつに生き生きとしたものになる。われわれの具体的な行為の善さの保証となるものは，ひたすら思慮の徳だけである。「今どのように為されねばならないか，具体的な行為についてただしい判断をくだすこと」[†29]は，もっぱらこの徳・の・職・務・なのである。

――――――――――――
(Linsenmann)．†33を参照すること)，また「タルムード的」だと（Hirscher．同注を参照すること）色づけされているのはもっともである。トマスがヤコブの手紙について言っている。新約の法は「完全な自由の律法」である，と。「これにたいして旧い律法は多くを確定し，人間の自由によって規定されるよう任されているところはほんのわずかしかない」，と(1-2, 108, 1＝和訳第14分冊，42ページ)。「新しい法では，掟と禁止によって外的行為を定める必要のあるのは，秘跡，ならびに，たとえば殺してはならないとか，盗んではならない等のように，それだけで徳の本質に属している掟だけである」(1-2, 108, 2＝和訳第14分冊，46-47ページ)。

　†28)　†23を参照すること。
　†29)　「思慮には実践的知識よりもいっそう多くのことがある。みだらな行いは悪い，盗みをしてはならない，などのように，実践的知識には行為すべきことについての普遍的な判断が属しているが，個別的なケースにおいて，じっさいにもっているどの知識によって理性の判断が介入していることになるのか，ただしく判別されるわけではないからである。このゆえにまた，実践的知識はほとんど徳の力にはならないと言われる。それをじっさいにもっていて

倫理的な決断の具体性をそとから捉える方法はない。ないのだが，ある種の可能性が，唯一の可能性がある。それは友愛である。友人だけが，思慮ある友人だけが，愛において自分のもののようになっている［相手の］自我から（したがってまた，まったく「そとから」というわけではない），友人の決意を一緒に行うことができる。つまり，友人は──愛において一つになることで──具体的な決断の状況をいわば責任の中心そのものから眺めることができるからである。だから，友人の思案を助けて方向を示してやるときのように，その決断を先取りして「君はこうしたらどうだろう」と言ってやることができるし，裁判官の判定よろしく，それを「君はこうしたんだよ」となぞることができる。これは友人に，──友人にだけ，思慮ある友人にだけ──できることである。

そのような真正の思慮ある友愛（*amor amicitiae*）は──これは何かしら感傷的な親密さとは何の関係もないだけでなく，むしろそれによって危うくされる──じっさいの霊的な指導にさいしては不可欠な前提となる。というのは，友愛だけが，方向の指示を，決断の具体的状況そのものからその「尺度」を受けとっている方向の指示を，可能にするからである。

行為と制作との混同

人間的な行い（Wirken）には二つの基本的な形がある。行為すること（Tun, *agere*）と作ること（Machen, *facere*）である。作ることによる「作品（Werke）」は芸術的，技術的に形づくられた，物としての制作物である。行為することによる「作品」は，われわれ自身である。

そして，思慮は行為する能力（*Tun*-Können）の完成であるが，「技芸の術（Kunst）」は（聖トマスの意味で[†30]）作る能力（Machen-Können）

も，徳に反して罪を犯すということが人間にはおこるからである。だが，思慮には，今為されるべきことに従って個別的な為されうることどもについて正しく判断する，ということが属している。じっさいその判断こそが，何であれ罪によって腐敗にいたるのである。したがって，思慮のうちに止まっておれば人間は罪を犯さない。だから，それは徳にほとんど何ももたらさないのではなくて，多くのことをもたらすことになる。それどころか，徳の原因となって徳を生むのである」（『徳一般についての討論問題』6 ad 1）。

[†30] 聖トマスの「技芸の術［芸術 Kunst］」の概念は第一に，ただちに今日のいわゆる芸術的制作ならびに対象としての制作物の領域を意味しているのではなく，それによって制作できるところの技芸家の内的なハビトゥスそのものを意味している。第二に，「術（ars）」は

の完成である。「技芸の術」は作ることの「ただしい理(フェアヌンフト)」(recta ratio factibilium) であるのにたいして，思慮は行為の「ただしい理」(recta ratio agibilium) である。

決疑論の過大評価と誤評価は，おおかた，思慮と「技芸の」技法 (Technik) との違いが，行為することと作ること，行為したこと[行動]と作品との違いが，無視されていることに基づいている。

人間の倫理的な行動は，技術的な作品制作の場合のような多少とも固定した操作ではなく，おのれの自己実現の歩みである。人間の自己というのは，善を行うことでその完成に向かって成長するが，それは人間独自の計算で事前に考案されるような建設プランではなく，それをはるかに超える「作品」である。倫理的人格の生成は，現実への——これはわれわれが自分で造りだしたものではなく，またその本質は生成消滅する変化の多様性であって，持続する存在（かれはある[*13]，という神だけがそれである nur Gott ist, der er ist）ではない——そのつど適切な応答のなかで生じる。この「そのつど適切な応答」を言うこと，それができるのは思慮の徳だけである。善を行うことの，そして完成の「技法」というものは存在しないのだ。「ところが，決疑論が行きすぎると，技法と処方だけをもって，多様な倫理的生を前にして思慮の徳が保持すべきこと——すなわち型にはまらないしなやかさ——の代わりにするのだ」[†31]。このようにフランス語版『神学大全』の注釈は述べる。

善を為す人は，自分で案出したのでもなければ，全体であれ部分であ

狭義の芸術的なことも，また技術的なことも含んでいる。トマスにとって，対象としての制作物を一定の「規則」に則って形にすることは，芸術と技術に共通することである。ソネットの「構成・構築」には造船や橋を架けるときの基準に少しも劣らない明確な形成の基準がある。この意味での「技法（ars）」の概念が，特別，中世的な相貌をもつこと（また恐らくロマンス語に特有でもある）は明らかである。1-2,57,4（和訳第11分冊，159ページ）その他を参照。

[*13]　出エジプト記3：14を参照。新共同訳聖書の訳は「わたしはある，わたしはあるというものだ」。

[†31]　「実践的な生を取りまく情況は不確定であり様々なのだから，思慮があり道徳的であるときのあり方は，限りなく新しく限りなく多い。それでも，われわれはいつでもどこでも有徳であるべき義務があり，また神に仕える義務がある。他方，技芸の術の目的はそれに特有であり限られるので，その術に携わる人の選ぶ手段は，いわばどっちみち決まったカードなのである。あるいは少なくとも，多様な手段がぜひとも必要だということにはならない。通常使う手段でもって自分の目指している作品の理想型をうまく仕上げればいいだけである。どのような技術［技法］にも結局のところ製法・作り方・処方があり，そのときの技術の知とは，

れ自分でも知らないような構造物を，追いかけている。これは，ときおり，狭い隙間からわずかな断片がかいま見られるようにして，われわれに姿を現してくれる。しかし旅路の途中なのだから，おのれ自身の具体的な構造物がまるまる最終的な姿で明らかになることはけっしてない。——良心というのはある一定の意味で思慮そのものだと述べたが，その良心について，ポール・クローデルは言っている。それは「未来のことではなくて目前のことをわれわれに示してくれる，我慢のともし火である」[64]。

決疑論の過大評価の上に建てられる道徳論は，偶然ではなくて必然的に「罪の理論」であり，徳論，すなわち人間の模範像の理論ではない[†32]。その特有の対象は，向こう側は「大罪」でこちら側は「小罪」になるような境界の設定となる。このような決疑論的な罪の理論が，さらに，完全に血縁関係にあるところの，不整合のままの「遵守事項」や「禁止事項」の道徳主義と結びつくと，あの，どこか復讐心に燃え，ひたすら怨霊的な，何でも否定するという（結局，ニーチェ［Friedlich Nietzsche 1844-1900年］が作りごとを全うすることができなかった）現象が出てくる。これはせいぜい，未成熟な人間の良心を混乱させるのに役立つだけで，けっして現実生活のものさしとしては役立たないものである。

思慮，すなわち倫理的に成熟しており自由であることの極致

決疑論的な道徳論は，人間の未成熟を前提としているだけでなく，この未成熟を際だたせて永遠のものにする。「いったん決疑論にいたれば，すぐ次に来ることは，良心の問題における決断が，一人一人の良心から取り上げられて専門家の権威に委ねられる，ということである」[†33]。

正確には最良の製法の知である。ところが，道徳には様々に変わらないような処方はない。有徳な思慮はおのれの分別（discernement）を実践的生という変化する情況の不確定性に合わせなければならないのだ。分別はそれが固定化に向かうかぎりで，処方に近づく。道徳的な生の複雑さを前にして有徳な思慮が守るべきことは限りないしなやかさであるのに，行きすぎた決疑論者は処方と秘訣をもってくる」（前掲書『神学大全』フランス語版（1925パリ）のベネディクト会士 H.-D.ノーブルによる思慮についての諸問題への注釈，238ページを参照すること）。

[†32]　「もし道徳神学が決疑論に止まるなら‥‥それは徳を鍛えて完成させるための学ではなく，罪を避けるための学となるであろう」（ガリグー・ラグランジュ「聖トマスの道徳神学の形而上学的性格について」, *Revue thomiste*, 年報8（1925），342ページ）。

これにたいして思慮の徳は——現実に即してただしく選択決断することの完成した能力——まさしく最高の倫理的成熟（これは，じっくり思案をめぐらすことや「ものわかりのよさ」を排除するものではなく，含む）である。そして，思慮が正義，勇気，節制にたいして優位にあるということは，成熟なくしては真に倫理的に生きることも行うこともありえない，ということを意味するものである。

　まことに思慮が倫理徳すべての形相根拠であり，また「生みの親」であるのなら，そのことでさらに言えることがある。まずもって，そして同時に，思慮へと教育することなしには，人間を正義へ，勇気へ，また節制へと教育することはできない，ということだ。思慮へと教育するとは，具体的な行いの具体的な状況を私情を交えずに見定めるように，また，この現実認識を具体的な決断へと変換するように，教育するという

----

†33）　リンゼンマン「法と自由の理論についての研究」，テュービンゲン神学季刊誌年報53（1871）238ページ）。——「このようなタルムード的な些事好みに巻き込まれたのでは，人は聴罪司祭をもたなければ一歩も先に進めない」（J・B・ヒルシャー『ドイツ・カトリック界における，福音書の現代スコラ神学への関係』テュービンゲン，1823，238ページ）。——ベネディクト会士 P・ダニエル・フォイリングの思慮（かれはこの言葉ではなく古い言葉 'discretio' を使う）についての優れた論文に次のような銘記すべき文章が見られる。「われわれのなかには，はっきり口にしないにしても，成熟した，また成熟しつつある人間——からだの上で成長した人間と言った方がよかろう——をして，その独自の倫理的判断と自立的な良心の決断から守ってやろう，ともくろむ傾向が広く見られるのではないだろうか？　倫理的な行為と生のさまざまな領域で，すべての人が義務づけられる一般的規則を，倫理的秩序の要求を細かく，しばしば些細なことまで規定する規則を，そうなるとすでにこの倫理的秩序に等しい規則を，われわれは立ててはいないだろうか？——ここでは，然るべき権威筋によって実定的に確定され，また立法されることを問題にしているのではけっしてないが——。またそうなると人は往々にして，そのような決疑論を不快に思い，重大な倫理上の根本真理を守る人々にたいして——根本真理とはすなわち，徳というのは中間にあるが，抽象的で平等主義的な中間にではなく，周囲の情況とコンディション，魂［心］のもつ諸習慣，信念・物の考え方，とくに行為する人格に沿ったところの中間にある——，非道徳的な考え方であり行為であるとして，厳しい非難を持ちだすような雰囲気にはならないだろうか，いや今にも非難しそうではないか？　そのような教育と感化のなかでは，見分けて決断する徳にあっては不可欠な，周囲の情況に沿った，またそれによって現実の道徳法則に沿った習練が，多かれ少なかれ為されないのである。のみならず，自立的な倫理的決断への倫理的な気概が弱められるし，また完全に失われること，しばしばなのである。そうなれば，ありうる結果は一つ，多くの弱い魂［心］の持ち主はひるんでしまい，倫理的生においては途方に暮れて頼るものもなく，もしおのれの良心の葛藤にさいして確かな判断力をもち真に思慮ある人を日々のアドバイザーとするのでなければ，絶望するにちがいないということである。この重大な事態にたいしてはただ一つの救いがある。見分ける力（discretio，訳注：思慮）へのたゆまぬ訓練と教育である」（ベネディクト会 P. Daniel Feuling 'Discretio'，ベネディクト会月報，年報第7（1925）359ページ以下）。

ことである。
　思慮の徳の優位についての古典キリスト教理論は，その本質的な志向からして，道徳主義であれ決疑論であれ，みずから決断する人間を型にはめたり未成熟として扱うことには，何であれ異議を唱えるのである。
　枢要徳の第一番目は倫理的な成熟の極致であるだけでなく，まさしくそうあるなかで，倫理的な自由の極致でもある。

第4章

思慮と愛

―――――――

思慮と倫理徳の相互依存関係

「いかなる倫理徳も思慮なしにはありえない」[65]。しかし，これにたいして，「思慮は倫理諸徳なしにはありえない」，ということも成立する[66]。これら二つの命題は，同じく，トマス・アクィナスの思慮にかんする論考からのものである。ゆえに，思慮ある者だけが正しく，勇敢で節度がある。しかし，まだ正しくなく，勇敢でなく，節度のない者は，また思慮ある者ではない，ということになる。

第一の命題は，同時にこれを否定していると見える第二の命題と，どのように整合的なのだろうか？

曖昧な「あれもこれも」というのはここではご法度でもないが，これら二つの文の趣旨は，倫理的な生は一つの「生物体」であり，それ自身のなかで循環は閉じているということなのだ，としても，どちらも言っていることは貧弱である。そのような解釈や説明は，「共同の教師」の思考に特徴的な輪郭の明晰さと仕事の入念さを評価できていない。思慮が倫理諸徳を生むか，それとも後者が思慮を生ぜしめるか，いずれかである。両者が同時に，同じ意味で，真であり事実であることはありえない。閉じて輪になっている蛇の場合でも，咬んでいるのはいつも頭であり，けっしてしっぽではない。あの「それ自身閉じている環」というあれもこれもは，本当を言えば無意味なのであり，毅然とした正確さに欠ける思考の安易な逃げである。

生の諸目的を，あるいはむしろ目的そのものを探しだしたり，また人間存在(ヴェーゼン)の基本方向を定めたりすることは，思慮の徳の意図するところで

はないし，職務ではない。思慮の意図はそうではなく，それら諸目的への適切な道［手だて］をみつけ，かの基本方向の，今・ここにふさわしい実現法を見つけることである。

おのれの生の終局の諸目的を知ることは，この「生」でこれからさらに獲得しようとしている，そして完成させようとしている能力の果実ではないし，果実ではありえない。諸目的は前もって与えられている。善を愛し実現しなければならないということについて，だれも知らないはずはないのである。人間存在(ヴェーゼン)に特有の善とは「理に即した存在(ザイン)」であることを[67]，すなわち，自分自身の現実在，そして共に創造されている現実在に即した存在(ザイン)であることを，だれもが知っている――明確にかどうかは別にしてもである――。正しく勇敢で，節度を守るべきだということを，ことさら言われなければならないような人はいないのである。このようなことの為に「思案をめぐらす」必要は，まったくない。思慮の思案と決定は，ひたすら正義と勇気と節度の具体的な実現に向けられている。

しかしこの具体的な実現は，もしも思慮が尽力する前に人間の目的そのものにたいする進んで為す［自らの意志による］同意がなければ，つまり人間存在(ヴェーゼン)に特有な善の基本方向としての，言いかえれば「理に即した存在(ザイン)」の基本方向としての，正義と勇気と節度にたいする進んで為す同意がなければ，現実を正しく踏まえた仕方では決まらないであろうし，とくに，実効的な決定が為されえないであろう。善への意志がそもそもなければ，今・ここにおける思慮あることや善いことをいくら苦労して探し当てようとしても，徒労であり自己欺瞞である。思慮の徳は，人間の諸目的を真正に希求していること，**目的の志向**（intentio finis）を前提とする[68]。だから思慮の徳は，すでに何度も言ってあるように，原良心［良知］からの声を前提とするだけでなく，この命令する声に本意から応諾することも前提としている。すなわち，人間らしい行為すべてが目ざす，目的としての善にたいする，基本的な同意である。この基本的な同意とは，正しく勇気あり節度ある人間の，つまりは善い人間の，習慣的な基本姿勢にほかならない[†34]。

[†34]　「思慮は端的に，目的に向かう道［手だて］において導く。……しかし，可能な行為の目的はわれわれに二つの仕方で既に存在する。すなわち，人間の目的についての自然

第4章 思慮と愛

　倫理徳は，それが善にたいして進んで同意するという習慣的な基本姿勢を意味しているかぎり，思慮の基盤であり先行条件である。しかし思慮は，その習慣的な基本姿勢を今・ここに即して実現し現実のものとなすための前提である。前もって，そして同時に善を愛し意志する人だけが思慮の人でありうる。しかし，まずもって思慮ある人だけが善を行為することができる。ただし，善への愛は行為によってさらに成長するので，思慮の基盤は，それが実りあればあるほど深まるし，また確かになる。

　（善への原初的意志は，かの始原の連続的な作用力からいのちをえている。そこにおいて人間は，創造する神の呼びかけに応えながら，虚無と現存在を隔てる深淵を飛び越えたのである。その力によって未だ可能なるものの奔流がはじめて現実的なものへと，いわば朝の燦然たる光輝へと，向かう。その流れは，自然のままのもの［たんなる本性］の輝く暗やみから生じるが，たえず始原から力をえて，原良心のひと声において，自由の領域の入り口に達する。）*14

「不正義の捕虜となった」真理

　具体的な倫理的行動においては，認識することと意欲することは一つに織り込まれている。二つの糸は，そもそものはじめから，合理的な自明さという狭い区域を超えている。それで，二つが織物に編み込まれるさいの「図柄の見本」も，また手順も，容易にわれわれの目を逃れる†35。

本来の認識（良知 synderēsis！）によって。……また，情念との関係で。つまり，可能なる行為の諸目的は倫理徳によってわれわれにある……。思慮には諸目的の知解も，また情念がただしく目的に整序されるための倫理徳も，要求される。このために，すべて思慮ある者は有徳［倫理徳において］であるべきなのである」（『真理論』5, 1）。

　*14）　詩的な表現のこの一節は，どの版においても，英語とスペイン語の訳においても，（　）で囲った形になっている。

　†35）　「実践的認識とその思量，判断，そして決定（意欲することによる。J. ピーパー）のこの内的な相互浸透が，どのようにしておこっているか，そもそもどのようにして可能なのか，これは神秘にふれる問いである。しかしこの神秘は体験される現実であり，またすべての倫理性の条件であり，さらにわれわれは次のように言うことが許されるであろう。すなわち，それは自らが神秘的性格をもつがゆえに，精神という形而上学的なものから何がしかの光をたえず受け取っている，ということである。その精神は，認識としては，すべての存在へと，また行為ならびにその倫理的な規定要因へと，方向づけられており，意志としては，すべての善へ，また認識の，とくに実践的に重要な認識の善くあることへと，方向づけられているが，

しかし，次のことは言えるだろう。認識し決定することが具体的な倫理行為にもたらす貢献は，意欲することの貢献とはまったく別のものだということである。善の実現は，善に進んで同意することとならんで，思慮による決定をも前提としている。しかし両者は，われわれの具体的な善い行いにとって，まったくちがったものである。思慮ある決定は具体的な倫理行動の「尺度」である。このことは，行為がその尺度からおのれの何であるか（Was）を，おのれのかくあるということ（Sosein）を，おのれの「本質」を，おのれの内的な「真理」と「ただしさ」を受けとる，と言っていることになる。これにたいして，われわれの具体的な倫理行為は，意欲するという実現の力から，おのれの事実（Daß）を，おのれの現存在を，おのれの現実存在を，おのれの実在的な善さを，受けとるのである。つまり，「現実存在の定立」は，およそ一般的に，意欲に特有の，意欲だけに許されたことなのである。

ここからまた，人間の目的としての善に進んで同意すること，思慮はこれに依存している，という命題の意味も明らかになる。つまりこの命題は，けっして，思慮ある決定がじかに内容的に，欲することによって決まる，ないしは決められる，したがって欲することの側からその何であるか（Was）を受けとる，ということを意味してはいないのである。思慮ある決定の何であるかとどうあるか（Sosein）は，むしろ，**事物そのもの**（ipsa res）によって，すべての認識と決定の「尺度」となる現実在によって決められる。わたしの決定することが内容的に思慮あるものとなるのは，わたしが善いことを欲することによってではなく，わたしが具体的な行為の具体的な状況をじっさいに認識し，ただしく見定めることによってである。思慮ある決定の「尺度」は，善への進んで為す同意ではなく，つまり**目的への志向**（*intentio finis*）ではなく，現実在の真なる認識である。しかし善への意志は，思慮ある決定の実現，すなわち現実存在として定立すること，現存在，そして事実（Daß）がそこへと繋げられている条件である。善への意志は，思慮の決定がおのれの何であるかを，おのれの内容的なただしさを，おのれのかくある（Sosein）

それもその存在と本質の究極の深みからしてそうである，と」（ベネディクト会 P. ダニエル・フォイリング，ベネディクト会月報，年報第 7 (1925) 256 ページ）。

第4章　思慮と愛　　　　　　　　　　　　　　　　49

を，事実上現実の真なる認識から受けとる，ということを可能にする。意志はけっして，認識したり決定したりするときの内容的な真理を，したがってまた，善い行いの何であるかを，規定した上で生ぜしめることはできない。（他方で，いかに真なる認識であっても，いかに思慮ある決定であっても，善をじっさいに実現させるにはいたらないようにである）[†36]。しかし，目的意志のただしさは真理にたいして道を開き，それによって真理が欲することと行うことに存在の正しさの証印を押すことができるようにする。そして，不正な意志の方はまさに，現実の事物の真理がわれわれの行為にたいして尺度となることを止めさせる。不正義によって真理を虜とする，というロマ書の命題（ローマの信徒への手紙1:18）を究めることは，容易なことではないのだ[69)][*15]。

二種類のものさし：「ただしい理性」と神

「人間の行動は，それが人間の行いのものさしに合っている，ということによって善い。ところで，人間という種に等しくあり，また人間に特有なものさしがある。すなわち，ただしい理性である。また，別の，それを越えた第一の尺度，すなわち神がある。人間は行為の区域のただしい理性である思慮において，ただしい理性に達する。一方，人間が神に達するのは，愛においてである」[70)]。

「思慮は倫理徳すべての形相と呼ばれる。ところで，そのようにして『ただしい中間』に置かれた徳の行いは，終局の目的に向かって秩序づけるという視点からのいわば（形を成すことになる）素材である。ところで，徳の行いはこの秩序づけを愛の命令［掟］から受けとる。したが

　　[†36)]　「徳の行為には，ただしいということと進んで為すということが要求される。進んで為すことの原理が意志であるように，ただしい行為の原理は理性である」（『真理論』14. 5. obj. 11）。

　　[*15)]　ピーパー『現実在と善』の注は以下のとおりである。「思慮が意志にたいしてこのように依存することは，外的な意志行為が思慮の「命令」に依存することとはまったく別種のことであり，ここでは同等の相互性が問題なのではない。意志が理性に依存することは，意欲することと行為することとの本質（Was）に関わる。これはちょうど，理性が現実性に依存することが，思考の本質（Was）に関わるようにである。思慮の「命令」は意志のただしさによってはその本質を受け取らない。むしろ，先行する意志の働きのただしさこそが，思慮の「命令」がその本質を真なる認識から受け取ることを可能にする。したがって，ドミニコ会のドマン（P.Th. Deman）がこの本の最初の版を批判したのはただしくなかった」（「哲学・神学雑誌（*Revue des sciences philosophiques et théologiques*）」19, 718f.）。本書の69ページも参照。

って，愛は他の諸徳すべての形相である，と言わなければならない」[71]。

ありうることだが，皮相的な読者は，トマス・アクィナスの，根拠へと見通した上でのこの言葉の字面だけを見て，その下に深く達している澄みわたって明晰な根拠に気づかないことにもなりかねない。

なかでも，次のことは思いおこしておかなければならない。分かり切った「宣言」のようにしばしば持ち出されるわれわれの自然本性についてのこの命題は——この自然本性というのは，恵みが前提とするものであり，また恵みによって完成するものである——，まったく測りがたい神秘を表しているということである。加えて，この命題は，まずもって，一般的で本質的なことを問題にしており，直接具体的な現存在のことまでは問題にしていないということである。もっと精確に言おう。自然的な秩序と，神の友愛による新しいいのちとの，あの協和というのは，それが只で与えられているかのように，もしくは妨害もなく「調和的」に展開しながら実現可能であるかのように理解されてはならないのである。そのような調和説は，たしかに深いところに根を張った思考態度から出ている。しかし，神の偉大な友人たちの自ずからなる証しは，ほとんどどれを取っても，キリスト者のじっさいの現実存在が別種の造りになっていることを示しているのだ。地上的な，自然と超自然との「まだまだ」協和の休らいに達していないままの共在は，対立と不協和の多様な可能性を含んでいる，ということをそれは明らかにしている。

ところで，そのような危険な分裂を引きおこす道が，あたかも自然的ないのちのもっとも低い領域にあるかのように，したがって自然のままの感性的な意欲が超自然的な当為にたいして抵抗することにあるかのように考えれば，じつはそうではない。いや，人間における自然と超自然のあいだの恐るべき分裂の原因は，最高の自然的な徳と最高の対神徳とが一緒にあるというところに，つまり自然的な思慮と超自然的な愛が一緒にあるというところに，含まれている。「罪人たち」ではなくて，多く「思慮ある人たち」が，恵みによって贈られる新しいいのちにたいして城門を閉じ抵抗するように誘惑されるのである。自然的な思慮の典型的な落とし穴は，われわれの行為の規定根拠の区域を自然的に経験できる現実在だけに限ってしまいかねない，というところにある。しかしキリスト者の思慮は，まさしくこの区域の門を開いて開放してやること，

そして（愛によって形を成した信仰のなかで），われわれが決定するときの「尺度を与える」圏内に，より新しくより見えざる現実在を引きこむこと，を意味している。

　他方で，言うまでもなく，キリスト者の生の最高でもっとも実りある仕事は，一粒の種においてのように，まさしく思慮と愛とが一つになって協同作業をするなかでできることである。

思慮と愛との争い
　この協同作業は思慮よりも愛が優位にあるということと切り離せない。思慮は倫理諸徳の形相根拠であるが，愛の形相は思慮そのものに浸透している[72]。

　愛の形相を思慮がこのように受けるとき，具体的にどのような証印を見せながら現れるのかということ，これについてはほとんど言葉にしがたい。というのは，三位一体なる神のいのちの恵みに与るものとしての愛は，本質的に賜物であり，意志の上でも概念の上でも，しょせん人間の力を超えるものだからである。われわれに三つの対神徳が「注ぎこまれる」ときに成し遂げられていることは，およそ自然的な仕方では説明がつかないできごとなのである。ただ確かなことは，対神徳によって，われわれの存在(ヴェーゼン)と行いの全体は，それがなければまったく手の届かないところの，存在(ザイン)の高まりを受けとるということである。だからまた，キリスト者が決定するときの形を作り上げている超自然的な神の愛は，疑いもなくたんに心理学的な意味で付け加えるだけの「より高い動機」以上のものであり，またそれとは別のものである。恵みによって贈られている神の愛は，「そとから」はまったく見分けられないとしても，根底から，またその奥深い存在(ザイン)の核において，キリスト者のごくありふれた倫理行為さえも形づくっているのだ。ただ，平均的で心理学的な経験可能性の区域を超えた仕方によってである。

　愛という対神徳の成長に応じて，恵みをえている人には七つの聖霊の賜物が花開くが，同じく愛の成長に応じて，人間の思慮には——より良き感受性をもち，またより良く聞き取れるように——「思慮深さの賜物(フェアネーメン)(*donum consilii*)」が助けとなる。「思慮深さの賜物は，思慮そのものを補助して完成させるようにして，思慮に対応している」[73]。「人間の精神

は，聖霊に導かれることによってこそ，おのれ自身と他者を制し，ただしい範となる」[74]。

「聖霊の賜物において，人間の精神は動かすものではなく動かされるものである」[75]。だから，ここでも，なぜとか，どの程度，といった問いはありえない。もしだれかが，人間が思量し決定するときに働き続けている神の聖霊の「規則」を探し当てたいなどと思ったら，それはまったく不条理な思い上がりであろう。せいぜい言えることは，すでに自然的な思慮の区域において，どのような一般的で抽象的な予測をも不可能にしているほどの無限に近いさまざまな可能性が，さらに超自然的な秩序のなかでまったく新たな無限性を引きおこすということ，この程度である。これを分かってもらうには，聖人たち一人ひとりの生涯がどれほど比べようもなく独特のものであるかを思いおこせば，十分である。アウグスティヌスの言葉がもっともふさわしい場所は，ここを措いてない。「愛しなさい，その上でやりたいと思うことをやりなさい」*16。

（ついでながら，トマスは——アウグスティヌスも別ではない[76]——数箇所で，思量の霊的賜物が，「憐れみ深い人々は幸い」という至福に割り当てられる，という対応関係を語るが[77]，これはきわめて注目に値する。）

「世界を軽蔑する」ことの唯一ただしい根拠

『神学大全』において次のように言われている。いっそう高い完全性の段階，すなわち愛の段階においては，この世のいっさいのものを取るに足りないとするほどの，いっそう高度で特別の思慮もある，と[78]。

これはしかし，「共同の教師」が第一の枢要徳について他の箇所で言っていることすべてと，真っ向から矛盾するのではなかろうか？　被造物を「取るに足りないとみなすこと」は，あの，畏敬すべき客観性［私情のなさ］——これこそ具体的な行為の具体的な状況でまさしくこの行為の「尺度」を認識しようとする——の正反対ではないのだろうか？

物が「取るに足りない」というのは，ただ神の前においてだけである。

---

*16)　『ヨハネの手紙講解（*In Epistolam ad Parthos Tractatus*）』7, 4, 8。"Dilige, et quod vis, fac."

第4章 思慮と愛

　神は事物を創造し，ちょうど粘土が陶工の手のうちにあるように，それらは神の手のうちにある。しかし，恵みとして贈られる愛という人間を超えた力によって，人間は神と一つになることができるのであり，造物をいわば神の立場から眺め，神の立場から「相対化し」，そして「取るに足りないと見なす」資格と権利を受ける。しかし，同時に造物を拒むというのではなく，またその本質に反するということでもないのである。「世をさげすむこと」の唯一正当な可能性，唯一ただしいと認められる場合があるが，それはすなわち，愛における成長である。これにたいして，人間ひとりだけの裁量と判定から出てくるいかなる世界軽蔑も，したがって神の超自然的な愛から生まれていないいかなる世界軽蔑も，必然的に反存在(ザイン)の高慢であり，この高慢な態度は，われわれ自身に見えるはずの日ごとの義務からおのずと離れゆくものである。恵みを受けた人間が造物の世界にすっかり組み込まれた状態から超え出るのは，愛に育まれて存在(ザイン)が親密に神と結びつく場合だけである。——このようなことは，それを超えると聖人たちの経験だけが認識しかつ語ることができるような，そのような限界に近づいている。ここではただ一つのこと，すなわち，偉大な聖人たちは，日ごとのことを，「平凡なこと」を，どれほど愛してきたか，また「普通ではないこと」に向かうおのれの密かな願望が聖霊の「助言［思案をめぐらすときの］」だと誤って思い込むことを，どれほど恐れてきたか，しっかりと銘記しておこう。

聖性は現実在のいっそう深いところを見せてくれる

　しかし，この世的なことを取るに足りないと見なす，このいっそう高い，通常ではない思慮にあっても，「通常の」思慮が全面的に従っているのと同じ基本姿勢が無条件に生きている。すなわち，存在(ザイン)にたいして正しくあり，また現実に即している，という習慣的な基本姿勢である。
　神とのいっそう完全な友愛をもつ者の目には，平均的な人間や平均的なキリスト者の視野にはまだ開かれていない，いっそう深い現実在の次元が見えてくる。より大きな神への愛にたいしては，現実的なものの真理がいっそうはっきりと，いっそう明瞭に顕現する。つまりその愛には，なかでも三一なる神という信仰の現実が感動的に，また圧倒的な力で，知らされるということである。

ただし，最高に超自然的な思慮といえども，次のこと以外の目的をもつことはできない。すなわち，神および世界の現実在についていっそう深く経験した真理を，おのれの欲することと行うことの尺度・指針となす，ということである。つまり，人間にとって，存在者そのものとそれを明らかに示す真理以外には，ものさしというのはけっしてありえないのであり，端的に存在する神とその真理よりも高いものさしは，人間にはありえないのである。

真理を行うものは……

「真理を行う者」について，聖書では（ヨハネ3:21），その者は「光の方に来る」と言われている。

第Ⅱ部

正　　義

———————

「正義は二つの仕方で滅びる。さかしい賢者の偽りの思慮によって，ならびに権力をもつ者の専横によって」
　　　　(聖トマス「ヨブ記〔8:1〕について」)

第1章

権利[*1]［当然の持ち分］について

―――――――

正と不正の種類は多様である。しかし,「その人のものはその人へ」という考え方は一貫している

こんにち,われわれが当面している問題で,正義と密接な関係をもたないようなものはあまり多くない。周囲を見渡してみればよい。もっとも急を要することは明らかである[*2]。それは,どのようにして真正の支配体制を再建するのか,ということである。さらに出てくるのは,「人権」というテーマ,「正義の戦争」と戦争犯罪の問題,不正な命令にたいする責任の問題。不法な権力にたいする抵抗権。死刑,決闘,政治的ストライキ,男女の同権。これらの概念のどれもが,周知のとおり,論争を呼んでいる。そして,どれもが正義の概念とどこかにつながっている。

―――――――

*1)　第Ⅱ部「正義」において,「権利（Recht）」と「正（Recht）」がドイツ語では一つの言葉で表されることを踏まえて,「正義（Gerechtigkeit）」が,すなわち「正義の徳」が,「権利を,それをもつべき当人にすみやかに返すことのできる習慣」として,解明されていく。'Recht' は「正・不正（Recht und Unrecht）」という場合をのぞいて,ほとんど「権利」と訳したが,その言葉の背後には「正」の意味があることに注意されたい。しかし,'recht, Rechtheit' 等は,ギリシア語 'orthos' を受ける言葉であり,こちらには,第Ⅱ部だけでなく一貫して,「(当然)ただしい,(当然の)ただしいこと・ただしさ」の訳語を当てて,'Gerechtigkeit, gerecht' の「正義,正しい」から区別した。後者は 'dikaiosynē, dikaios' に当たる訳語である。さらに,ドイツ語には 'recht' に近い用法をもつ 'richtig' があるが,こちらも「ただしい」もしくは「間違いなくただしい」等として,主に第Ⅱ部で頻出する狭義の「正,正義,正しい（Recht, Gerechtigkeit, gerecht）」から区別した。

*2)　本書の第Ⅱ部「正義」は,1953年,ドイツのミュンヘンで単行本として刊行された。ドイツは1945年の無条件降伏のあと,米英仏ならびに旧ソ連邦によって分割占領を受け,さらに1949年には東西に分断されたドイツが生まれた。両ドイツがそれぞれ国家として主権を確立できたのは,この単行本の出版後,1955年のことである。

しかし何はともあれ，日常われわれが出あっている現実を「正義」を持ちだしてはかってみると，世の中の災難には多くの名前があるが，とくに「不正義」の名前が付いているということがはっきりする。「人間の最大の，そしてもっとも多い災いのもとは，災害ではなく人間の不正である」[1]（カント）。アリストテレスが正義の基本的な意味を述べようとしたさい，かれはもっとも身近な経験，つまり不正から，文章をはじめている。「不正の多くの意味は正義の多くの意味をはっきりさせる」，と[2]。

「正義」を問題にしているとき，まったく手に負えないほどの多様さに直面したとしても――きわめて単純な考え方はあるのであり，多様性もそこに戻って考えることができる。プラトンはこの考え方をすでに古くから受けつがれているものとして語っている[†1,*3]。それは，誰にでもその人の当然のものが与えられるべきである，というものである。

人の当然の持ち分をその人に与えること――これこそが世の中の正しい秩序の基となる。他方，いっさいの不正の意味するところは，人にその持ち分が渡されていないか取り上げられていること，それも，くりかえすが，災害や凶作や火事や地震によってではなく，人間によって，ということだ。

この「その人のものはその人へ（*suum cuique*）」という考え方，西洋の伝統の草創期からはじまってプラトン，アリストテレス[3]，キケロー[4]，アンブロシウス［Ambrosius 334-397年］[5]，アウグスティヌス[6]をへて，とくにローマ法を通して，西洋伝統の共有財産となったもの，これを以下に話すことになる。より正確には，人にその人のものを与えさせるところの進んで為す（自らの意志による）習慣的姿勢が，問題にされなければならない。正義の徳が問題にされなければならない。

「正義とはそれによって確固として変わらぬ意志が誰にでもその人の権利を認めて与えんとする習慣（*habitus*）である」[†2]。

[†1)] 『国家』331――プラトンはかれの100年も前の詩人シモニデスを引き合いに出している。しかし，もちろんシモニデスもこの考えの発案者ではない。すでにホメロスにはっきりとした形で見られるのである。『オデュッセイア』14, 84。

[*3)] 「幸多い神々は邪悪なおこないを喜ばれず，正義と人間の分にかなったおこないを喜ばれる」（高津春繁訳『世界古典文学全集1，ホメロス』，筑摩書房）。

[†2)] 『神学大全』2-2, 58, 1（和訳第18分冊，20ページ。以下，『神学大全』を省略する）。

第1章　権利［当然の持ち分］について

　この命題はトマス・アクィナスによるものである。以下の叙述では，かれに特別の地位が与えてある。ただ，そのねらいは中世の哲学史に一つの貢献をなすということではない。目的は，正義の模範像の範例的な理論をここに紹介して，その模範像を，われわれの現代世界と対面させながら，読者とともに可能な限り展開させてみるというところにある。ただし，聖トマスの著作[7]にある正義の徳の理論こそ，範例として西洋倫理学の知恵の伝統を語ることになるということ，したがって，トマス・アクィナスがキリスト教世界の「共同の教師」の称号を正当にもっているということ——これは，ここで議論されることではない。それはすでに前提されているのだ。また，われわれの取る考えは，この分野において独創性が何らかの意味をもつことはほとんどない，ということである。事がらそのものをいっそう深く把握することこそ重要だとする者の為すべきことは，すでに考え抜かれ，時流によって力を失うものではない真理の遺産をこそ，皆に紹介し共有してもらおうと努力することであろう。それはもちろん，その人が伝統ある文献よりも，おもに内容に視線を向けるときにだけ，うまくゆくはずである。そういうわけで，トマスではなく，正義のこの模範像の含むまったくユニークな人間的当為の根拠に，われわれの注意も向けられることになる。

　もちろん，西洋の伝統には上述のものとは違った，正義についての別の定義もある。トマス・アクィナスだけでも，いくつもの別の言い方がある。たとえば，自分の所有を他人のそれから区別するのが正義である，と[8]。あるいは，秩序を打ちたてること，それが正義に固有なことである，と[9]。アウグスティヌスも，同じく，正義の徳について多くの仕方で語っているが，次の定義には特別のきらめきがある。「正義とは，それによって，われわれが誰の僕・奴隷でもない——ただ神だけの僕・奴隷だということをのぞいて——ということになるところの，魂［心］の秩序だてである」[10]。——しかし，これらの命題は，およそ本来の定義として意図されたものではない。本来の定義と言えるのは，あらゆるなかでもっとも醒めて客観的な定義，すなわち，正義とはわれわれをして誰にでもその人の当然のものを与えるようにさせる習慣的な姿勢であ

これは，ローマ法に登場する定式を，トマスが言うように「適切な定義の形にして」（同）言い換えたものである。

る、ということしかない。

　この考え方はきわめて単純である、とわたしは言った。だからといって、その意味が容易に、いわば只で掴みとられる、ということを言っているのではない。たとえば、誰にとってもその人の当然のもの、とは何なのか？　とりわけ、何を根拠にしてそもそも「その人のもの（*suum*）」が存在するのか。いったい何で、そもそも誰であれその人に何ごとかが帰属しているのか？──それも、その人にたいしてどのような他者も、どのような権力もそれを与えなければならないほどに、もしくはそのままにしておかなければならないほどにである。

　おそらく、ここ数十年来世界でおこったこと、そしてなおおこっていることを通して、われわれはまったく新たに、このような根本的な問いがほんらい問うていることを看てとれるようになったと思われる。答えはもはや自明なことではないのだから、周知の虚偽があれほど過激な理論となり、また実行に移されもしたのだから、したがって同時に、真なることの一番深い基盤が──それがあからさまに否定されることによって──再度議論にのぼってきているのだから──、だから、新たに抜本的に考えぬくことが可能になっているのだし、もちろん必然的にもなっている。

人には当然の持ち分が帰されるが、それは何を根拠としているからなのか？

　「もし誰にでもその人の当然のものを与えることが正義の行いであるなら、然るべき何かが誰にたいしてもその人のものとなるための行いが、正義の行いの前提になる」[11]。この命題は、至高の単純性でもって、文字どおり根本的といえる事態を表している。正義というのは二番目に登場するのだ。正義の前に権利がある。ある人に何かがその人固有のものとして帰属するとき──この帰属していること自身は、正義を通してではないのだ。「それによって、誰にたいしても何かがそもそもその人の持ち分として帰属しているところの行いは、正義の行いではありえない」[12]。

　例をあげよう。ある人が別のある人のために働く、たとえば庭園を耕すとしよう（このさい、その働きはある義務を果たすためのものではな

第1章 権利［当然の持ち分］について

いと想定する)。この働きに基づいて，働いた側にその人の然るべき帰属分が生じている。そして，他方の頼んだ人はその然るべきものを働いた人に与えることによって正しい，より正確には，まさしくこのことによってその人は正義の行いを為している。したがって正義の行いには，相手方に何かが帰属している，ということが前提としてある。

さて，だれの目にもはっきりしていることは，働きによらないで成立しているような権利があるということ，すなわち，人間の行為を根拠とするのではない仕方で，人間には何かが自分のものとして帰属している，ということである。たとえば，自分自身の生命への権利があることは，誰も疑わない。

ただ，ここで考察すべき問いは，もっと深いところにまで向かっている。それは働いたがゆえに要求できる場合も含むものである。つまり，どうして，また何を根拠に，為した労働の対価として「報酬」が当人に帰属するのか，ということである。この根拠はどこにあるのだろうか？「誰にたいしても，それによって何かがその人のものとなるところの行い」とは，つまるところ，何なのか？

「被造物にとって，何かおのれのものをそもそも持つということがはじまるのは，創造によってである」[13]。創造によってはじめて，「わたしには然るべきものが帰属する」と言える道が開ける。これはたぶん，多少当たりまえすぎると思われるだろう。トマスはそこから思いがけない，しかしどうしても出てくる帰結を導いている。すなわち，したがって創造それ自身は正義の行いではなく，創造は何か［人の側の］権利的なことのゆえになされるのではない，と[†3]。このことは，神の人間にたいする関係では，厳密な意味での**何者にたいしてもその然るべきものを与え返す**（*reddere suum cuique*）という正義はありえない，ということを意味している。神は人間にたいしていかなる負い目・責務もない。「神は誰にたいしてもその人に帰属すべきものを与えるが，それは神自身が責務者であるからではない」[14]。ただ，これは新たなテーマである。それについては，いずれまた話すことになろう。

ここでの問題は，正義という義務は，もし相手側に前もって，そして

[†3] 「だから創造は正義の責務・負い目から（ex debito justitiae）生じるのではない」（『護教大全』2, 28）。

まずもって,何か帰属しているもの,すなわちその人のもの (suum) がないかぎり,成り立たない,ということである。これが,「明らかに権利は正義の対象である」[15] という命題の意味していることである。告白するが,この点を理解し,ものにするのに,わたしは数年を要した。そうしてはじめて,『神学大全』では,どうして正義についての論考の前に,その体系的な秩序のそとにある「権利について」の問題が来ているのか,ということも,わたしは納得したのである。

そこで,人間に何かが帰属するのはどうしてか,という問いにたいして,「創造によって」と答えるとき,それですでに多くを言ったことになるが,まだすべてではない。まだ正式には答えていない。

石も,植物も,動物も創造されているのだが,厳密にはこれらに何かが帰属するとは言えない。「然るべく帰属している (das Zustehen)」というのは,何かを所持している,何かを所有しているといったことを意味している[†4]。ところが,非精神的な存在は何かおのれの所有物を持つということは,ほんらいありえない。逆に,それ自身は何者かに,たとえば人間に所有されうる,という種類のものである。

「当然のものをもっていること (das Zustehn)」という概念,つまり「権利」の概念は原始概念であり,先行する上位の概念には還元できない。ということは,せいぜい別の言葉で言い換えることはできても,定義はできないということである。たとえば,こう言うことはできる。当然の持ち分,つまりその人のもの (*das suum*) というのは,その人が他者にたいして,その他者の責務・負い目として,それを排他的に要求できるところのものである,と——そのさい,この何らかの責務・負い目というのは,所有物のような物のこともあるが,行為のことも,それも

---

†4) トマスは『護教大全』において (2, 93),何ものかの完全性に要請されるものが,したがって,そのものの必要とするものが,そのものに然るべく帰属する。「然るべく帰属する (Zustehen)」ということにおいては,必要もしくは必須 (exigentia, necessitas) が一緒に言われている (『神学大全』1, 21, 1 ad 3, 和訳第2分冊,216ページ)。ルドルフ・フォン・イェーリング (Ihering) はかつて有名であった著書『権利における目的 (*Der Zweck im Recht*)』で,「権利をもつということ,それはわれわれのためのものがそこにある (etwas für uns da) ということである」と言う (Volksausgabe 1, S. 49)。エミール・ブルンナー (Brunner) (『正義 (*Gerechtigkeit*, Zürich 1943)』) は,人間が正義によってそこへと組み込まれるところの「帰属・所属 (Gehören) の秩序」という言い方をする (寺脇訳,聖学院大学出版会版,1999年,68-69ページ参照)。

その人の行為だけでなく，つまりその人の行為が妨害されない（語ったり，書いたり，結婚したり，あるいは教会に行ったりなど，何でも）ということだけでなく，他者の行為のこともあり，またある行為（たとえば，迷惑になり，邪魔になり，名前を傷つけるような）を控えてもらうこともある。

この当然の持ち分の譲り渡しえないこと
　もう一度，この問いに戻ってくる。何を根拠に，譲り渡しえないほどの所有物という重みで，一人の人間に何かが帰属するのだろうか？——「譲り渡しえない」という偉大な言葉にほとんど苦笑してしまうほど，われわれは独裁制のメンタリティに慣れているのだが。あれこれのものが「譲り渡しえない仕方で」わたしの持ち分としてある——そのような要求をどこに向けることができるのか？　さて，この事態を別なふうに，いっそう強力に説明する仕方がある。すなわち，持ち分をもらう権利のある側からだけでなく，持ち分を与えるべき他者の側，ただし，それを与えないこともできる他者の側からも，説明できるのである。持ち分を譲り渡しえないということが何を意味するかというと，それを与えない者，それを渡さなかったり奪い取ったりする者は，逆におのれ自身を傷ものにし，おのれ自身を醜悪なものにしているということ，大きく損をしているのは当人の方であり，極端な場合，おのれ自身を破壊してさえいる，ということである。いずれにしても，不正をこうむっている人よりも比較にならないほど良くないことが当人に生じている。それほど権利は侵害されてはならないものであり，それほど然るべき持ち分の不可譲渡性というのは頑として動かない！　ソクラテスはこの点を再三にわたって繰りかえしている。不正を為す者は「哀れむべきである」[16]。「ぼくの説がどういうものであるかというと，これはすでに何度もいわれてきたことではあるが，ここでもう一度それをくり返しても，何ら差し支えはないであろう。つまり，ぼくは認めないのだよ，カリクレス，不正な仕方で横っ面を張りとばされることが，最大の恥辱であるとはね。また，ぼくの身体なり巾着なりが，切りとられるのが恥辱であるともね。いなむしろ，ぼくをでも，またぼくの持物をでも，不正な仕方で殴ったり，切ったりすることのほうが，もっと恥ずかしいことであり，もっと

害になることだと，ぼくは主張するのだ。……どんなことであれ，ぼくにでも，またぼくの持物にでも不正を行うのは，その不正を受けるぼくにとってよりは，むしろ不正を行うその人のほうにとって，もっと害になることであるし，もっと恥ずかしいことであると，ぼくは主張するのだ」[17]。このような説明の仕方を，ただ英雄的な誇張だと取ってはならない。人間のただしく間違いないということには正義が属している，という所見を正確に記述したものである。「権利の不可譲渡性」という事態の率直な説明がここにある。

　それなら，正義の前提条件となる譲り渡しえない権利は，何を根拠にして成り立っているのだろうか？――まず，多少不完全な答えからはじめて，然るべく帰属するものというのは種々ちがった仕方で生じる，と。じつはトマスもそのように答えている。かれは言う，ある人間に然るべき何かが帰属するのは，一方では，取り決め，契約，約束，法的裁定，等々に基づいているし，他方では，事物の本性そのものに（*ex ipsa natura rei*）基づく（「そして，これが自然的な権利（natürliches Recht, *ius naturale*）と呼ばれる」。ここに「自然法（Natur-Recht）」という，ひじょうに錯綜した概念のいわば前奏曲がある），と[18]。ただし，トマスはこの区別にきわめて重要な注記を附している。すなわち，この区別は排他的なものではないということ，つまり，公私を問わず人間の協定というのは，それが「事物の本性」に矛盾しないという前提のもとでのみ，取り決めを，一般的には然るべき帰属分を，したがって権利を，正当化できる，と。「何かがそれだけで自然権［自然法］に反するとき，それは人間の意志によって正しくはなりえない」[19]。

　さてこれで，われわれの問いを――まだまだ同じ問いである――もう一度いっそう正確に述べることができる。――たんに取り決めに基づいても，たとえば約束に基づいても，然るべきものが真実にわたしに帰属しうる。それも，繰りかえすが，もしも他者がわたしにそれを渡さなかったら，その人は正義に反して行為しており，したがって「哀れむべき」であり，おのれ自身を損ないおのれ自身を醜悪なものにしている，それほどにである。では，この然るべき帰属分の不可譲渡性そのものの根拠はどこにあるのだろうか？

人格としての人間

　不可譲渡性というのは，何かが然るべく帰属している当のものの自然本性に基づいている，これが答えだということになる。このその人のもの（*suum*）というときの主体が，おのれの然るべき帰属分をおのれの権利として請求できるような者であるときにだけ，然るべきものは十分な意味で，不可侵で譲り渡しえないという仕方で存在しうるのである。——言葉はここに及んで不安定であり，判然とさせる力は明らかに限界に達している。これはまったく自然なことで，これ以上のことは期待できない。原始概念，したがってもともと自明とされることをさらに分明にしようとすれば，必ず生じることなのである。

　わたしが自分のうちの犬に何かの約束をする，とでもいった例を考えてみよう。犬はあることをやってのけることでご褒美［報酬］をもらうことになっており，ご褒美を自分の然るべきもらい分のようにして「正当な権利で」期待し，わたしの方でもこの動物に約束に従って何かご褒美をあげようと自分に言いきかせている，といったことが慣習「法［権利］」（ヒビト）として立てられている，と想定しよう。よろしい。このとき，もしわたしがうっかりして褒美をあげなかったら，もちろんわたしは不注意であり，揺るがぬ決心でもなかったし，忘れっぽいということになろう——しかしけっして，不正だ（本来の意味で）ということにはなるまい。どうしてそうならないのか？　なぜなら，動物には然るべきものが不可譲渡的に帰属しえないからである。ここでは，正義の——不正義も同じく——前提である，相手方に「権利」が十分な意味で成立しているということ，これがないからである[†5]。

　この意味するところは，われわれが人間という概念，人間的本性という概念を持っているということを抜きにしては，どこに権利の根拠が，したがってどこに正義の義務の根拠があるのか言えない，ということである[20]。——しかし，もし，**そもそも人間的本性はない**（*il n'y a pas de*

　[†5]　非本来的な意味であれば，われわれは，ある人が動物を「正しく」または「不正に」扱っている，という言い方をし，動物虐待は「不正義である」という言い方もできる。同じようなことは，芸術制作で「材質適正（Materialgerechtigkeit）」といった通常の言い方にもある。しかし，精確な言葉づかいをすれば，非精神的な存在は不可譲渡的な権利を持たない。然るべきものが動物に本来的に「所属している（gehören）」ことはありえない。むしろ，動物の方が人間に所属する。

nature humaine）²¹⁾，と宣告されたらどうだろう？ これは事実上，あらゆる全体主義的な権力行使を一般的に正当化することになろう——実存主義のこのテーゼを立ち上げたジャン・ポール・サルトル［Jean Paul Sartre 1905-80年］の心中にそのような問題意識があったかどうかは別にしてもである。もし人間的本性というものが存在しないとすれば，これに基づいてはじめて譲り渡しえないものが人間に帰属することになるというのに——どうやってわれわれは「人は，きみたちがいいように扱え」という帰結から逃れられるのだろうか？

　人間は**人格**なのだから，すなわち，精神的で，それ自身で全体であり，それ自身だけで，それ自身に向かって，独自の完全性を目的として実存しているものであるから——だから，人間には当然の帰属分が減じられない重みである，だから人間は**自分のもの**（*suum*）・「権利」を，何者にたいしても譲り渡しえないと主張できるような仕方で，どのような相手にたいしても，少なくとも侵害しないように義務づけるようにして，もっているのである。じっさい，人間の人格性，すなわち「それによって人が自分の行為の主人であるところの精神［知性］的存在という造り」は，神の摂理といえども人格を「それ自身を目的として」導くように，ということを条件として要請している（*requiritur*）ほどである，とトマスは『護教大全』で言う²²⁾。そのさいかれは，神自身がわれわれを「大いなる畏敬とともに（*cum magna reverentia*）」扱いたもう，という「知恵の書」のすばらしい表現*⁴,²³⁾を引用している。同じ章では，人格の概念が，自由，不滅性，そして世界という全体に向かう応答の能力といった，そのすべての要素にわたって展開されている。——他方で，もしも人間の人格性が何かまるまる実在的なものとしては認められないとすれば，権利ならびに正義は基礎づけられない。

権利の譲り渡しえないことの究極の根拠である被造性

　しかし，このような基礎づけ方をもってしても，もっとも深い根拠にはまだ達していない。人間的本性はみずからの依って立つ根拠をみずか

---

　　*4）　ブルガタ訳「知恵の書」12:18に '*cum magna reverentia*' という言葉が見られる。ただし，新共同訳『聖書』は，「大いなる慈悲でもって私たちを治められる」。バルバロ訳『聖書』は，「大いに寛容に，私たちを治める」。

第1章 権利［当然の持ち分］について

らのなかに据えるわけにはいかないのに，どうして究極の根拠たりえようか！――人々はこの時点でいわば深い掘削を止めることもできる。「穏健な」時代には，これに何も異論はないかもしれない。しかし，正義にたいする徹底した不同意が登場すれば，究極から二番目の根拠づけに遡ることでは不十分である。もし人間が――権力行使がたんに事実として野獣化した結果ではなく，大々的な理論によって――みずからの権利，**自分の持ち分**（*suum*）などまったく何も帰属しない者として扱われるなら，そのようなときに人格の自由や人権を指摘しても，大した成果はえられないのだ。このことが事実だということは，ひたすらわれわれの時代が経験したとおりである。そのような時勢にあっては，もっとも深い根源が語られなければならない。しかしもちろん，それが話題に上るというだけでは十分ではない。権利と正義をその無条件的な根拠に遡らないで基礎づけるままでは，まだ究極的で最終的な正当化は十分にはえられていないということ，またこの正当化を抜きにしては，権力意志にたいして正義が無条件に尊重すべき境界設定を要求しても，それを動かすにはいたりえないということ，これらの洞察が現実のものとならなければならない。

　このことは，具体的には次のようになる。神による――つまりいっさいの人間的な議論を超えた――設定によって，人間は人格として創造されているのだからこそ，人間は譲り渡しえない権利をもっている，と。**被造物**（*creatura*）であることを究極の根拠としているからこそ，人間には譲り渡しえないものが帰属している。そして，**被造物**（*creatura*）としての人間には，他人にたいしてその当然の帰属分を返してやる無条件の義務がある。カントはこのような事態を次のように表現した。「われわれには聖なる統治者がおられる。そして，聖なるものとしての人間にかれが与えたもうたもの，これこそ人間の権利である」[24]。

　このことをよく考えた上でまるまる同意している人が，もしかして次のことに思い当たるということもある。神の被造物なのだからこそ人間の権利は不可侵である，という考えを貫徹させるほど，それが当たりまえだというところまでは自分では全然行き着かない，と。祝祭日に唱和しても何にもならないのであって，根本的な真理が豊かな実りを失わないためには，たえず新たにそれが熟考されなければならないのである。

真理が人間社会のただ中にあり続け、活動的な生活のなかで効力を持ちつづけることを止めないように、というこのことこそ、黙想と観想の目的である。おそらく、誤った前提に起因する帰結が突如として身近な脅威になるときに、（いわば）裸で助かるためだけでも、はるか前からあったのに忘れられている真理をふたたび甦らせて認識して同意することが、もはやできないと気づいて、われわれは心底愕然とするであろう。——ついにはいつかきっと、人間の不可譲渡の権利を認めないのが死刑執行人だけではなく、犠牲者自身がそもそも自分たちの身に不正がどうして降りかかっているのか言えないことになる、といったこと、これはさほど現実ばなれした空想ではないのだ。

ということは、ここではっきりした（そうあって欲しい）ことがある。神学上の最後の仕上げのため、ないしたんなる教化のための漠然とした必要がここで一枚かんでいるのではないということ、むしろ問いをその究極の意味にいたるまで問い通すような意志、醒めた、もちろん最後の態度表明にあたって「怖じけづいて」逃げることのないような意志、これが大事なことなのである——その問い、それは、何を根拠として人間に譲り渡しえないものが帰属しているのかということ、そしてそれゆえ、いかなる根拠によって正義が、それを損なえばその人自身が損傷を受けるような義務として、はじめて思考可能なものとなり基礎づけ可能なものとなるのか、ということである。

ただしこれは、この然るべきものが帰属しているのは人間自身ではない、ということを言おうとするのではない。ひたすら人間自身が**自分のもの**（*suum*）の持ち主であり主体である。**創造主**は、その絶対性によって、人間の然るべき権利が譲り渡しえないということの究極の根拠なのだが——それでもなお、人間自身は、真実、どのような他者にたいしても権利を要求できる者、債権者である（もちろん、人間はまた、どのような他者にたいしても負い目ある者、債務者である）。何ごとかが正しいのは、それが神の心にかなっているということによってだけではなく、被造の人間どうしの関係のなかで、それが被造の存在(ヴェーゼン)の負い目・責務となっている、ということによる[25]。

ここで、正義の別の条件について手みじかに話しておこう。もしかして人は、他者に然るべきものが帰属することを形式的にはまったく否定

第1章　権利［当然の持ち分］について

しないかもしれない。だがもしかしたら，それは自分にとってすこしも問題とはならない，と言うかもしれないのである。そもそも行為する人間にとって，客観的な真理の領域で事態がどうあろうと，まったく関係のないことだ，と。このようなことを言い換えれば，正義の行いは，トマスの言うとおり，何ごとかが然るべき権利となるための別の行いが前提にあるだけではないのであって，思慮の働きをも前提としているということである。思慮の働きとは，現実的なものについての真理こそが決断へと転換・変換されることを意味している。

このことを踏まえると，思うに，きわめて生々しい不正義の一つ，すなわち，人間が真理関係を見失うことに起因する種類の不正義がはじめて捉えられる。だれかに然るべき権利があるかどうかという問いは，まったく些細なことと見なされているのだ。ここに，形式的な不正義の場合よりはるかに根本的に人間らしからぬことが顔を出してくるのである。ということはすなわち，人間的な行為がまさしく人間らしいのは，実在を見ることを行為の「尺度とする」ことによってなのである[†6]。

ここではっきりしたことは，正義は，それを倫理学全体とつなげてみるときにのみ十分に意味があり，また実り多い議論になる，ということである。正義は，七層の人間像の[*5]一つの横顔である。部分は全体のなかではじめて十分に理解されるものとなる。

[†6]　本書第Ⅰ部「思慮」，とくに第2章「現実在を知ることと善の実現」を参照すること。

[*5]　対神徳の「信仰」「希望」「愛」が四枢要徳の成立前提となり，全部で七つ。ピーパー著『キリスト教的人間像について』（稲垣訳，エンデルレ書店，1968年刊）は，これら七つの徳を，そして二種類の諸徳の関係を，概略的に紹介したものである。

第2章

他者と負い目・責務

―――――――

正しい人の相手方としての「他者」

「他の諸徳とくらべて正義に特有なことは，人間を他者とのつながり方において秩序づけるということである。……これにたいして他の諸徳は人間を，自分自身に目が向けられるかぎりでの自分のことにおいてだけ，完成させる」[26]。『神学大全』からのこの引用は「ユスティティア・エスト・アド・アルテルム (*iustitia est ad alterum*)」，正義は他者に関わる，という教科書的なきまり文句とまったく同じことを意味している。ここでは，当事者たち[†7]の他者性が，別人であることが，一見してよりいっそう精確でいっそう文字どおりになるように工夫されている。

正義と愛との違い[†8]はまさしくこのこと，すなわち，正義が問題になる状況では，人間は互いに切り離された「他者」として，ほとんどよそ者として向かい合うということである。「厳密な意味での正義は当事者たちの差異性を要請する」[27]。父と子は完全に切り離された個別の者というわけではないから，むしろ子は父のものであり父は子にたいしてほとんど自分自身にたいするように関わるから――「だから，そこには**端的な意味での正しこと** (*simpliciter iustum*) はない[28]」。愛されている者はほんらい「他なる何者か」ではないから，だから，愛し合っている者どうしには精確で十分な意味での正義はない。

―――――――

[†7]　トマスは他者性 (alietas) と別人 (diversitas) について語る。2-2, 58, 2（和訳第18分冊，24-25ページ）。

[†8]　もっとも，愛の概念を排除しないような，より広い正義の概念もある。正義の概念を自らに含むような愛の概念もまたあるように。

第2章　他者と負い目・責務　　　　　　　　　　　　　71

　正しくあるということは、他者を他者として認めるということである。それはまた、われわれが愛せないところでも認めてやることである。わたしと同じではない他者が存在し、しかもその人には然るべきものが帰属しているのだ、と正義は言う。正しい人が正しいのは、他者の他者性を認めた上で、その他者のものを得させるように助けてやる、ということによる。

「異他なる者は清算されてよい」
　当たりまえのことをこのように一言ひとことなぞることは、思うに、無駄なことではない——「清算［の作戦］（Liquidation）*6」という概念ならびにその現実があるではないか。清算というのは処罰ではない、制圧でもない、征服でもないし処刑でもない。清算するとは異他だからという理由で絶滅させることを意味する。——「異他なる者は清算されてよい」という心理は毒素のようにわれわれの思考にたえず作用してこれを腐敗させるか、あるいは少なくとも思考を威して悪に導く、ということを看てとらないとすれば、それは非現実的であろう。
　だからこそ、正義の概念を分析した上で、純粋に要素的な構成部分を名前で名指すことが大切なのである。この概念が平凡な通念にたいしてどのような挑戦を示してくれるか、それがはっきりするときにだけ——これを一歩一歩考え抜いたことが報われる。
　正義論が人間の協力関係の可能性を、すなわち「他者」との関係の可能性を展開することであるなら、この領域が現代人の心のなかでどれほど荒れ野と化し、不毛の地となっているかを、たとえば次の点に看てとることができる。西洋の古典的な倫理学は人間の協力関係を損なうような様々なタイプを枚挙して詳細に記述しているわけだが、もはやわれわれの生きた話し言葉ではそれらを表せなくなっている、ということである。しかし、あえて断定するならば、「陰口」「性急な裁き」「嫌疑だけによる裁き」「そしり」「告げ口†9」といった名称が、その名指すべき内

---

*6)　ナチス・ドイツにおける「ユダヤ人絶滅政策」はこの名称でも呼ばれた。
†9)　フランツ・ドルンザイフ（Dornseiff）『ドイツ語彙（*Der Deutsche Wortschatz*, 3 rd ed., Berlin, 1943）』では 'Ohrenbläserei（告げ口）' という語は 'Schmeichelei（うれしがらせ）' の語群に属する。

容の点では，およそ一般には理解されていないのである。もちろん，生き生きと評価するときに含まれている生活に密着したスパイスが，長いあいだのうちに気の抜けたものになっていることは言うまでもないが。「告げ口」とは何だろうか？　古き時代の人は次のように理解していた。ある人についての悪口を密かに，しかもその人の友人に向かって言い触らすことである，と。そして，友愛なしではだれも生きていけないことから，これは正義をとくに由々しく損なうものだ，と言う[29]*7。言うまでもなく，こんにちわれわれはもはや（もしくは，もう二度と）このような事態を「告げ口」と呼ぶことができない。しかし，生きた言語が付いてこないということ，また，その他多くのことを真に表す言葉がないということ——これこそまったく憂慮することだし，また憂慮すべきであるとわたしには思われる。侮蔑して他者を赤面させることで正義を損なう 'derisio'（あざけり）にたいして，われわれはどのような言葉を使うのか？　これに伴って他者に恥をかかせないようにするという，正義の一つのタイプはどうなるのだろうか？

　今述べたことは，「清算」という概念が効力をもつ世界の者にとっては，まったく取るに足りないこと，気にする必要のないことであり，ただ思わせぶりなだけでおよそ非現実的に見えてくるはずである。しかし，たえず変わる具体的な状況に応じて，じつに多様な仕方で，一方が他方に然るべき帰属分を与えたり認定したり，あるいは，減らしたり取り上げたり渡さないでいるといったように，事実として人間どうしの共生が行われているではないか？　これらの多様性を考察し，これらを名前で呼び，これらを秩序づけ，そして模範像の形になったこの秩序を，人の心に熟知させること——まさしくこれが徳としての正義論の目的なのである。

---

　　*7)　『神学大全』のこの箇所でトマスは「陰口（detractio, Ehrabscheidung, backbiting）」と「告げ口（susurratio, Ohrenbläserei, talebearing）」は内容と言い方において同じであるにしても目的が異なる，前者は相手の名誉を貶めるのが目的であるが，後者は友人との仲に不和の種を，敵意をまくことである，と説明したあと，シラ書から「告げ口する者と二枚舌を使う者は呪われる」（28:15）を引用する。

第 2 章　他者と負い目・責務　　　　　　　　　　　　　　　73

何か負い目・責務（Schuldigkeit）があり，その負い目・責務を果たすこと

　したがって正義は「互いが共に交って生きるというところにある」[†10]。すなわち，正しい人は他者に関わる。

　ただし，この探求で問題となるのは，正しくありたいと思う人，ならびに正しくあるべき人である——したがって，われわれの視線は「あちらの方」ではなく「こちらの方」に向けられる。然るべきものが帰属している権利者の側ではなく，その帰属分を与えるべき義務者の側のことである。こちらの方は正義の命令によって呼び出される側である。正義へと呼ばれた人は，まさしくそのことによって，自分が負い目ある者という状況にあることを知る。

　もちろんのこと，負い目・責務には種々の段階があり，程度の違いがある。われわれは，親切にたいしてお礼を言うのとはちがって，いっそう厳しく，合意した価格にたいして責務がある。わたしは，隣人に出会って挨拶することよりもいっそう厳しく，その人を騙さない義務がある。トマスはもちろんこの違いを，すなわち，法的に義務がある正義の命令と道徳的に（だけ）義務がある正義の命令との違いを，承知している。前者を達成するためにわたしは強制を受けるということがあるが[30]，後者を達成することは，もっぱらわたしの有徳性[†11,*8]にかかっている。道徳的にだけ義務を負う正義の命令の区域にも違いがある。正義を損なうことが，そうすることで醜く恥ずべきこと（嘘をつくときのように）を意味する場合もあれば，厳密にそこまでは行かないにしても，「およそ礼節あるとは言えないこと」（非友好的，もしくは友愛のない態度でいるときのように）をしている，といった場合もある。

　　[†10]　「正義とは互いの交わりにある（Justitia consistit in communicatione.）」（『ニコマコス倫理学註解』8, 9（1159b27）; No. 1658）。

　　[†11]　「義務ある者の有徳性に依存する（Dependet ex honestate debentis.）」。2-2, 106, 4 ad 1（和訳第20分冊，23ページ）。

　　[*8]　「有徳性」と訳される 'Ehrenhaftigkeit' は，われわれの欲求する善についての伝統的な三区分である「効用善（bonum utile）」と「休らい，快適の善（bonum delectabile）」と「貴い，高貴な，立派な，美しい，誉れともなる善（bonum honestum）」のうち，最後の「貴い……善」のことである。役に立つこと等を度外視してもそれだけで価値のある，即自的に善であるものを指している。本書第Ⅰ部第1章10ページを参照すること。

しかし、そうじて正義に属しているこれらすべての義務に共通することがある——それは、どれにも**負債・負い目**（*debitum*）がある、負い目があり負わされていることがある、ということだ。正しくあるということは、何か負い目がありその負い目・責務を果たすことである。

　注記を一つ。正義がこのように理解されるとき、すでに言ったように、神は本来の意味では「正しい」と呼ぶことができない。とはいえ他方で、正義だけは神に帰される理由があるのであって、他の倫理徳のどれも、勇気も**節制**（*temperantia*）も、そのようなことはありえないのだが[†12]。神はいかなる者にたいしても責務ある者（Schuldner）ではない。「被造物にたいして何かが責務をもつ（geschuldet）のは、必ずその被造物のうちに先在している然るべき何かに基づく。……そしてさらに、その然るべき何かがその被造物にたいして責務をもつなら、同じようにこの然るべき何かに先立つもののゆえである。そしてわれわれは無限に進むことができないからには、神の意志［み心］の善性にだけ依存する然るべき何かに辿り着かざるをえない」（『神学大全』ではこのように言われている[31],[*9]）。神が何かに「責務がある」と言えるのは、自己自身にたいしてだけである。「神は自分にふさわしいものを自分自身に与え返す」[†13]。しかし、これは非本来的な責務・負い目でしかないし、また非本来的な正義でしかない。トマスはカンタベリーのアンセルムス［Anselmus Canterberiensis 1033-1109年］の『プロスロギオン』[32]を引用している。そこでは、神の正義が究明できないことについて、次のように述べられて

　　[†12]　「倫理徳のうち正義だけがより適切に（*magis proprie*）神の属性である」（トマス『ディオニュシウス・アレオパギタ：神名論への註解』8, 4; Nr.771）。
　　訳注：『神学大全』1, 21, 1と1, 21, 1 ad 1（和訳第2分冊、214-215ページ）において、市民の行いと神の行いとを峻別した上で、交換正義とは別種の分配正義の意味で、宇宙の秩序においてそれぞれに然るべきものが分配されていることが見られるが、これこそ神の正義の存在を示す、とトマスは言う。
　　[*9]　そこで、トマスは続いて次の例を出している。「たとえば手を持つということが人間の然るべきものとしてあるのは、その理性的魂のためである。そして、その理性的魂がかれの然るべきものとしてあるのは、かれが人間でありうるためである。かれの人間であることは神の善性の故である」。1, 21, 1（和訳第2分冊、217ページ）では、手が人間のためにあること、または動物が人間のためにあることが、人間の本来の秩序ないし然るべきものとして出されている。
　　[†13]　「自らに然るべく帰属するものを自らに返す」（1, 21, 1 ad 3、和訳第2分冊、216ページ）。

第 2 章　他者と負い目・責務　　　　　　　　　　75

いる。「あなたが悪人たちを罰したもうとき，このことは正しい，それは，悪人たちの為したことに相応しているからである。また，あなたが悪人たちを赦したもうとき，このことは正しい，それはあなたの善性に適っているからである」[33]。

　もう一度言う。正義の見分けどころは，何らかの負い目・責務を果たすところにある。しかし，人は正当にこう言うのではないか？　まったく一般的に，ある人が倫理的な義務を果たすときはいつも，おのれの「負い目・責務」を果たしている，と。

　ここにいたって，義務一般，当為，負い目・責務といった倫理学の基本概念というのは，その起源を正義の場にもつ，ということが明らかになる。ドイツ語では，ラテン語やギリシア語もそうだが，倫理的な義務を表す名称で，同時に正義という言語の野に属さないようなものは多くはないのである。「負い目・咎（Schuld）」と「負い目がある・債務がある（schulden）」と「何かが済んでいない・罪や咎が残っている（Etwas schuldig bleiben）」とが隣り合った言葉であること，これは説明しないでもはっきりしている。「為すべきである（Sollen）」もまたそうである。「何者かに済まない（jemandem etwas sollen）」という言い回しはまだゲーテ的な言葉づかいである[†14]。カントが「義務」という言葉に倫理学の基本語として特別の意味を与えたのと同じ時代には，がんらい「義務」が人間の人間にたいする関係を意味するという事態の生々しい言語環境があった[34]（「われわれは国に仕えている」(Wir stehen in des Kaiser's Pflicht. 皇帝への義務がある)）。同じことがラテン語の *'debere'* [べきである]，*'obligatum esse'*[†15] [責務がある] についても言える。──「然るべきこと，為すべきこと，義務」といったことを表すギリシア語の *'opheilōmenon'* については，プラトン自身が元を辿って「他者に債務として支払うべきもの」という意味につながるとしている[35]。

　このことは，倫理的なことの構造は全体として，凹面鏡のなかで見る

　[†14]　ゲーテ「お茶にお呼ばれしたお礼に何をすべきでしょう……（Was ich Ihnen *soll* für den Tee）」。ローガウ（Logau）「私に50グルデン，債のある人（Wer mir fünfzig Gulden soll）」。Paul und Euling, *Deutsches Wörterbuch* [4. Aufl/, Halle 1935］, 498ページから引用。

　[†15]　「他者にたいして義務づけられている（Alteri obligatum esse）」。2-2, 122, 1（和訳第20分冊，304ページ）。

ように，正義の行為のしくみにおいていっそう判明にいっそう鋭い輪郭で描き出される，ということを示している。一見したところ隠れて見えない大事なものが，ここではっきりするのである。「一見（*primo aspectui*）」とトマスは言う[36]，相手が具体的な要求を持ってこないかぎり，われわれは自分で適当と思うことは何をしてもかまわないと思うだろう。しかし，もしわれわれがもっと深くまで考察すれば，正義だけでなくすべての倫理的な義務が人格的な特徴をもっていること，つまりわたしに責があるような相手と結びついているという性格をもつことがはっきりする。「掟の概念が必ず含んでいる命じられていること（das Gesollte）という概念は，正義においてもっとも明瞭に出てくる」[37]。

倫理的な行いはすべて「何者か」に対している

善を行うこと，これはしたがって，われわれが何か抽象的な規範に，命令者のいない命令に従うことを言うのではない。そうではなく，きわめて私的なレベルの思いのことであっても，または表面上，「一見して」，ひたすら一個人のことに見える欲望の躾けが問題になっていても——善または悪を選ぶということはいつも，わたしが関わっている何者かに「その然るべきもの」を与え返したり，あるいは返さないままでいたりすることを意味しているのである。倫理的な命令をあまねく網羅して一つのスンマに要約した十戒，このすべての掟によって，「十戒のすべての掟によって，われわれは他者への関係という方向で命じられ，秩序づけられている」[†16]。

しかし，われわれが狭義の正しいこと（もしくは不正なこと）とは異なることを為しているときにも相対している「他者」とは何者だということになるのか？——これについては，二様に答えることができる。

第一に，その相手とは共同体，「社会的全体」と解することができる。わたしが共通善に関わるのは，疑問の余地なく，法律に従うかそれを損なうかというときだけではないし，また税金を納めたり投票所に行ったりするときだけではない。まったく「私的」と見えながら，もしわたしが怠慢であったり抑制がなかったりすれば，やはり共通善に関わってい

[†16] 2-2, 122, 1 の「他面，その反対の論に言う」（和訳第20分冊，304ページ）。

る。共通善はどのような個人にたいしても善くあることを要求しているのだ。「いかなる徳の善であっても正義がそれへと秩序づけられるところの共通善へとつなげることができる。それゆえに,すべての徳の行為は正義に属しているということにもなる」[38]。逆に,どのような過ちもある意味で「不正義」と呼ぶことができる[†17]。──もちろん,これは正義概念が敷衍されている。この正義を「勇気」や「節度」と同列に置いて枢要徳と呼ぶことはできない[39]。トマスはこれを「法的」正義と言い,もしくは「一般的」正義という言い方もする (*iustitia legalis*[40], *iustitia generalis*[41]) のであり,そこに「すべての徳が包括される」し,それ自身「もっとも完全な徳」[42]なのである。かれの念頭にあるのは,正義の素晴らしさには「宵の明星も明けの明星も敵うものではない」という『ニコマコス倫理学』の詩的な言葉である[43]。

すべての倫理行為には正義のしくみがあるという言明は──第二に──次のことも意味しうる。すなわち,善または悪を為す人はだれでも,神を「相手」に向かい合っており,神にたいして負い目・責務を果たすか,または果たさないでいるということである。「共同体もしくは神との関係で負わされている善を為すことは,一般的正義 (*iustitia generalis*) に属している」[44]。人間が掟に従ったり背いたりしているとき,その人は「客観的な法則性」に関わっているのではなく,むしろ人格的な立法者に,「他者である何者か」に,関わっているのである。

しかしながら,正義の領域で果たすべき責務・負い目は,勇気ある人や節度を守る人が果たすべき責務・負い目にたいして根本から異なっている──それも,内容だけではなく,構造の点でも,何がということだけでなく,どのようにという点でもちがう。この違いはたとえば,「客観的に」正しいことと不正なことを外から言うことができるのにたいして,「客観的に」勇気あることと臆病なことについて,また節度あることと抑制のないことについて,それを問うことさえも有意味ではない,といった点に見られる。

[†17) 新約聖書の「罪はすべて不正 (in-iquitas) です」(ヨハネの手紙一3:4,新共同訳「罪とは法に背くこと (ギ anomia) です」) という文をトマスはこのように解釈する (2-2, 58, 5 ad 3, 和訳第18分冊,34ページ)。

外的な行為のあるところ，必ず正・不正が生じている

　正義を為すことはとりわけ外的な行為に出てくるのである。「正・不正の区域では，まずもって人がそとから見て何を為すかが問題になる」[45]。これにたいして，勇気や**節制**（*temperantia*）の領域では，とくに人の内的な状態への配慮が必要であり，その次にはじめて，外的な行為が問題になる。人が事実やっていることを見て，それがその人の勇気を示すのかそれとも臆病なのか，また節度あることを示しているのか抑制がないのか，容易には見分けがつかない。見分けるためには，その他者をよく知っておかなければならないだろうし，その人の状態がどういうものかを知っていなければならないだろう。これにたいして，行為の正しさは外からでも，偏らない第三者によって知られる。わたしがどれだけ酒を飲めば**節制の徳**（*temperantia*）を損なうことになるのか――はじめての人はそれに答えようがないだろう。これにたいして，飲み屋にどれだけのツケがあるか，これならだれにでもすぐさま「客観的に」分かる。

　ところで，正義はとりわけ，そして第一に，外的な行為に出てくる，という正義のこの特性は（何が問題になるかというと，わたしが好むと好まざるとにかかわらず，わたし自身が困窮していようがいまいが，貸し手が金持ちであろうとなかろうと――わたしが自分の借りを返すということである。カントの言葉では，「相手方が必要であろうとなかろうと，苦しかろうが苦しくなかろうが，相手の権利が問題であれば，わたしにはそれを満たす責がある」[46]）――つまり，正義を見分けるこの特徴は，正義が本質的に「他者」に関わっているということとひじょうに精確に繋がっている。「他者」のことでうまく行くのは，わたしの主観的な積もりによってではない，つまりわたしが思い，考え，感じ，欲することによってではない――むしろわたしが行為することによってである。ただ外的な行為によってのみ，他者にはその人のもの，その人の然るべきものがじっさいに与えられる。「人間はそれによってお互いが交わるところの外的な行為によって（*per exteriores actus*），お互いに安定した秩序にある」――これは『神学大全』からの引用である[47]。トマスは言う，またこれこそが，なぜ正義の区域では行為者の内的な状態がどうあるかとはまったく関係なく，純粋に行為そのものを拠り所として善や悪が判定されるのか，ということの理由なのである。問題になるのは，

第2章　他者と負い目・責務

行為が行為者自身としっくり合っているかではなく，その行為が「他者」としっくり合っているか，いうことだからである，と[†18]。

この文の逆も言える。正義の働きは外的な行為である，というだけではない。あらゆる外的な行為は正義の区域に属している。人が外的に何を為そうとも，まさしくそのことによって，その行為は正しいかもしくは正しくないかである。

これはもちろん，勇気や節制や無抑制について外的な行為はないということではない。にもかかわらずトマスは，**行為にかんしては正義がある**[48]，外的な行為があるところにはいつも正義もしくは不正義が関わっている，と真正面から主張する。かれは一つの例をもってくる。「われわれが怒って人を殴るとき，この不当な殴りによって正義が損なわれており，他方で，節度なく怒ることで柔和さが損なわれている」[49]。殴ることと「柔和さ」が損なわれるというケースは，ことさら重要ではないように見えるかもしれない。しかし，この主張は，当然のことながら，さらに遠くにまでおよぶものである。その射程内にはたとえば，姦通や強姦だけではなく性的な過ちの区域全体が不正義という要素をもつ，ということが含まれるのだ。われわれはこのようなことを理解した上でよく考えるということに慣れていない。抑制がないという，もっぱら主観的で行為者自身に関わる意味だけを考えてしまい，協同的な生活の秩序，つまり共通善の実現もまた脅かされるということ，それも「外的な行為」という側面が強ければ強いほど，事が重大になるということ，これをわれわれは見逃しがちなのである[†19]。

『神学大全』の注釈家でカイエタヌス［Jacobus Cajetanus 1469-1534年］と呼ばれたヴィオのトマスは，この考え方に注釈を加えるなかで，一つのありうる異論をまとめている[50]。かれは次のように言う。行為は三つの観点から捉えることができるが，『神学大全』もまた，三つすべてを挙げている，と。行為は，行為者自身へのつながりと調和（*commensuratio*）という点で，あるいは他者へのつながりと調和という点で考察することができる。第三に，行為はそれ自身において考察することができ

[†18]　「他者にたいして均等であるかどうかにもとづいて（secundum rationem commensurationis ad alterum）」1-2, 60, 2（和訳第11分冊，210ページ）。

[†19]　第Ⅳ部「節制」第3章「貞潔と邪淫」の《貞潔と正義》を参照すること。

る。さて，トマスは行為の第二と第三の視点を混同して，混乱を来たしているのではないのか？　これが異論である。カイエタヌスはトマスを解釈して，こう解答する。「これに驚かないように（*Hoc non te moveat.*）」。「行為」とは「外的な行為」のことを言うからには，行為はそれ自身によって，つまりそれが外的な行為だということによって，他者とのつながりをもっている。だから，「それ自身において考察された行為」と言っても「他者へのつながりで考察された行為」と言っても，事実上同じである，と。

　まとめて言おう。外的な行為はすべて社会的に重大である。話しをすれば必ず聞かれる。物を使うときは，必ず自分の物か他人の物を使うが，自分の物と他人のものとを区別するのは正義なのである[51]。教える者は，ただ真なることと偽なることだけに関わっているのではなく，いわんや「私的に」真と取っていることや「個人的な」思いなしだけに関わっているのではない——教える者は同じく，正と不正とに関わっているのだ。真ではないことを教えることは，間違っている（unrichtig）だけでなく不正（ungerecht）でもある。また，十戒はすべて**正義の掟**（*praecepta justitiae*）[52]である。**活動的な生活**（*vita activa*）の全領域が——これをトマスが**市民的生活**（*vita civilis*）とも呼ぶ——「他者との関わりをもつことによって[53]」決められるのだから——この全領域は正義の領域である。

「正しいことを行う」ということと「正しい人である」ということ，これらは別である

　もし「正しいこと」を，行為者の内的な状態から切り離して「正しい」と言うことができるのなら——そのときには多分，同じようにして，人は正しくあることがなくても「正しいこと」を為す，と考えることができるのではないだろうか？　じっさい，正義の区域では行動と心情との分離といったことがある。律法についての論考でトマスは言う。「律法に適った仕方で正義を為すことは，法の秩序に合った形で為されるということであって，正義の習慣から為されるということではない」[†20]。

---

　　†20）　1-2, 100, 9 ad 1（和訳第13分冊，221ページ）。これは旧約の律法という観点で言

——間違いなくひじょうに醒めて淡々とした態度であり「現実的」だが，かなりシャープな言い方である。言われていることは，人が「正しいこと」を為すには，まだ正しい人でなくともできる，ということである。またここから，不正な人ではないのに何か不正なことを為すこともある，ということがでてくる。このような可能性がでてくるのは，不正だと言える「客観的な」ものが存在しているからである。他方で，「客観的な」臆病，もしくは忍耐力について語ることは無意味なのである。

　兵士が，もしも命令を誤解して，危険な持ち場を離れるなら[†21]，そのことでかれは臆病という不徳をやらかしたのではない。しかし，同じくそれとは知らずに，他人の物を自分の物にするなら，他人の所有になるものを取ることによって，その人は不正を行っている。まだそのことで不正な人間とは言えないにしてもである。もう一度言うが，このようなことはその他の諸徳の場面では考えられない。抑制がきかなくなって事を行う者，「無抑制なこと」をする者は，少なくともそのときには，無抑制である。しかし，激情に駆られて他者に危害を加える者は，たしかに違法性を犯しているし，不正なことを行っているが，まだそのことで不正な人間とは言えない[54]。

　ついでに一つだけ。このようなことすべてが，正・不正を当然問題にする政治討論［議会弁論］の内的なスタイルにたいして，何らかの重みをもちはしないだろうか？　たとえば，討論相手が道徳的には非のうちどころがないという観点を同時に議論に持ち込むことなしに，政策設定を「客観的に不正である」として拒否したり，きわめて鋭利に議論を闘わしたりすることが十分に可能でなければならない，といったことを意味してはいないだろうか？[*10]

　　われていることを付け加えておくべきである。しかし，ここで主張されていることは，この条件によって直接決まってくるものではない。
　[†21]　この例はセルティヤンジュ（Sertillanges）の『聖トマスの道徳哲学』（パリ，1922年）244ページからの引用である。
　[*10]　アリストテレスは一般に弁論（ここで問題になっているのは議会弁論［政治討論］である）の説得性に三つの要素があると教える。基本となるのは事がらそのものの間違いのなさを推論的に示すということであるが，その他のうちの一つには，語り手が「道徳的に信頼できる者」であることを自ら言明で示す，ということがある（『弁論術』1066a28）。しかしながら，道徳的に非のうちどころのない者が悪しき政策目標を説得し，そしてさらに実行に移すということもありうることから，ピーパーは弁術術のこの古典的な方法にたいして，かれの明ら

ともあれ，われわれのテーマは徳としての正義である。ただしく間違いのない人間であるためには，「正しいこと」を為すだけではなく，正しくあることが必要であるということ，このことに疑いの余地はない。トマスは『ニコマコス倫理学』を引用する[55]。正しい人が為しているようなことを為すことはたやすい。しかし，正義を持ちあわせていない人が，正しい人が為すような仕方で正しいことを為すのは難しい，と。トマスはこれを補って言う。「すなわち，喜んで，かつ速やかに為す」，と[†22,*11]。正義が十分な意味で生じているところでは，外的な行為は内的な肯定［同意］の表現である。他者が他者として認められており，その他者に帰属するはずのものが追認されているということである。もちろん，この帰属分は義務を負う側の主観的で内的な習慣から決められるわけではないが，それだからこそ正義にかんして思案がめぐらされることになる。正義の実現には心情では不十分である。事実的な，手を延ばして取れるような「外的な」行為が必要である。そして，何を為すべきかということや然るべき権利と負い目・責務についても，それらは「客観的に」算定されうるし，また算定されなければならない。

「正義の正しい中間とは，外的な物が他の人格にたいして有する比例的な均等性に存する」[56]。

かにした正義の特殊性から問題にし，事がらそのものを十分に討論したり吟味したりすることだけから政治討論ができなければならない，と主張していると思われる。
　†22)　1-2, 107, 4（和訳第14分冊，37ページ）──これは，もう一度それらしく，「新約の法についての問題」で言われている。
　*11)　原注22の「それらしく」とは，以下のことを指している。新約の新しい法においては，旧約では禁止されていなかった心の内的な動きが禁止されているから，新法の方が旧法よりも重荷であるように見える。しかし，徳をもつことによって，これは重荷ではなく，容易になる（同上）。

第3章

正義の優先順位

―――――

諸徳の優先順位が問われれば，いつも答えがあった
　古くからの倫理学で一つの徳のランクが問題にされているとき，それはただアレゴリカルな人物たちのゲーム的競演ではなく，善い人間像がきわめて正確な仕方で問題にされているのである。問われているのは，人間を根本において善くかつ間違いのないただしいものにするものはほんらい何なのか，ということである。その上で，さらに，もっとも高い徳がどの時代にも問われ，とにかく――たとえば，大事なことは「礼儀正しさ」であるとか，「抑制心」である，「平静」である，「勇気」である，など――曲がりなりにも答えをえているのである。

「正義を根拠にしてわれわれは『善い』と言われる」
　人間はおのれが正しくあるということによって，もっとも純粋に真(まこと)の本質を顕わすことになる，古くからの倫理学はこのように述べる。三つの狭義の倫理徳（正義，勇気，節度）のうち，正義が最高のものである，善い人というのはなによりも正しい人である，と。『神学大全』では，このためにキケローが引用されている[57]。「なによりも正義によって人々は善いとされる」，「正義において徳の輝きは最大である」[58]。このような，キリスト教以前にもある大きな財産として再認識される知恵は，まるで神殿の前庭のようにして，聖書が「正義」について，そして，聖書ではひたすら「善い」人，「聖なる」人を意味する「正しい人」について，800回以上も触れていることと付合している。
　こんにち，正義の順位についてのこの洞察がしだいに取り戻されて，

われわれの時代の常識になってきているようである。いささか近代市民的な「倫理性(ジットリヒカイト)」の考えが，ついで「武勇・英雄」という孤立した理想が善い人間像とされたあと，そしてわれわれの共通の経験として，不正義は勇気の果実を台無しにしてしまうということ，つとにアンブロシウスが言っているように[†23]「正義のない勇気は悪のてことなる」ということが分かったあと——これらすべてを経て，自然的かつ人間らしいすべての徳のなかで正義こそ文字どおりに根本的である，ということが新たに明らかになっている。

正義の優位を示す議論

正義がこの順位にあることは，いくつもの仕方で示される。

第一。次の理由によっていっそう高い順位にある，とトマスは言う。正義は人をしておのれ自身を秩序づけるだけではなく，人間どうしの交わりを秩序づけるから。それが個人を超えでているから，またある意味でまさしく「他者の善（*bonum alterius*）」なのだから，と。善のいわば物理的な作用力がいっそう大きく示されるのは正義においてである。——善の本性は「みずから拡がり行く」こと，つまりみずからの源泉に止まるだけでなく外に流れでて外へと働き，みずからを分かち与えて輝きでることである。「何かがいっそう高度に善いときには，その善さはいっそう多く，また遠くまで輝きでる」[59]。「自分の邪悪をおのれにたいしてだけでなく友人にたいしてもおよぼす者が最高に悪いように，自分の善さをおのれのためだけでなく他者のためにも使う者は最高に善いと言われる」[60]。このようなことが，勇気や節度の徳よりも，正義に多くおこるのである。

第二。正義の対象と内実（*objectum sive materia*）[61]だけでなく，正義の主体もまたその高い順位の理由である。だが，どういうわけで正義の主体は他の諸徳の主体から区別されるのだろうか？　主体というのはいつもその人自身，つまり人間的な人格ではないのか？　——この事態をはっきりさせること，それも同時に，どうしてトマスがこの点をあれほど強く主張して譲らないのか分かるような仕方ではっきりさせること

[†23]　アンブロシウスはその著書『聖職者の義務について』(1, 35) でこのように言う。この著書はキケローの同名の著書から影響を受けている。

は，容易なことではない。

　当然のことながら，人間的人格はすべての倫理的習慣ならびに決断の主体である。しかし，この主体は単層の実在ではなく，とくに肉体と魂[心]が一つになっている存在である。ある種の徳は，われわれが生身の存在であることを前提としてはじめて，考えることができる。純粋な精神にとっては，貞潔ということはありえないし（**節制**という仕方では），また怒りの興奮を和らげる必要も，恐怖心を抑える必要もまったくない。これにたいして，われわれは勇気と節度を達成するように努力するが，それは人間が生身の存在だから求められているのである。肉体をもって実存しているかぎりで，その人は勇気と節度の主体なのである。まさしくこのことが正義には当てはまらない。正義の命令は人間の精神的な中心に呼び出しをかけて求める。精神的であるかぎりで，人間は正義の主体である。正義の働きを直接支えている力は精神的な欲求能力であるという理由で，トマスの言葉では，「正義は魂[心]のより優れた部分に住まうのだから」[62]，つまり，人間への正しくあるようにという要求は精神的意欲のもっとも深い核心に向かっているのだから——だから，正義は他の倫理徳よりも優位にある。

　たゆまぬ**修行**（*askesis*）によって，感性の力がもはや精神的な魂の働きを乱さないほど，おのれ自身のうちに秩序ができている，そのような人の例を考えることもできよう。その人はさらに何をすることがあるのか？　そう，その人は今ようやく，これまでいつも邪魔されて一度も「純粋に（rein,［清く］)」は実現できなかったことを，つまり善そのものを，本来の人間らしい善を，為すことができるのだ。だが，それは何だろう？　それは，その人が真理を観るようになり「真理を行う」ことによって，おのれのまことの富をえ，おのれ自身の本来の実現に達している，ということである。「人間の善とは，人が人であるかぎり，その理性が真理の認識という点で完成していること，そして下位の欲求能力が理性の示す道に合った形で導かれていることにある」[63]。聖トマスのこの文章の背後には，人間は真理を観ること，つまり観想においてこそ本来の自己達成を成し遂げ，したがってまた「人間らしい善」の実現に達する，という考えがある。しかし，この構造のどこに倫理徳が位置しているというのか。なかでも，何が正義と「人間の善」との繋ぎになる

のか。どれが「理性の善」,あるいはそもそも端的に真理なのか？　トマスの解答はこうである。理性の善は,他の倫理徳よりも正義においていっそう明るく輝く。正義は理性に近い[64]。じっさい,理性の善はその固有の果実を（*sicut in proprio effectu*）正義にもっている[65]。――勇気の徳についての論考では,勇気は枢要徳のなかで最高のものかという問題が出されている。答えはふたたび,「人間の善」（*bonum hominis*）の概念にはじまり,ついで,この,「理性の善」つまり真理を意味する概念から,諸徳の順位が説明される。「思慮は本質的にこの善を所有する。正義はこの善を行為によって実現させる役である。しかし,他の諸徳は……[†24]」――ここで,勇気ある行動や色欲の躾けもまた「善の実現」ではないのか,という異議の出るのは抑えきれない。いや,この異論はまだ不正確なのである。「勇気ある行動」という言葉が一意的ではない。ある人が共同体のために自分の命を賭けるといった行動における勇気は――そのときの勇気そのものは,生きたいという自然な衝動と恐怖を克服するという,純粋に内的なプロセスである。これにたいして,命を賭けるという外的な行為は,それが共同体の「然るべき持ち分［権利］」をその共同体に返すことであるかぎり,正義の行いである。したがって,異論をもっと精確に言うと次のようになる。勇気や**節制**のなかでの恐怖や欲望のただしい躾けは――これは,同じような「善の行為」なのか,と。これには事実,トマスの「否」という解答がある。枢要徳のなかで,人間が端的かつ直接に（*simpliciter*）善に向かって**秩序**づけられるのは思慮と正義だけであるので,そのためにこれらが優先する,と。それでは,勇気と節度はどうなるのか？　解答は,われわれの異議で途切れてしまった文章のあとに続いている。「他の諸徳の方は,情念を整えることでそれが人を理性の善から離反しないようにするかぎり,この善を保全する」[67],と。ここで何が言われているのだろうか？　修行によって節制と節度を達成すること,死の恐怖に打ち克つこと,これらはまだ「善の行為」ではない,つまりこれらはほんらい人間らしい善を実現することではない。それなら,いったい何なのか。それは前提を作り出すこと,人間らしい善の本来的な実現のためにどうしても必要な前提を作り出す

　　[†24]　「正義はこの善を作る」（2-2, 123, 12, 和訳第21分冊。未刊）。

ことである。
　この思いがけない言明は，偉大な修行者たちの経験から完全な立証と裏付けがえられる。内的な人間の本来の試練と大きな危険も，この前提が達成されたあとになってこそはじまるということ，これを修行者たちの経験が教えてくれているのである。
　したがって，もう一度言う。「本質にかんする事がらは実現にかんすることよりも，いっそう高くにある。また後者は，保持し保護するといった，邪魔物を取り除くことよりも，いっそう高くにある。だから，四枢要徳のなかで思慮がもっとも高位であり，正義が二位，勇気が三位，節制と節度が四位である」[68]。——このようにして，どうしてトマスが，正義というのは，性質上善に向けられている実現力，すなわち意志に，その座をもつだけでない，正義を通してこの意志はおのれの本来の働きにもたらされる，と言えるかが分かってくる[†25]。'Iustitia est humanum bonum'「正義は人間らしい善である」[69]。——正義の順位についてのこの考えは，トマスを別にしても，西洋の知恵の伝統にある変わらぬ要素だと言っても間違いではない。この伝承のなかでもっともプラトン的に飛翔するプロティノスの［Plotinos 205-269/270年頃］場合，次のようにまとめられる。正義はただただ「固有で本来の行いを為すこと」であり「固有で本来の責務・使命を果たすことである」，と[70]。

倫理的な秩序のもっとも悪い堕落：不正義
　正義のこの順位は否定的にも主張される。「倫理的諸徳の中でも，正しい理性の使用は正義においてもっとも大きく出てくる。……それゆえ理性の正しくない使用も正義を損なうことにおいてもっとも大きく現れる」[71]。自然的かつ人間らしい領域で，秩序のもっとも悪い堕落には，つまり「人間らしい善」の本当の腐敗には，不正義という名前がつく。

悪の世界支配は「修行」と「武勇・英雄」を排除しない。それは正義を排除する
　悪が歴史的に現実になっていることをよく承知しておくことは，少な

　[†25]　1-2, 66, 4（和訳第11分冊，203ページ）「それ（正義）によって意志はその本来の働きにもたらされる」。

からず重要である。現実となっている例を見ると「倫理性」という肝腎な尺度がかなりの程度の「英雄主義」と結びついており,しかもその種の例は根底から,またいわば比べるものとてないほど,非人間的で悪質なのである——なぜなら,それが同時に不正義の極みを具現したものだからである。人間の滅びの行きつくところは,人の顔付きや態度からいつも看てとれるような抑制のなさといったことではなく,不正義という,ほんらい精神的なところで生じるために外見では容易く見分けられない悪徳にあるということ,これをわれわれは何度も何度も思いおこすのがよい。人間の歴史のなかで邪悪の最強の具現が,すなわち反キリストが,偉大な修行者の姿をして登場することがあるということ,これを胸に留めておくのがよい。これは事実,西洋の歴史哲学がほとんど異口同音に教えるところである†26, *12。自然な人間を腐敗させること最悪なのは不正義だということ,またそれがどうしてかということを把握しない人は,その種の黙示の幻に予示されていることを実際に経験することによって,およそ収拾のつかないパニックに突き落とされざるをえない。その人は,とくに,あの終末の歴史的な予型を認識することができないであろう。腐敗の権力を見当ちがいの方向に見やっているうちに,突然,眼前にその腐敗権力がそそり立っているのだ。

---

†26) ピーパー著『時の終わりについて (*Über das Ende der Zeit*)』の「反キリストの姿」についての章を参照すること。

*12) 英訳 *The End of Time*, tr. by M. Bullock, Ignatius Press, 1999. pp. 133ff.

第4章

正義の三つの基本的な形

―――――――

「いつ正義が支配していると言えるか？」という問いへの賢人の答え

　共同社会のなかで正義が支配している，とはどのようなときに言えるのか？　――というのは，正義の現場は共同生活にあるからである。正義の実現を問題にするとき，わたしは視線を共同体の生活に――家族に，企業組織に，国によって組織された人々に，向けざるをえない。正義の主体は「共同体」である，とほとんど言えるかもしれない。もっとも，当然のことではあるが，正しいと言えるのは厳密にいって人格だけであり，したがって個別者だけなのだが。

　もう一度問う。ある共同体において，いつ，正義が支配しているのだろうか？

　プルタルコス［Plutarchos 46頃-120年頃］，ディオゲネス・ラエルティオス［Diogenēs Laertios 3世紀前半頃］，ストバイオス［Stobaios 5世紀頃］は，「七賢人」のものとされる格言風の答えを伝えている。それは，この問いが古くから哲学的な思索のテーマであったことを示すものである。またその答えを見ると，ある点では信じられないほどの現実味を帯びているが，それは，この分野において，時代の流れにともなう進歩というものが極めて小さいことを物語っている。――タ̇レ̇ス̇［Thalēs 前624頃-546年頃］。かれのひじょうに機知に富んだ格言を，ディオゲネス・ラエルティオスがいくつか伝えている。たとえば，もっとも目を丸くすることは何かと聞かれて，年老いた独裁者だと答えた[72]。――その政治家タレスは言う，国民のなかに度を超えた金持ちも度を超えた貧乏人もいないとき，正義が支配している，と[73]。――ビ̇ア̇ス̇［Bias 前6世紀］。味わいの

ある、トマス[74]も引用する短文、「支配の地位こそ人の何たるかを示す」[†27]が、かれに帰されている。そのビアスは次のように答える。独裁者を恐れるように、国のすべての人が法律を恐れるときだ、と[75]。──ソ・ロ・ン・［Solōn 前640頃-560年頃］はひじょうに的を射た文で答える。正義が支配しているのは、犯罪者が、被害者ではない人たち全員から、被害者からのように、告発を受け刑を言い渡されるときである、と[76]。これは、犯罪者がもたらす損害の本当の性格が所有物や健康や生命の損失にあるのではなく、共同生活の秩序の点で皆がひとしく被る脅威にある、ということを言っている。これをだれもが認識するとき、国家の正義が実現している、と。──スパルタ人キ・ロ・ン・［Chilon 前6世紀中葉］については、一連の注目すべき格言をディオゲネス・ラエルティオスが伝えている。たとえば、三つのことがとくに難しい。秘密を守ること、不正な目にあって耐えられること、自分の余暇を上手に使うことである、と[77]。そのキロンは、正しい国家について問われて、市民が法律に聴きしたがうこと最大にして弁論家に聴きしたがうこと最小のとき、正しい国家が実現している、と答えている[78]。──ピ・ッ・タ・コ・ス・［Pittakos 前650頃-570年頃］はみずからがミュティレネの支配者である。かれの答えは支配の形態に関わってくる。ポリスにおいて劣悪な者が支配することがありえず、また同じく善い者が支配しないことがありえないとき、正義が実現している、と[79]。

　見てのとおり、ここにあるのは、厳密に定義された言明ではなく、経験的にえられた答え、長年の知恵である。

三つの基本的な関係とそれぞれに応じた正義の三つの形

　聖トマスの場合だと、答えはこうなったであろう。共同社会や国家において正義が支配しているのは、共同生活の三つの基本的な関係が、三つの根本的な構造が秩序だっており、「ただしく」、正常に動いているときである。第一は個人相互のつながり（*ordo partium ad partes* 諸部分の諸部分への秩序）であり、第二は社会的全体の諸個人へのつながり（*ordo totius ad partes* 全体の諸部分への秩序）であり、第三は諸個人の社

---

　†27）　このテキストはアリストテレスの『ニコマコス倫理学』(5, 3, 1130a) に伝えられている（『ニコマコス倫理学』「アリストテレス全集13」岩波書店では5, 1, 147ページ）。

会的全体へのつながり（ordo partium ad totum 諸部分の全体への秩序）である。――これら三つの基本的な関係に，それぞれに対応する秩序形態として，正義の三つの基本的な形がある。すなわち，まず均等になるように調整するところの，もしくは交換の正義（iustitia commutativa）であり，これは個人と相手個人との関係を秩序づける。また，分配的，配分的な正義（iustitia distributiva）であり，これは共同社会そのものがその成員である諸個人にたいしてもつ関係を秩序づける。そして，法的，一般的正義（iustitia legalis, iustitia generalis）であり，これは諸成員の社会的全体へのつながりを秩序づける。

　正義の三つの基本形のどれもが，それぞれ課されている責務・負い目の形態の違いによって特徴づけられる。わたしが税金を納めることと本屋の請求にたいして支払うこと，これらは責務・負い目の種類が異なる。国家権力の側からの権利の保護はわたしに当然帰属するものであるが，それと，隣人がわたしに借金を返すべきこととは，原理的に別である。

　さらに，これら三つの基本形のそれぞれには，別々の主体が要請される。もちろん，交換正義が個人間の互いのつながり方を秩序づけると言えば，不正確な言い方になる。もちろん，正義が秩序づけるのではない。正しい人が秩序づける，人が，である。正義の三つの基本形すべての担い手と実行者は，つまるところ人間，すなわち個別的な人格である。ただし，個人はそれぞれまったくちがった仕方で要請される。交換正義の担い手は個人とその相手個人であるし，法的正義の主体はたしかに個人であるが，ここでは国王（例えば）の相手方として，また共同社会の成員として，「臣民・平」としての個人である。また，分配的正義の行為者も，具体的には「社会的全体」ではありえず，ふたたび人間だけであって，国王でなければ独裁官であり，首相であり，公務員，もしくは，民主主義が筋を通して行われておれば，共通善の行政に参与しているかぎりでの個人である。

　誘惑に負けて，これらの構造を見える形で図示してみることもできよう。ただし，そのような図示は不正確なだけでなく，いくつかの点でまったく不十分にならざるをえないけれども。しかし，どうしようもなく不十分であっても，かえって同時に，これまでに述べてきたことを修正する必要があればそれをいっそうはっきりと明るみに出すので，その図

式をすこしばかり考察してみるのも無駄ではない。どこに不十分な点があるかを言おうとすると，自分がすでに内容に関わる議論そのものに加わっており，論争に首を突っこんでおり，社会の実在を，ということは人間の実在を，どうしても一つの立場で内容的に解釈している，ということに気づくはずである。——それなら，どのような観点でこの図式が不適切なのか？

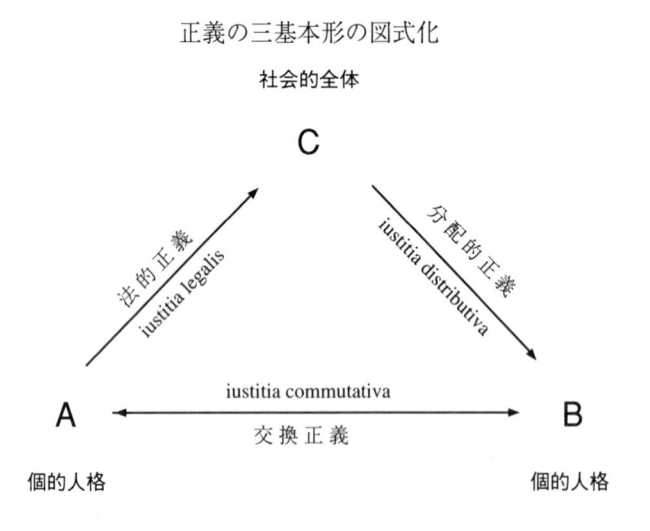

正義の三基本形の図式化

社会的全体

C

法的正義　　　　　　　　　　　分配的正義
iustitia legalis　　　　　　　　iustitia distributiva

A　←—— iustitia commutativa ——→　B
　　　　　　　交　換　正　義

個的人格　　　　　　　　　　　　個的人格

トマスなら，なかでも次の点を不正確だと言うことになる。個人が一方に，社会的全体が他方に，離れて別々の実在があるように見えるが，本当は，社会的全体に「対置」している個人は，同時に成員として社会のなかに包み込まれるということである。とはいえ，真実のところ，個人，**私的人格**（*personae privatae*）[80] は独自の秩序をもった実在として存在しており，これは単純に社会的全体の実在には還元できない，とトマスは主張するだろう。人間的共同体，国家というのは，そこには全体の活動ではないような個々人の活動が存在する，といった造りになっている，そして同じように，個々の成員の活動と同一ではないような全体そのものの活動がありうる，とトマスは言う[81]。これは抽象的な議論だと言われるかもしれない。しかしながら，たとえば集団的罪責の問題で根拠ある判断をえたいと思えば，この根本へ戻ってくるはずである。

第 4 章　正義の三つの基本的な形　　　　　　　　　　　　　93

個人主義と集団主義は共同生活の本当の姿をゆがめる
　論理一貫した個人主義であれば，この図にまったく別のものを書き込まなければならないだろう——個人主義は人間の基本的な関係を別様に解釈するからである。本当は，と個人主義は批判して言うだろう，現実に存在するのは個人だけである，だから個人が社会的全体性にたいするときは，一個人が多くの個人にたいしているのだし，社会的全体性というのは独自の秩序によって成立している実在ではない。したがって，たえず個人と個人が問題なのだから，正義には基本的に唯一の種類，つまり交換正義しかない。人間の共同生活はすべて，家族であれ国家であれ，対等の権利をもつ個人の利害の均等である，と。
　第三の集団主義的な解釈はいっそう生々しい。次のような内容のものである。すなわち，固有の権利によって相互の関係の主体になるとされる人格というのは擬制である，なかでも，個人間の私的なつながりは存在しない。個人というのは，唯一実在する社会的全体のなかの成員だということで十分に定義できるから，人間の生活はひたすら公的な性格をもつ，と。——もちろん，どのような社会理論も，個人が互いに関係しあっている，ということを変えることはできない。きわめて全体主義的な社会においても，もしわたしが話す機会があれば，具体的な人間に，つまり諸個人に，わたしは話しかけている，これまたもちろんのことである。だが，と。この種の関係は，職務の性格がないときであっても，どの瞬間であっても職務的な関係とつなげて解釈することができる，と。そうなると，わたしはもはや「わたしの」友人，「わたしの」妻，「わたしの」父と関わっているのではなく，国家目的の共同職能者と，つまり「国家の」任務を負ったものと関わっている。——そうするとたんに，相互の関係は，同時に，職能を果たすという基準にしたがうことになり，もし決まったノルマを果たしていない場合は，ただただ存在しないことになる。この種のぞっとするようないくつもの例こそ，われわれの時代の生々しい経験を成しているのだ。——言うまでもなく，この立場からは交換正義の概念は意味なしと宣言されねばならないし[†28]，他の諸個人との関係においてだけでなく，社会的全体との関係においても，一個人

　　[†28]　これについては，オトマル・シュパン（O. Spann）の『社会学』（第三版，Leibzig, 1930）の 153 ページ以下を参照すること。

に権利が帰属する，という分配的正義の概念もまた，同じく意味なしとなる。そして，個人の国家目的への義務をのべる**法的正義**（*iustitia legalis*）という，一見まだ無事に見える概念も——この概念でさえ，基本的には考ええないものになってくる。どのような意味においても，正義はもはや問題にならないのである。

　この結論はかなり注目に値する。三つの関係，それぞれが他に還元できない基本的な関係は，共同生活にはないかのように，したがってこれら三つの正義の基本形もまたないかのように，真面目に主張しようとすると，とたんに，そもそもの正義が総じて損なわれる，ということが見えてこないのだろうか？　「個人と共同体」という対概念が普通の話のなかでいとも気軽に使われているが，その背後には完全に層を成す実在が間違いなくあるのであり，その要求を十分に満たすような三つ組，これが最低限必要なことは明らかである。しかしもちろん，決定的に大事なことは，概念的に区別して，ただ頭のなかだけで納得することではない。問題は，正義が三つの仕方で実現されることによって，それが支配することである。

第5章

均等になるように調整することと「元どおりにすること」

交換正義：人間共存の核心

　均等になるようにする正義，ないし交換の正義は，正義のいわば古典的な形態である。これはにいくつかの理由がある。——まず第一に，相対している個人のどちらの側も本当に独立の「他者」に向かい合っている。「**他者にたいして（*ad alterum*）**」ということが純粋に生じている。——これにたいして，他の二つの基本的な関係では，個人は，自分が共におり，かつ関わっているところのわれわれにたいして，非本来的に別々の他者として「向かい合って」いるのだ。——当事者たちの平等と同権とは交換正義の状況においてのみ無条件に実現する。ここに，本来の正義概念の第二の要素と呼ばれるものがくる[*13]。すなわち，「正義は無条件に均等な位置にある人々のあいだにだけ無条件に存在し，無条件に均等な位置にない人々のあいだには，正義は無条件には存在しない」[†29]。ところで，ここからさらに帰結することは，神と人間との関係にあってはこの種の正義は考えられない，ということである。「交換正義は，厳密な意味では，神については語りえない，なぜならこの正義は，与える者としての神と受ける者としての被造物が均等であることを前提としているからである」[†30]。

　　[*13]　正義の第一の要素とは，本来的には交換正義について言いうる「正義は（本当に独立の）他者に関わる」ということであろう。
　　[†29]　1-2, 114, 1 (和訳第14分冊，204ページ)「均等な人々において無条件に正しい……」。3, 85, 3 (和訳第45分冊，未刊)。
　　[†30]　『ペトルス・ロンバルドゥス命題集註解』4 d.46, 1, 1, 1。『護教大全』1, 93, ならびに，1, 21, 1 (和訳第2分冊，214ページ)，ならびに，『ディオニュシウス・アレオパギタ：

個々人が交換正義という場面で正しいのは，他者にたいして，つまり親しい関係とは見なされない他人にたいして，その人の然るべき帰属分を——過不足なく——与え返すことである。たしかに，**交換**（*commutatio*，占有の交換，ある人から別の人への物の移譲[†31]）は贈与においても生じる。しかし，贈与は責務・負い目あってのことではないから，つまり**デビトゥム**（*debitum*）には当たらないから，贈与は正義の行為ではない[82]。トマスは，正義はほんらい責務・負い目を超えるものではない，と強く主張する。思うに，これは学者ぶって些事にこだわっているのではないし，いわんやミニマルな切り詰め主義がそこに働いているのでもない。そこには厳しい現実的な意味がある。すなわち，**交換正義**（*iustitia commutativa*）の模範像の含む要求は次のことなのである。まさしく他人を認めること，つまり共に生きる者であれば，事実として縁遠い者であれ，あるいはおそらくは突然「競争相手」になったりして自分の利益を脅かす者と見える胡散な者であれ，自分と「関係なく」，自分の「好み」ではなく，その者にたいして何かを贈与しようなどという考えはまったくおこらないどころか，こちらの権利を強く主張する必要のあるような——まさしくそのような他人を認めて，その人の然るべき帰属分を与え返す，それも多からず，また少なからず与え返す，という心構えができていることなのである。これが正義なのだ。

　利益の均等［利害相殺］の証印のついた契約にたいしても——このため**交換正義**は「契約正義」とも呼ばれている——その契約にたいしても，ミニマルな切り詰め主義だという反対論がありえよう。じっさい，ロマン主義からフェルディナンド・テンニエス［Ferdinand Tönnies 1855-1936年］を経てドイツ青年運動にいたるまで，「共同体」理念を非現実的に過大評価して，契約的な利益の均等は自分の損得を「冷たく」計算するだけの低級の共存形態である，とする考えがある[†32]。

　契約の当事者たちが「利害関係者」である，ということは当たっている。互いにたいして権利を限定し，一方の請求権利を他方の履行義務と

神名論への註解』8, 4; Nr.775を参照すること。
　　[†31]　「それに従ってある物が一方から他方へと移譲させられる交換」（『ニコマコス倫理学註解』5, 4「アリストテレス全集13」岩波書店，5, 2; Nr.928）。
　　[†32]　ヨゼフ・ピーパー著『社会的ルールの基本形（*Grundformen der sozialer Spielregeln*）』（第三版，フランクフルト，1955）の，とくに「社会のルール」の章を参照すること。

同じく保障するというのが契約の目的である。愛が「わたしのものはわたしが愛している人のものでもある」と言えば——正義は「その人のものをその人に」と言う。愛に基づく本来の「共同体的」な人間関係においては，まず契約は存在しないし，厳しい意味での正義も存在しない。

しかし，共同生活という特別の在り方をロマンチックに過大評価することにたいして注意すべきことは，契約は利益の均等であるが，同時に折れ合うことでもある，ということだ。もし契約当事者のうちの自分の側の主張だけを見るなら，われわれは事の半分しか見ていない。本当に正しい契約の話であるかぎり（忘れないでほしいのは——もちろん，正しい契約は愛の宣言ではないにしても，利益の均等なのである！）別の半分があり，その別の側面とは契約当事者たちの相互の承認である。契約とは真正に結ばれていること，縛ることであるが，相手方の利益を通してこちらの利益を制限すること，それも承諾を明文化した上で制限することをいう。契約による利益の均等が履行されるためには，契約の誠実さ［信義］も必要となる。このためには，仕事と対価の等価値性の原理が承認されなければならない。一言で言えば，契約は自己主張だけではないのであって，同時に，他者にたいしてその然るべき分が与え返される，ということである。

われわれの共同生活は**交換正義**だけでは不十分な実現に止まるということがどれほど真であるとしても，他方それに劣らず，かの模範像によって人間共存の核心と呼ばれており，さらに高度でさらに豊かな合意社会もそれを成立基盤とすること，これも真なのである。

然るべき帰属分を与え返すことは「元どおりにすること」である

『神学大全』の次の文を十分に読み解くことはなかなか容易ではないように思う。すなわち，この正義の行為は，つまり個人相互の交際を秩序づける正義の行為は，'restitutio'，つまり元どおりにすることである[83]。フランス語訳は，トマスの言っていることに解釈を加えて意味を弱め，ここでは交換正義の「行為」ではなく，交換正義の主な行為（*acte premier*[†33]）について言われている，とする。しかしこの解釈のポイントも，

[†33] フランス語-ラテン語版『神学大全』(Revue des Jeunes, 1932) のM. S. ジレ (Gillet) による翻訳を参照すること。2-2-, 61緒言（和訳第18分冊，95ページ）。

交換正義の区域では「元どおりにすること」に特別の重みがおかれるということである。トマスの場合，その他の行為は，事実として，別扱いされてはいないのである。

　それなら**元どおりにする**（*restitutio*）とは何だろうか？　トマス自身が解答している。「再度（*iterato*），ある人をしてその人のものを占有もしくは所有の状態に置くことにほかならない」[84]。つまり，復原であり，元どおりにすることであり，返還である。それでは，この「復・返」とは何を意味しているのか？　──もしわれわれがこんにちの言語慣用だけに注目するとなれば──それによると，**元どおりにする**（*restitutio*）とは他人の所有物の返却と違法に引きおこした損害の弁償を意味する[85]──，ここに隠れている洞察を見そこなうとわたしは思う。トマスには当たりまえでもわれわれには当たりまえでないところの，表には出てこない考えを示す「驚くべき」表現がここにありそうである。とはいえ，ここで問題になっている事態は，基本的に，「然るべきことを果たす」，「当人のものを与える」という，われわれになじみの言い方に基づいて，明らかにされる。「それがもし当人のものであるなら，それをその人に与える必要はない」[*14, 86]というショーペンハウアー［Arthur Schopenhauer 1788-1860年］の異論はまったく当をえているのである。正義の前提にあるのは，「当然の持ち分」という概念が何であろうと，「当人の」ものであるのに当人が持っていないという，まことに奇妙な事実なのである──そのために，**その人の当然の持ち分**（*suum*）を認めてやり与えることが，まさしく「元どおりにすること」と言うことができるし，もともとの権利へと返却，返還，復原する，と言うことができるのである。これはただ，窃盗や詐欺や強盗のようなケース（トマスは**不本意の交換**（*commutatio involuntariae*）と言う。つまり，もともとの所有状態が当事者の意志に反して変わることである[87]）だけではない。「元どおりにする（*restitutio*）」という言い方が通るのはここだけではない。ある人が別の人に何らかの負い目のあるときはいつも，買ったり貸借したりするよ

　＊14）　このショーペンハウアーの引用文の前後を補うと，次のようになる。「したがって，『誰にたいしてもその人のものを与えること』というのは，それがもし当人のものなら，それをその人に与える必要はないのだから，『いかなる人からもその人のものを取ってはならない』ということを意味している」。

うな本意からの責務関係のときも[88)]，あるいは，返すべき名誉が問題のとき，また相応のお礼の言葉がでてくるときはいつも——その然るべき帰属分を返すことは，常に，「元どおりにすること」である。

過去の行為すべてをただひたすら「補修」すること

　均等［平等］にされた状態，すなわち人間の本質に本来的に対応している「楽園」の状態，そしてそのかぎりで人間共存のもともとの「より前の」状態は，たえず妨害されており，それだから正義の行為によってたえず「元どおりにされ」なければならない。その妨害が例外なく不正義による，と取る必要はない——しかし，正義の行為が元どおりにすること（restitutio）と言い換えられるとき，世の中では利害対立や権力闘争や飢餓という不正義がいたるところに生じている，ということが前提にあるのだ。それはまさしく，たえず互いに衝突し，いつまでも円く治まらないでなかなか調停にはいたらないこの利害対立を元に直し，秩序づけることなのである。まさしく，この領域で，いわばそのつど後追い的に秩序づけ直すことが，均等の正義の職務であり務めなのである。均等にするということは，当然のことながら均等が，まだ，あるいはもはや，成立していないことを意味している。正しい人とは，つまり，とくに不協和の場面にあって，多分おのれ自身が「飛びでて」引きおこしている不協和状態にあって（人間になるとはおのれが不正だということを学ぶことだ，とゲーテは言う），——その正しい人とは，秩序のない，すなわち不協和の場面でおのれを硬くしない人，頑なにならない人である。その人はなかでもおのれの不正を看てとり，おのれの不正を認め，そしてそれを取り除く人である。あらゆる共生の要(かなめ)はここにあること，したがって，均等の正義を実現する根本は，じっさい，元どおりにするという性格をもつこと，これをだれが否定しえようか？

　しかし，すでに言ったように，不正の埋め合わせをすることだけを考えよ，ということでは必ずしもない。どのような人間の行為も，釣り合いのとれた均等の状態を乱すものである。というのは，どのような行為も，行為者を債務者もしくは債権者にするからである。われわれは互いに，途絶えることなく何か負い目ある状態にあるのだから，互いに「元どおりにする（Wiederherstellung）」ことを通して負い目を償え，という

要求がくりかえし新たに発生する。したがって，正義の均等にはけっして終極ということがなく，また一挙に「元どおりに」されることはありえない。むしろ，たえず「新たに（*iterato*）修復」され，「繰り返し元どおりに（*wieder*hergestellt）」されなければならない。「均等に戻るように返すこと」，これはトマスが言うように元どおりにする（*restitutio*）さいに生じていることだが[†34]，これは終わりのない課題である。つまり，人間の共同生活のダイナミックな性格が，正義の行為の構造において説明されるということだ。均等の正義の根本的な行為が「繰り返し元どおりにすること」と言われるとき，その意味は，人間のあいだでは終極的で理想的な状態が実現されることが不可能だということである。むしろ，まさしく一時しのぎの，非終極的で暫定的なこと，過去の行為すべてを繰り返しただひたすら「補修」することが，人間と世界の構造の基本なのであり，したがってまた，邪魔の入らない究極的な秩序をこの世界に打ち立てようとする要求は，必然的に非人間的なところへと行き着かざるをえないのである。

[†34)]　「元どおりにすることによって均等性が回復される」（2-2, 62, 5 和訳第18分冊，127ページ）。

第6章

分配の正義

───────

分配的正義のしくみ：共通善の管理者は義務を負う者である

「分配の正義」について話すということは，権力の行使について話すということである。権力をもつ人々と，権力を委託している人々，または権力に引き渡されている人々も含めて，その人々とのあいだにおけるただしい秩序が，問題となる。このために，**分配的正義**（*iustitia distributiva*）の議論が正義論の中心をなすのである。

分配的正義のしくみをもう一度思いおこしてみよう。ここでは，一個人は別の一個人に向かい合っていないし，また多くの個人にも向かい合っていないで，社会的全体に向かい合っているということであった。ただちに明らかなことは，双方の当事者たちは均等な位置にはないということであるが，これは多数は一人よりも多いからというだけではなく，共通善が個人の善とは別であり，またいっそう高次の種類のものだということによる[89]。そうだとしても，この関係で正当に請求できる当事者は個人である。然るべき権利・取り分があるのは，その人である。他方このことは，社会的全体の方が義務を負う当事者だということを――高位にありながらしかも義務を負うている――意味する。すでに述べたとおり，この考え方は，論理一貫した個人主義によっても，いわんや集団主義によっても，うまくいかない。

だから，**分配的正義**の模範像で言われる債務請求ないし責務遂行の請求は，形式に従って社会的全体，支配者，統治者，立法者にたいして向けられる。また，軍隊の指揮者，教師，そして父親やスープを分けてくれる母親にたいしても向けられる。共通善の管理者としての人間に，要

求が向けられるのである。すると，このような人たちが，全体に属する個々の成員にたいして，それぞれの然るべき配当分・権利を与える義務を負うことになる。したがって，社会的全体からの各個人への割り当てを個人の方で決めて通そうとすることが，この分配的正義の模範像によって個人に権威づけられている，ということではない。このようなことが不可能だとか，そもそも不正であると言っているのではない。それどころか，少なからず必要でさえある。ただ，問題になっているのは正義であり，「君は正しくありなさい」と言われるとき——けっして，受けるはずの人にたいしてではなく，ひたすらその配当分・権利を与えるべき人にたいして言われているのである。したがって，**分配的正義**の場合，申し立てられ要求されるのは社会的全体の代わりをしている人間にたいしてなのだ，ということになる。そもそもわれわれが，共通善の管理者はそのような申立ての受け手だということにすぐには思いつかないということ，またわれわれは，管理者というものを何か顔をもたない機構のように考えて，およそ「申立てを向けてよい」人格的な相手とは見ていないということ——このことは，すでに恐ろしいほどわれわれが集団主義的な考え方に染まっていることの証左である。

対価を支払うことと分配することとの違い

分配的正義の構造をはっきりさせるために，もうすこし考察しておくことがある。権利の持ち主として社会的全体と対面する個人には，交換正義の場面で債務者と対面する債権者としての個人の場合とは原理的にちがったところがある。帰属するものも帰属の仕方もちがう。——交換正義の場面では，権利ある側には，その人の働きとの等価値性が守られること，もしくは損害にたいする埋め合わせをしてもらうことが，然るべく帰属している。これは，当人個人だけに排他的に帰属するものとして，当人の然るべき権利である。しかし，**分配的正義**の場合，何が個人の然るべき権利なのだろうか？　それは当人だけに排他的に帰属するものではなく（当人に固有なものではなく non id quod est proprium），すべての人々に帰属するもの（**共通のもの** id quod est commune[90]）のうちの当人への割り当てである。ここでの個人は，**交換正義**のときのように独立で別々で対等な契約の当事者ではなく，自分はその一部でもあるとこ

ろのより高い位置にある相手に対面している。「分配的正義においては，全体のものが部分に帰属するかぎりで，何がしかのものが私人に与えられる」[91]。「二種類の正義がある。一つは相互のギブアンドテイクで成り立っている……。他方は**分配すること**（*in distribuendo*）あって，分配的正義と呼ばれる。支配者または管理者は，この正義にしたがって，個々人にその値するところに応じて与える」[†35]。

ここから，いくつかのかなり具体的な帰結がでてくる。

第一に，交換正義の場合，然るべき権利は，その権利のある者によっても，義務を負う者によっても，いや偏らない第三者によっても，算定され決められる。**分配的正義**ではそういうわけにはいかない。そこでの然るべき権利は，共通善への相応の関与分が基準になるから，もっぱらその共通善に責任のある人の立場と見識から決められる。どちらの場合も然るべきものが与え返されるのだが，一方の返され方は対価を支払うことであり，他方は分配することである。わたしが持ち家を売る場合，自分の権利である価格は第三者に査定してもらってもよいし，買い手と交渉して決めてもよいし，あるいは一方的に要求してもよい。しかし，戦争で家が被災し，負担の均等から，わたしの分として国側から損害にたいする支給がある場合，その権利・割り当てをわたしの方で算定することはできない。然るべき割り当てを決めるのは，**共通善**のことを配慮する任にあるその守護者だけである。

実質価値のほかに権利者の人格が顧慮される

第二に，**分配的正義**の状況における正しい均等は，そのつどの実質価値だけを見るのでは成立しない。交換正義ではそれが可能であり，また適切だといえる。適正価格は売買する人格に関係なくただ商品だけから計算されるし，ここでの正しい均等とは，トマスの定義のとおり，**物にたいする物の均等性**（*aequalitas rei ad rem*）[92]である。これにたいして，社会的全体の個人にたいする関係においては，正しいことは「人格にたいする物の比例関係に即して」[93]決まってくる。つまり，共通善の管理者は権利の対象だけを見ればよいというわけにはいかず，権利の主体，

[†35]　1, 21, 1（和訳第2分冊，214ページ）。また，『ニコマコス倫理学註解』5, 4『ニコマコス倫理学』（「アリストテレス全集13」岩波書店は5, 2）; Nr.927, 928 を参照すること。

つまり人格も計算に入れねばならないということである。戦災にたいする補償の例で言えば，損失の実質的な程度のほかに，その人が戦禍によって丸裸になっているのかどうか，あるいはそのほかにも社会的全体のために大きな犠牲を払っているのかどうか（難民や傷痍軍人の例）といったことが，重要な事項として考慮される。

したがって，均等になるように調整するという，交換正義の場合と同じく分配的正義においても実現されるべき事がらは[94]，それぞれ異なった性格をもつ。分配的正義の場合は「比例的な」均等（aequalitas proportionis）であり，交換正義の場合はただ数的，「量的な」均等（aequalitas quantitatis）である。トマスはこの違いを，『ニコマコス倫理学註解』で[95] アリストテレスに倣いながら[96]，幾何比例の均等と算術比例の均等との違いとしている。

歪んだ二者択一：「全体主義的」か「民主主義的」か

分配的正義についてのこれまでの説明が，いくぶん「全体主義的」に響いている，という印象を読者はもったかもしれない。どうしてもそのような反応がすぐさま出てくることは，当代の精神［知］的・政治的な状況にあっては当然である。共通善を管理する一つの所管庁があって，独自の権利でもって，何がどれだけわたしの権利なのかを決定できることになる，という考え——この考えは避けがたく個人の権利剥奪ならびに奴隷化の考えと密接につながっている。それとともに，唯一残る可能性と称されて，「民主制」という多少ユートピア的な政体像が登場しがちである。しかし，ここには真正の統治への余地は残っていない（したがってふたたび，それはすでに独裁制を意味しているか，あるいはすぐにでも独裁制になるか，いずれかということになる）。この致命的な二者択一を前にしたときに，**分配的正義**の真正の模範像をわれわれが実在的なものとして認識することが決定的に重要である。この模範像においては，二つのことが結び付いている。すなわち，現実の統治政体を肯定すること，ならびに，社会的全体の側から与え返されるべき個的人格の不可譲渡の権利を承認することである。言うまでもなく，じつにこの不可譲渡性という点に，あの感情的な異論がつながっている。異論をまとめると，およそ次のようになるであろう。君は，社会的全体との関係で

わたしに，つまり個人に，然るべきものが帰属すると言うが，それは交換正義の場合のようにわたしに排他的に属しているものではなく，全員の共有物のうちのわたしの分け前としてでしかない。だが，社会的全体にたいしてさえ，国家にたいしてさえ，わたしが放棄することがありえず，まさしく絶対的に要求できるようなものはないのか，と。

最高の共同体である国家

国家というのは，個人から人類の全体へと続いている一連の段階のなかで——一段一段登っていけば分かるように——事実，唯一無比の位置を占めている。国家において「社会的全体」というものが比類なく示される。国家において共通善という概念がすぐれて当てはまる。国家として組織された国民（他国民に囲まれて）というのが，人間らしい共同生活の本来の，歴史的・具体的な形態である。「**国家的・政治的共同体が，最高の共同体である**（*Communitas politica est communitas principalissima*）」[97)]。国家だけが，十分な意味において，**共通善**の持ち主であり実現者であり管理者［行政庁］である。これは必ずしも，**共通善**の実現に当たって，家族や市町村や自由な団体や教会が同じようには不可欠な位置を占めていない，ということではない。そうではなく，国家の共同体においてだけ，もろもろの人間的職能がほとんどすべて統合され統括されているということである。ここだけに主権が，したがって**共通善**を守護する最終的な裁量権が，そして本来の刑罰権を含んだ十分な意味での「権力」がある。「国家は完全な共同体だから，国家の首長は完全な強制権力をもつ。したがって，それは死刑や切断刑のような元には戻らない刑罰を科すことができる」[†36]。「しかし，家族共同体は不完全な共同体なので，その長である家父や主人には，また不完全な強制権力しかない」[98)]。一言で言えば，国家は，それ以外どこを探してもありえないほど，「社会的全体」を，つまりわれわれを，代表するものなのである。

[†36)] 「切断刑」というのは一見するほど「中世的」ではない。近代国家にもたとえば断種という処罰がある。この処罰の権利は教会にも原理的には否定されていない（たとえば『神学と教会辞典（*Lexikon für Theologie und Kirche*）』第9巻，とくに813段）。

国家権力に相対(あいたい)したときの個人の権利の不可譲渡性

そこでもう一度だが,国家にたいする個人の権利の不可譲渡性というのはどうなるのか？――一方で,**分配的正義**が問題であるときに,排他的に帰属するような然るべきものは個人にはない,ということが真であるというのに――。そこでまず,この然るべく帰属するものの特殊な性格について簡単に話しておこう。異論はおそらく,とくに生命と健康と自由の権利にたいして向けられる。このとき,個人の国家にたいする関係で,然るべき権利の際だった特殊性とは何だろうか？――さて,個人は国家にたいして,たとえば生命や健康について共通善からの要求があるときに,国家権力が制限できないほどの,もっぱら自分だけの権利を持ってはいないのである。個人が個人にたいして,という場合であれば,相手がだれであれ,自分に攻撃をしかける者を死にいたらしめるほどに緊急的に,わたしは自分の生命,健康,自由を,いや所有物をも,防衛することができる。しかし公権力というのは,当然ながら,個人が犯行をはじめたときや十分な嫌疑がかかっているときだけでなく,社会全体を危険に陥れるような法定の病気に罹ったときにも,正当に個人の自由を奪うことができるのである。**共通善**の管理者が,一定の条件のもとで,個人の所有物にたいして裁量権をもつことは,なおさらのことである。

このように言ったからといって,公権力が個人に生命や自由や所有権をはじめて「認可する」ことになるとか,もしくは与えることができる,ということを意味しているのではけっしてない。しかし,国家権力保持者の権限がどれほど詳細に定められ,また制限されていても――はっきりしていることは,権力保持者との関係で**自分のもの**（*suum*）が私人に属する仕方は,私人どうしの関係の場合とはまったく別だということである。交換正義と分配的正義の違いを根本にまで遡ったときに見えてくることは,共同生活体のじっさいのしくみのもつこの特殊な構造なのである。

そうであれば,個人が社会的全体にたいしているとき,権利の「不可譲渡性」といったものはまったくないのだろうか？ いや,ある！ どこに見られるのか？ 共通善のためという名目で国家権力が介入してくるいっさいのことにたいして,制限をつけ条件をつけるというところに

見られる。個人には，その個人が全体の成員であるかぎり，善の分配も負担の分配も正しく行われる，つまり**分配的正義**に則って正しく行われるということが，譲り渡しえない仕方で帰属している。だが，個人のこの譲り渡しえない権利を保証するもの，なんらかの仕方で実効的に保護するものがあるのだろうか？

分配的正義の履行は強制される性質のものではない：権力者をして不正を行わないように阻止するものは，当人の正義だけである

　分配的正義のもう一つの特殊性について話すときがきた。正義の義務の特徴ならびに見分けどころは，それを履行するよう強制を受けるところにある，とよく言われる。さてしかし，**分配的正義**の履行は強制されえないのである！　強制がありえないことは，その定義に属することである。いったいだれが公的権力をもつ者をして個々人の然るべき帰属分を個々人に与え返すよう強制するというのか？　当人，すなわち国家権力をもつ者は，分配的正義の命令によって正式に請われている者である。その者こそが正義のこの特殊な形態の主体である。したがってこの立場の者は，厳密な意味での然るべき帰属分を与え返すべく，つまり正義の負債・負い目を「決算」すべく義務を負いながら，しかも強制を受けないのである——このように，たしかに個人の権利の不可譲渡性は残るのだが，ひじょうに特殊な色を帯びているということは疑いない。

　個人が債務の請求に当たって隣人と合意できない場合，両人は中立かつ権威ある第三の所管に，たとえば裁判官に，案件をもっていく可能性が残っている。ところが，ある人が自分の然るべき帰属分を公的権力の側から受けとっていないと思った場合になると，このような可能性はない。しかし，不当な判決の場合のような「控訴」とか「上告」の可能性はないのだろうか？　ある。だが，この「審級」が本当は何を意味しているか，はっきりと見据えなければならない。最高裁判所も下級の裁判所同様，国家的に同一の法機関なのである。最高裁判所であっても審理するのは，下級の機関が現行法をただしく解釈し適用しているか，ただそれだけである。さてそれでは，この法律そのものが正しくないときにはどうなるだろうか？

　特定の人種や階級や宗教共同体に属しているという理由で，個人に

――現行法に基づいて――不正が生じている場合はどうだろうか？　これこそ典型的なケースではないだろうか！　このときの「控訴」というのはどこにあるのだろうか？　このさい，たとえば敵国から襲撃を受けて個々人にたいして緊急命令が下るときのように，およそ不服申し立ての機会がないような状況は問題ではない。当然のことながら――法律や指導や処分や命令が客観的に不正な場合に――抵抗権や不服従権の問題が持ち上がるにしても，けっして当該個人が，中立かつ上位にあり強制力をもった所管庁の裁判官の前に，法律を立て命令を下す張本人とともに出る，という形にはならないのである。――簡単に言えば，**分配的正義**の主体となる国家権力の保持者は，事実として，正義の義務を果たすよう強制は受けないのである――なぜなら，その者自身が，その職務上同時に，分配的正義の番人かつ執行者なのだから。「正義の番をするために支配者がおかれる」[99]。「権力は正義を執行する目的をもつ」[100]。しかし，正義の番人がその番をしないとしたらどうなるのだろうか？　この問いにたいする答えはただ一つ，そのときは救いようがない，不正あるのみだ！，と。そして，「人類の良心」とか「全世界の目」とか「歴史」といった抽象的な所管にいくら訴えても，何ごとかを変えることはできない。

不正な支配ほど大きな災いはない

　分配的正義のしくみを十分に考えてみる人には，そもそも支配とは何かということ，そして，人間世界では不正な支配ほど重大かつ希望のもてない災難はない，ということがはっきりするはずである。制度的な保障措置や抑制措置が権力の濫用を完全に止めることができるのは，同時にそれらが権力行使を全面的に止めることによってでしかないのだから（濫用されない権力は権力ではない！），何も，だれも，権力者が不正を為さないように押し止めることはできない――残るのは権力者自身のもつ正義だけである。統治する者は正しくあれ，ということに世界のすべてがかかっている。

　すでに述べたとおり，古くからの正義論は権利をもつ者の方ではなく，義務を負う者の方を問題にする。それは，当然要求できる人権を解説するものではなく，権利を尊重すべき義務の説明であり基礎づけである[†37]。

第6章 分配の正義

——ただしこれは，道徳の話にもっていこうとしているのではない。ねらいはまったく別のところにある。一見，権利の宣言の方が義務を明らかにして基礎づけることよりもはるかに攻めの姿勢に見える。じつは逆である。権利者がおのれの当然の権利を指摘するということは，むしろ大いに守りの姿勢ではないだろうか？ 当然の権利を力で貫徹しないかぎり義務者がそれを返さないほどどうしようもない（たぶん，わけがあって）からこそ，当然の権利を指摘するのではなかろうか？ 他方，正義の義務を指摘することは大胆不敵なだけではなく，かえってはるかに現実的である。もちろん，「指摘する」というのはレトリカルな表現ではなくて，この義務の根拠を説得的に示すという意味である。とくに，いっそう広い意味で「教育的」に正義が実現すること——国民の人間らしい習慣として——に寄与できるようなすべてのことが意図されている。はるかに現実的だというのは次の理由による。誰にでもその人のものを分配するときの正義，すなわち然るべきものを与え返したり返さなかったりする人々の正義は，最終的にもっぱらこれだけだからである。また，正しい要求を貫徹させること自体はけっして正義ではないからである。さらにまた，分配の正義は正しい支配によってのみ実現されるからである。かりそめにも，何か自動的な抑制機関といったものを内蔵させて，国家社会的な生活を純粋に機械的に完全化すれば，いずれ徳としての正義などは，つまり「誰にでもその人のものを与える恒常的な意志（もちろんのこと，個人の意志！）」などは，余計なものになるだろう，などと考えるのは，われわれの「社会工学的な」考えから安易に出てくる幻想でしかない。

正しい支配がこの世にありうること，これがもし空想的な期待なら，また，人間形成のねらいは若い世代を，とくに指導を受け継ぐ人たちを

---

†37）　これは西洋の古典的正義論だけに当てはまることではないようである。ユネスコ委員会中国委員であり，人権の新しい宣言文を準備することになった哲学教授の羅忠恕は，中国の伝統に人権という概念がないこと，そして中国語はわれわれの「権利」（権利を要求する）という言葉に正確に対応する言葉をもたないということを，いささか気まずい様子で明言した。しかしもちろんのこと，正義の概念ならびにとくに支配者の正義についての極めて細かい理論はたくさんあるのであり，これについて氏は2000年前の『史記』を引用している。「天は民を愛する，そして支配者は天に則らなければならない」。「人権宣言をめぐって（Um die Erklärung der Menschenrechte）」（チューリッヒ，1951），242ページ以下を参照すること。

正しい人間に作り上げることにあるはずだということ，これがもし空想的な目的設定にすぎないなら，——そうなれば，希望はない。

すぐれた政治の尊厳性

それにしても，どうしても欠かせないことがある。すなわち，優秀で威厳ある支配と統治にたいする分別[†38]がみんなの意識として取り戻される必要があるのだ——ましてや「すぐれた知識層」という言い方が過去百年のあいだに「支配者層［お上］」も「臣民［平(ひら)］」も皮肉っぽく取ることによって定義され，結局これらの言葉そのものが偏見なく使われたり理解されたりということがなくなっているのだから，なおさらである。——ちなみに，「支配」は本来的には存在しないという主張で，個人主義的な自由主義は正統派のマルキシズムと一致している。個人主義にとっては，支配とは原理的にいつでも解約告知のできる個人間の契約のことであり，マルキシズムにとってそれは，共産主義社会では消滅するはずの過渡期の社会体制の特徴である[†39]。

アリストテレスは『政治学』[101]で，善い市民は善い人間と同一であるか，人間として善くない人がポリスで善い市民でありうるか，という問題を展開している。問題には決着がついていない。一方でかれは言う，国家がすぐれた人間ばかりでできているということは不可能であるが，すぐれた国家は存在する，と。他方，国家によっては，誰かがその市民として望まれる善い人間であることができるが，その人が人間として善くはないような場合がおこるのであり，そしてそれこそただしくない国家なのだ，と[†40]——驚くほど現実的な考えである！　そのあと，アリストテレスは熟考に値する一文を加えている。ここでわれわれが注目したいのはこのような人である，と。この意味は，誰かある一人の市民に

[†38]　これについては，ロマーノ・グァルディーニ (R. Guardini)『権力 (*Die Macht*)』(ヴュルツブルク，1951，91ページ以下) も参照すること。

[†39]　マルクス (Karl Marx, 1818-83年) は言う，「本来の政治権力はもはや存在しないはずである」(『哲学の貧困』岩波文庫，200ページ)。

[†40]　これについてトマスは「最善の国家においては，人は善い人間であるための特性をも持っているということからはなれて，善い国民であることはありえない」と言う。『政治学註解』(3, 3; Nr.366)，『ニコマコス倫理学註解』5, 3 (「アリストテレス全集13」岩波書店，5, 2); Nr.926。訳注：この注の本文ならびにピーパーの引用するアリストテレスは，すべての国民とはかぎらず，上に立って支配する人（もしくは人々）についてのこと，とされている。

第6章　分配の正義

ついては，同時に善い人間でなければならないこと，人間として完全に理想の状態にある善い人間でなければならないことが求められる，ということである。このだれかある一人というのは，支配者である！——ビアスの格言によれば，支配の地位こそ人の何たるかを示す[†41]ということだから，正しい支配者はいつも人間としての徳すべてをことのほか高度に体現できた者であり，権力をもつ者だけが曝される並々ならぬ誘惑に，すでに支配の正義によって打ち勝っていることを示している者なのである。

　トマスは国家支配についての論考で[102]，正しい国王がふさわしく期待できる報酬のことを問題にしている。「臣民の役に立つことを配慮し求めるという国王の任務は，もしそこから王自身にとって何か善いことが伴わないとしたら，たいへんな負担であるように見える。そこで，善い国王にふさわしい報酬はどのようなものであるかが考察されなければならない」。ということで，富と名誉と栄光の話しになるが[†42]，これらを全部一緒にしても報いとして十分ではない。さて，トマスはこの壮大な章を，正しい支配者は「その臣民にたいして王という神の職務を忠実に果たすのに応じて，報酬は神に近いし，神の近くの座にいる」という文でしめくくっている[103]。この意味するところは，正しい支配者にたいしては，正しい支配そのものを根拠にして（たとえば，宗教的な「王位聖別」によってはじめて，ということではなく），人間のなかでも比類のないほどの，ほとんど形而上学的として際だった地位が与えられる，ということである。この主張は，さらに次のように付け加えることで，強められている。「異教徒たちでさえ，自分たちが民族の指導者や守護者は神々に変身すると信じていたとき，そのことを夢うつつのなかに予感していたのである」。——ダンテ［Dante Alighieri, 1265-1321年］が世界を歌い上げて，正しい国王たちを星座に見立て，歴史上の支配者たちのこ

　　[†41]　トマスはこれを次のように引用する。「君位は人を顕す（Principatus virum ostendit.）」（『君主の統治について』1, 10。柴田平三郎訳（慶應義塾大学出版会）は第一巻九章，57ページ）。
　　[†42]　『ニコマコス倫理学』の註解は，人々が正しい支配者に与えることのできる最善のことは名誉と栄光であること，そしてもちろん，僭主はそれらより以上にもっと物質的な利得を欲しがる，と言う。『ニコマコス倫理学註解』5, 11（『ニコマコス倫理学』「アリストテレス全集13」岩波書店5, 6）；Nr.1011。

とを天空にきら星が集まってワシ座になるとしたとき，そこにあるのは真実のまなざしなのであって，奔放な「詩歌的」アレゴリーを越えている[104]。

このような表現方法をロマンチックなものと見なすときに，その外見に惑わされるのだ。この表現はまさに，支配者を往々にして脅かす危険にたいする，また**分配的正義**を実現するという課題がほとんど人間の力を超えるほど難しいということにたいする，ひじょうにリアルな洞察に基づいたものなのである。

思慮と正義：支配者にとくに必要とされる徳

政治に携わる生活がその尊厳性を取り戻すべきなら，すぐれた統治にたいする感情が，そしてそれと共に高い人間性を期待する感情が，人々のあいだに回復されなければならない。これは，まったく全体主義的な権力讃美とは反対のことを意味している。われわれのあいだにたえず新たに行われるべき教育と人間形成の努力を通して，権力を行使する人間の条件についての動かないイメージが作られる，ということを意味しているのだ。たとえば，思慮と正義に欠ければ，すぐれた権力行使に決定的に重要な人間としての適性のないことは，素朴に考えても明らかであり，また当然のことでなければなるまい。これら二つの枢要徳は，アリストテレスの『政治学』[105]でもトマス・アクィナスの『神学大全』でも[106], *15，支配者・統治者のきわだった徳だと銘打たれているのである。ただし，思慮ある人というのは，西洋の倫理学に即して言えば，どのようにして首尾よくやり遂げるかを知っているようなただの「策士」ではない。思慮というのは，実在の方から，現実が洞察されることの方から，自ずと決まるようにさせる者の客観性を意味する。思慮があるとは，黙って聞くことのできる者，より正確で明瞭で豊かな事物認識のために何かを言わせることのできる者のことである。もしこのような規範が効いておれば，軽率・無思慮かつ独りよがりで，とりわけ情動に駆られるばかりの，もしくは権力願望ばかりの人間は，それだけで，あらためて形

---

*15）　以下の内容の文である。「思慮と正義とは，何よりも王に固有のものなのである。『エレミヤ書』第23章（第5節）に『彼［ダビデ］は王として統治し，智者（sapiens）となって，地上に裁きと正義とを行うであろう』とあるのもこれを示している」。

式的な拒絶にいたらなくとも，可否の議論を待たずして，権力への立候補を辞退する，といったことになるであろう——なぜならその人は，共通善の管理者の正義である**分配的正義**を実行すること，つまり一方で共通善に配慮しながら，同時に個人の尊厳を尊重してその然るべき帰属分を与えること，このようなことには不適格だと分かるだろうからである。

支配形態としての民主制の危うい点

われわれはこれまで共通善の管理者を名指すにあたって，もっぱら「支配者」と言ったり「国王」と言ったりしてきた。もちろん現代世界に目を向ければ，これには訂正と，そして正確な表現が必要になる。ここはいくつもの統治形態を詳細に問題にする場所ではないが，ついでに注目しておいてよいことは，トマス・アクィナスが事実上王制を挙げて，これが自ずと第一番目に，共通善の内実に即した管理を保証するものだと見なしていることである。もちろんかれは同時に，不正な独裁制はあらゆる頽落的な支配形態のなかでも最悪である，と言う。「王政が最善であれば，また独裁政は最悪である」[107]。このことにかんしては，またもや，かれの付けくわえた驚くべき注を熟考しておく必要がある。曰く，独裁政治はたいてい王政からではなく民主政から生じてくる，と[108]。

では，近代の民主制ではだれが**分配的正義**の主体なのか？　直接には国民が選出した代表や代理であり，間接には選挙人たち自身である。——ただし，そのさい注意しておくべきことがある。選挙人たちは，まず一度たりとも，個人的に直接活動することはないということである。政党という，固有の政見構成のメカニズムのなかで被選挙代表を指名すると同時に具体的な政治目標を作成する組織に，選挙人たちは組み込まれている，ということである。このような民主制的な統治形態の決定的な特徴は——王制と比較すると——代表になっている期間が短いということを別にすれば，とりわけ，社会的全体の代表は，当然のことながらかなり高い程度で，同時に特定の団体ないし個人の利害の代表だ，ということである。したがって，統治することが国民全体の共通の善を管理することであるなら（これはたとえば，「プロレタリアートの独裁」といった概念においては，正式に否定される[†43]考え方である）——そのときには，民主制の個々人にたいするしくみによって，代表であれ選

挙人であれ次のような極端な倫理的態度が課される。すなわち，おのれの特殊な権利への偏りを捨てないまま，正しい分配の模範像へと義務づけられるのである。したがって，近代的な政党民主制のかかえる問題というのは，具体的には次のようになる。すなわち，一つの政党でありながら，いかにして公平［不偏不党］ということがありうるのか，と。わたしはこれが不可能だというのではない。むしろ，政党制にたいして何が何でも論戦を張ることは現実に即していないし，したがってそれを弁明してやるにも当たらないと思う。しかし，ここに一つの問題と一つの特殊な危険性が残っていること——あるいはむしろ，一つの課題が，つまり**分配的正義**の教育の課題が残っていること，これが見えなければならない。

　この分野で，いわば古典的な失敗例がある。ワイマール共和国の最後の数年からの例である。この時代の大賃金闘争の一つで，国の労働大臣が労働市場の双方の側から最終決定の所管として調停を依頼された。そのとき，かれは大臣ならびに調停人という職務によって二重に共通善にたいして義務を負うものとして，次のように宣言した。自分はこの件ではまず第一に労働組合書記であり，第二に国の政府の一員である，と[†44]。

　ここに，民主制という支配形態，すなわち共通善の管理の民主制という形態のもつ限界が露見する。つまり，個人の特殊な善の上位に**共通善**を位置づけることがもはやその人から期待できないときに，その限界がくるのである。期待できる限界というのは，最終的にここだというふうには決められないものだとわたしは思う。これには，国民の政治的な教育水準に応じて，かなり著しい歴史的な差がある——したがって，ある場合には民主制が全人民の事実上の共同統治として「うまく機能している」こともあれば，ある場合にはそうではない[†45]。——しかし，そこ

　[†43]　「プロレタリア国家はブルジョアジーを抑圧するための機関である」。「プロレタリアートの独裁は，ブルジョアジーにたいするプロレタリアートの支配であって，法律によって制限されず，暴力に立脚し……」。J. スターリン『レーニン主義の基礎』(*Über die Grundlagen des Leninismus*)』（ベルリン，1946年。大月書店，国民文庫，59ページ）。

　[†44]　ここで問題になっているのは，北西グループの鉄鋼業抗争（1928年）と当時の労働大臣ヴィッセルのことである。

　[†45]　たとえばイギリスでは，条件は明らかにドイツとは別である。とはいえ，この分野では最終的にこうだというような断定の仕方はない。しかし，政治的な自己教育を真剣に始めるべきだとすれば，どこに重点を置かねばならないか分かっていなければならない。

を越えればもはや個人的ないし団体の直接の利害ではなくて全体の善を考えることは経験的に言って明らかに期待できないという，ある種の限界標識を立てておいたらどうだろう——それこそ，民主制を内側から限界づけておく，と言われているものなのである。たとえば，「直接投票」によって高い賃金（あるいは減税や兵役の免除，その他）を望むかどうか，**共通善**を考慮しながら答えてもらうことは，普通のわれわれにはまず期待できないであろう。

共通善の正しい行政管理には個人の方からも同意すること

具体的に**だれが分配的正義の主体**なのかという問いには，まだ完全には答えていない。トマスはこう言う。たしかにそれは，まず第一に**共通善**の管理者である。しかし，個人，「臣民・平（ひら）（*subditus*）」も分配的正義の模範像から請われるのであり，その人もまた**分配的正義**という点で正しい人でありうる，否，——正義の徳からの要求が十分満たされるべきなら——正しい人でなければならない，と。言っておくが，ここの個人は，共通善の構成に積極的に関わる選挙人ないし代表には限られないのであって，納税者，兵役義務者，「被統治者」といった人々なのである。しかし，こう考えると，いかにして個人が分配的正義の主体でありうるのか？——明らかに何かを分配する可能性などすこしも考えられないというのに。トマスは次のように答えている。「共同の財［善］を分配する行いは共同の財を管理する者だけの仕事である。とはいえ，分配的正義は分配を受ける被統治者・臣民において（*in subditis*）も，その者たちが正しい分配に満足するかぎりにおいて，見出される」[109]。この「被統治者たちの満足」というのは，けっして何か愚直な同調と取られるべきではない。ここでの本題は正義の行い，すなわち共通善の真正の利益を政治権力の側が正しく裁量していることにたいしてなされる同意，という自覚的な行いなのである。——さらに，頭のなかでの同意だけではなく，習慣や行動に型押しされているような同意が本題なのである。「臣下・民衆」は，同意というこの行いを通して，支配者の正義に参加する。——これは，批判も「対立」も正当には存在しえない，ということを意味しているのではない（トマスはむしろ，真正の共通善に資することのない法律は，そもそも義務的な力をもたない，と考えている[110]）。上の

トマスの答えは根っからの不忠実という悪徳にたいして向けられているのである。どうしても反対と批判をしたがり，何が何でも無闇やたらに侮辱しケチをつける姿勢である。これは不正義の行為である，すなわち，**分配的正義**という，国家がそれによって生き生きと秩序を保っている正義を損なうことである。

　はっきりしたことは，民主制が本来もっている危険性がここでも触れられているということである。もう一度，政治への自己教育の基点が指摘されているのである。ここで，ドノーソ・コルテスのヨーロッパの情勢にかんする国会演説の発言が思いだされる（1850年）。「何が悪いことかというと，統治される者がもはや統治させないというところにある」[111]。国会議事録にはこの箇所で「大笑い」との記録がある。コルテスの真意は，真正の支配のためには，政府の職務に適した人間が揃っていることだけでなく，国民のしっかりした内的な習慣も前提になること，すなわち，**共通善**の正しい管理にたいして同意を与えることによって，国民が統治の正義に参加することも前提になる，というところにある。この点で民主制の内的な危険性が見えてくる，とわたしは言っているのだ。ヨルク・フォン・ヴァルテンブルクはヴィルヘリム・ディルタイ［1833-1911年］への手紙のなかでこの危険を正確に表現している。「げんこつだけが砂粒たちを束ねる。これを補って完全にするのは独裁政治である」[112]。

何が分配されるのか？　共通善からの然るべき割り当て

　分配的正義の行いで「分配される」ものとはほんらい何なのか？　われわれはすでに，「分配正義においては，全体に属するものが部分にも帰属するかぎりで，何らかのものが個人に与えられる」[113]，という『神学大全』の文を引用した。すなわち，個人に相応した**共通善**の割り当てが「分配される」ということである。

共通善の概念

　ここですこしばかり，**共通善**の概念をよりはっきりと把握しておこう。われわれはまずもって次のように定義できるかもしれない。**共通善**とは「国民生産」，つまり，共同生活体の総収益である，と。この答えが当た

っている点は，事実上，あらゆる社会的職能集団と職種が，まったく類別も比較もできない仕事であれば諸個人も，すべて一緒になって働いていること——その結果，衣食住，交通手段，情報伝達，医療，教育と学校，そして多様な享益財も共に，国民すなわち「社会的全体」の利用に供されているということである。そうすると**分配的正義**という概念は，これらすべての財［善］が共同社会のすべての成員に均等に配当され「分配」される，ということを言っていることになるだろう。

階級対立が正当である場合

一つ注を付けておきたい。明らかにここが，「階級」「階級対立」「階級闘争」の概念の登場する場所である。西洋的な性格をもった社会理論からすれば，これらの概念とその意味している実在を無視するよう強いるものはまったくない。また，「階級対立」の概念とその実在はまったく否定的に評価すべきものでもない。むしろ，次のことを言うべきであろう[†46]。国民総収益の割り当ての実額が，国民の一部から，すなわち一つの社会的大集団から，正当な分け前より少ないと実感されており，したがって，共同生活の真の精神に矛盾しているとして闘争が行われるとき，この社会集団はまさしくそのことによって階級となる。そのさいの，現行のものにたいする攻撃は，必然的に，現行の収益分配の方が有利であるためにそれを守ろうとする社会層にたいする抵抗となる。この抵抗によって，後者の社会層自体が階級となる。——したがって，階級対立というのは階級が存在するという事実と直接結びついているのである。こうして，ひたすら「正義を目的として動いている」階級対立が存在しうることになる[†47,*16]。正統派マルキシズムの言う「階級闘争」は，これとは多少異なる。階級闘争は相手方の階級を壊滅させることに向かい，国民の秩序を破壊することに向かっている。これにたいして，「プロレタリアートの脱プロレタリア化［脱無産化］」を目指している階級対立は——たえず階級闘争になる危険はあるのだが——国民の秩序を廃棄し

[†46] 次にくる文章はヨゼフ・ピーパー『社会的政治学へのテーゼ（*Thesen zur sozialen Politik*）』（フライブルク, 1946）からの引用である。8ページ。

[†47] 「40周年記念回勅（Enzyklika Quadragesimo anno）」

[*16] 1931年5月15日，ローマ教皇ピウス11世による回勅。『カトリック教会文書資料集』エンデルレ書店 Nr. 3732, 567ページ。

ないだけでなく，これを目的としているのである。

　わたしは——まずもって——われわれは**共通善**の概念を国民総収益として定義できるかもしれない，と言った。しかし，この定義は十分ではない。——第一に，すべてが生産できるものだと思っている技術人間のメンタリティから出てきているような定義——このような定義は，その出自のとおりに，生産可能で物質的な利用価値の領域を超えたところに**共通善**がおよんでいる，ということを忘れる危険を伴っている。共通善に寄与するものとして，「役に立つ」わけでも「生産財」でもないが，全き価値をそれ自身によってもち，さらにそれ無くしては済まされないものがあるのだ。この意味で，観想の生活に捧げるような人々の存在が人間らしい共同体の完全性にどうしても必要である，という聖トマスの命題が理解されなければならない[114]。ここで言われていることは，利益社会もまた公の形で示される真理によって生きているということ，現実在がいっそう深くにまで開かれて利用されるのであれば，人々もまたそれだけいっそう豊かな生をもつ，ということである。

　ついでに挿入的に言っておくと，この時点で，全体主義的な労働国家を特徴づける第一のものがえられる。すなわち，共通善を「共通の利益」と同じだとすることがその原理にはあり，また**共通善**を実現すると称する計画は徹底して利益目的の計画だということである。

　共通善は国民収益であるという定義にたいする第二の異議は，いっそう本質的でいっそう深いところにある欠陥を突くものである。——言葉のもとからの揺るがない意味によって，**共通善**というのは次のような善，次のような諸善の総括のことを言っている。すなわち，共同体がその諸善を目指して存在しており，かつ目的としていた可能性をそれが成就したと言うことができるときに，その諸善を達成し実現せねばならないようなものである。しかしわたしは，そのような意味での**共通善**の内訳を残らず，かつ最終的な形で規定することができるとは思わない。これができるためには，人間の共同体がどのような目的を可能的にもっているのか，したがってまた，それが「本性的に（im Grunde）」何であるのかを，残らず最終的な形で示しうる，ということを前提にしているからである。これを言うことは，ちょうど人間自身が「本性的に（im Grunde）」何であるのかを，残らず言うことができないと同様，まったく不可能で

第6章 分配の正義

あるし——したがってまた，人間がそれを目指して存在しており，かつ人間が目指している可能なる目的を成就したと言うことができるときに，その生において実現せねばならないような，人間の善が問題なのであり，その内訳が何であるか，それを残らず言うことなど誰にもできない。これこそ，ソクラテスが頑として譲らなかった主張の意味にほかならない。「人間の徳」とは何であるかということを自分は知らない，そしてその点で自分より優っているような誰ともまだ出会っていない，と。

　共通善がこのように理解されるべきなら——それでは，共通善の然るべき分け前を人々に与えるというのはどういうことになるのか？　それでは，**分配的正義**を実現するというのはどういうことになるのか？　それは，国民の個々の成員をして，具体的には最終的な形で確定できない**共通善**の実現に参加させる，ということである。個々，程度の異なった**重要性**（*dignitas*），適性，そして能力に応じて，それに参加するということ——これが個々人の「然るべき帰属分・分け前」なのである。参与分が**共通善**の管理者を通して人々に渡らないということは，**分配的正義**，統治の正義が損なわれていないかぎり，ありえないのである。ここに，さらにより広範囲におよぶ事態が，しだいに見えてくる。すなわち，個々人の天賦の善，適性，そして能力さえも，「共同社会の善」に属しているということ，また，**分配的正義**は，同時に，このような能力を保護し，守護し助成するという義務を持っているということである。

　これによってさらに，全体主義的な支配体制の本質がもう一つ得られたことになる。それは，**共通善**の具体的な内容を政治権力の所持者が残らず確定する，との要求を掲げるところにある。「五カ年計画」の破壊的かつ致命的な点は，高度の工業収益を達成するという，または生産と需要を互いに一致させるという企画を進めるからではない。破滅的な点は，その「計画」が唯一絶対の基準にされ，財の生産だけでなく，大学の仕事も芸術家の創作も個人の自由時間の設計も，その計画に従わせられるところにあり——その結果，この基準に合わないものはすべて，それだけの理由で，「社会的にとるに足りない」とされ，そして「望まれていない」とされて，弾圧されるというところにある。

　「分配する人」は受けとる人の人格を顧慮し，「対価を支払う人」はた

だ実質価値だけを配慮すればよいということ，これは事がらの性質上そうなる。これが，すでに言ったように，**分配的正義**と交換正義との違いである。**共通善**の管理者は分配の正義を執行するに当たって必然的に人格とその**重要性**を尊重する——**重要性**とは職務にたいする特別の適性のこともあれば，また「要職（Würdigkeit）」も意味しうるし，また公に表彰された「功績」のこともある。

不公平，別け隔て，という分配的正義の腐敗

ちなみに，国の与える表彰にたいしてこんにちの若い世代が見せる懐疑的もしくはシニカルな冷淡さは，政治に携わる共同生活が内側から腐敗していることを如実に示している，とわたしには見える。そのような懐疑には理由がない，と言うのではない。ただ，無視してはならないこととして，そこには統治の正義の基本的な行為，すなわち「分配」にたいする信託がどれほど薄れているかが現れているのであり，これをわたしは懸念する。だがこれは新しいテーマである。

ここでは，分配の行為の特異な構造，つまり，人格とその**重要性**を考慮する，というのが本題である。明らかに，二つの異なった考慮がある。一方で，人格への考慮は正しい均等性を実現することに向かっているが，この均等の調整がもう一方によって台無しにされるのである。それは，人格への別け隔てのない考慮と別け隔てをする考慮の違いである。別け隔てのなさというのがこの分配的正義特有の要求であり，別け隔てはその腐敗を示している[†48]。

ほんのすこし考えるだけでよい，公平［不偏不党］性と客観性にたいしてあからさまな嫌疑をもちかけ，他方で，党派性と「党派の路線」を真正の国家大義の総括として綱領的に宣言すること，これはだれにでも分かる現今の全体主義的な権力構造の目印なのである。当然ながらこれにたいしては，そのような国の大義は，世間を誘惑するようにして，政治に参加するわれわれの思考を脅かすということ，これをすかさず熟考してみなければならない——「別け隔て（*acceptio personarum*，特別待遇）」という，古風で相変わらず聖書的な言い方には，このような正義

[†48) 「別け隔ては分配的正義に対している」2-2, 63, 前文（和訳第18分冊，141ページ）。

理論の伝統が隠れており，これをわれわれの共通意識として取り戻すことがいかに現実味を帯びているかを知るには，上述のことを想起するだけでよい。この言葉は旧約聖書にも新約聖書にも何度も出てくる。「同胞間の問題であれ，寄留者とのあいだの問題であれ，正しく裁きなさい。裁判に当たって，偏りみることがあってはならない。身分の上下を問わず，等しく事情を聞くべきである。人の顔色をうかがってはならない。裁判は神に属することだからである」——これは申命記（1:16-17）のなかで，モーセが指導者と裁判官を任命するときの言葉である。また，新約聖書ではパウロの手紙（エフェソの信徒への手紙6:9）のなかに，同様に「主人たち」に向けられた勧告が見られる。「あなたがたも知っているとおり，かれら（＝奴隷たち）にもあなたがたにも同じ主人が天におられ，人を別け隔てなさらないのです」。

トマスはこの概念を一つの独立した**問題**として扱っている[115]。「別け隔てというのは，ある人に何かがその人の値するところとの関連なしに分配されるときにおこる」[116]。「別け隔て」の特性を示すような，また政治的な共同生活を完全に脅かすようなケースというのは，ある人がその真の功績に反して表彰や栄誉を受ける（あるいは，受けない）ようなことよりはむしろ，適性を決定的な視点として考慮にすることなく公的な職務や職位が占められている，というところにある。『神学大全』は，人格にたいする別け隔てのない考慮とは何なのか，不正な「別け隔て」とは何なのかを，ひじょうに具体的に画定している。およそ次のように言われている[117]。「ある人がだれかを，その人が十分な知識をもっているということで教授職に任命するとき，ここでは人格が顧慮されていない」。——志願者はきわめて厳格に審査されなければならず，きわめて厳格に「見定め」られなければならないのだ。「こんどは，ある人が何かを任せようとしている当人にかんして，当人がふさわしいとか当然だとされる事がらを見ないでおいて，たんに当人が特定の人，たとえばペトルスもしくはマルティヌスであることだけを見ているのなら，そのときには別け隔てが生じている」。あるいは，「ある人がだれかを，その人が金持ちであるとか自分の親族であるという理由で高位聖職あるいは教授職にすえるならば——これは別け隔てである」[118]。さらにトマスは，じつに淡々と，そのつど要求される適性と重要性を設定する

ために，経験というまったく自由な場に任せる。ここでは，非固定性ということが当然なのである。適性を抽象的かつ「即自的に」，*simpliciter et secundum se*，規定しようと思っても場違いである，とかれは言う。だから，聖職においてさえ，聖性に乏しく学識に乏しくても，その強い貫徹力によって，あるいは「世俗的な」勤勉によって，共通善のために事をより上手に処理するケースが大いに考えられる，と[119]。この発言から，また，シトー会リーヴォーの修道院長アイルレッド［Ailred of Rivaulx 12世紀］の友愛についての書物からも同様に，同じ実践的な知恵が窺われる。その書物には，職務は適性以外の理由からは与えられない，だからキリストも，愛する弟子ヨハネを教会の頭にはしなかったのだ，と言われている[120]。

したがって，**治めるときの思慮**（*prudentia regnativa*），つまり支配の思慮に任されていること，そして分配的正義に任されていることは次のことである。真の「重要性」を認識し，職務と栄誉を，まことの**重要性**とのただしい比例で分配することである。すなわち，人格を考慮しながら正義の均等を保ち実現することである——この均等は別け隔てによって損なわれるが，同様に，すべての人を画一無差別に均等に扱うことによっても損なわれる。

もちろん，人々のそのつど異なる適性ならびに重要性という観点と，すべての人間の自然的な均等（というのは，人の顔をもっておれば，だれにでも等しく，それぞれのもつ尊厳・重要性がある！）の観点との正しい結びつき——これら二つの局面を結合させることは，まずもって達成できない要求である。おそらく，ここでは人間の努力以上のものが必要であると，ここでは「好運」と超人間的な力の「幸せな巡り合わせ・摂理」が必要である，と言うことができよう。——プラトンの晩年の作品に，熟考の末にこのことを述べている章がある[121]。プラトンは言う，不均等な能力にたいして比例的に均等なものを受けとるような正義をこそ，政治家は忘れてはならない，と。しかし，国家を内紛から護るためには，それとともに，本来の——プラトンは「いわゆる」と言う——均等［平等］性をときどき導入することが必要になる。そういうわけで，政治家はときどきクジを使って均等性を図らなければならないだろう。そのさいもちろんのこと，クジがもっとも正しい結果になるようにと，

「神と幸運」に祈ることを怠ってはならない。——プラトンのこの考えに，どれほどアイロニーが込められているか，どれほど途方にくれた様子が，そしてどれほど神々の摂理への信頼もまた込められているか，人の推し量るところではない。

第7章

正義の限界

性質上返せない負い目

　共同生活の性質上，われわれはたえず互いに何らかの負い目・負債の状態にあり，また互いにその負い目・負債を返している，したがって，平衡はたえず新たに失われまた元に戻される，ということであった。このように，負い目・負債を元どおりにすること，埋め合わせをすること，返すこと——まさしくこれが正義の働きである。

　しかし，まだ言い残していることがある。世の中は正義だけで秩序よく保たれることはできない。歴史的世界は，負い目・負債を元に返したり代償を払ったりすることで平衡が完全に元に戻る，というふうにはできていないのである。負い目・負債がありそれを返すだけでは事が進まない，というのが現実世界の本質的な姿である。——この事態には二つの相貌がある。

　まず第一：負い目ある者・債務者がいくら返そうと思っていても，それを完全には果たせないような性質の負い目・債務があるということだ。そして，正義の意味が相手の然るべき帰属分を返すこと，**その然るべき分を返すこと**（*debitum reddere*）であれば——そのとき，正義がけっして全うされないような責務関係があるということである。さて，これはまさしく人間存在を根本から規定している関係であり，そこに特徴的に見られるのがこの齟齬の状態なのである。当然，正しい人こそ各人に各人のものを与え返すという確固とした恒常的な意志をもつのだから——まさしくその人こそ，とりわけ鋭く，このまったく正常にならない齟齬を実感することになる。

正義の出番にはならないとき：敬神（Religion），孝養（Pietät），敬順（observantia）

すでに明らかなとおり，ここではまず第一に，人間の神にたいする関係が考えられている。「人間の側からどれほど神にお与えしても，それは当然の負い目・責務からである。しかし，人間が負い目あるだけ神に返せばそれで元に戻ったということはありえない」[122]。このことは，人間が神の前にはまったく無であるように理解されてはならない。ある意味で，とトマスは言う，神が人間に与えているものは，然るべき権利と「負い目」である。人間には「その本性と造りに基づいて」[123]然るべきものが帰属しており，人間のこの本性はもちろん創造されたものである，すなわち神そのもの以外のものに基づいて成立しているものではない。「神の正義の行いは，つねに憐れみの行いを前提としており，それに基づいている」[124]，と。これを，たんに教化の考えと取ってはならない。これは人間の神にたいする状況を精確に述べている。すなわち，人間のどのような権利要求よりも先に，いや，人間の要求が可能であるよりも先に，すでに贈られている物がある，それもその性質上けっして「埋め合わせ」ができず，弁済できず，「功徳によって果たす」ことのできない，返済できないところの賜物がある，ということである。人間は神にたいして，済みました，とはけっして言うことができない。

このようなことから，人間の習慣としての「**敬神**（*Religion*）」が正義と関連をもつことになる。事実トマスは，**敬神**（*religio*）を正義の徳の理論のなかで語っている。このつながりについて人々はときおり聖トマスを責めてきたが（獲得される徳の一つに敬神が「従属」しているというので），――この従属の意味は次のとおりである。宗教的な（*religiös*）行為の内的な形相が展開し現実のものとなりうるのは，人間が，おのれと神との関係に基づいて，かのどうしても「きれいに済ます」ことのできない齟齬を，すなわちどのような英雄的で人間的な努力によっても本性上済まされず，始末されないような**負い目・負債**（*debitum*）が存在する，という齟齬を知ったときである。もしかしたら，とわたしにはすぐ浮かんでくる，もしかしたら現代のわれわれにとって，祭儀の犠牲という根本的な宗教（*religiös*）行為の実在性と意味をもう一度見直すには，このめったに通らない道から――つまり正義の概念，負い目を元どおり

に償うという概念を経て——近づいた方が，もっと簡単ではないだろうか。そうすれば，なぜ犠牲を捧げることが**被造物としての人間の本性に基づいた法の義務**（Rechtspflicht）ともなるのかということが，もっと簡単に理解されることになろう。事実，トマスはこれを次のようにまとめている。**犠牲を献げることは自然法に属する**（oblatio sacrificii pertinet ad ius naturale），犠牲の奉献は自然法的な義務である[†49]，と。思うに，このことは，われわれには償えない**負い目・負債**（debitum）を想定してみるとき，つまり，それを事実背負っているのに，原理的にけっして十分には清算できないような負い目を想定してみるときに，いっそう早く理解される。そのとき多分，敬神（religiös）的な行為に本性的に内在している行き過ぎ・過剰ということについても，すこし理解することになる。この過剰は，何をしていいか分からずに何もできない状態から出てくるのである。なぜなら，「ほんらい」為さねばならないことを為すことができないからであり，だから，それでも何とかして「果たそう」とすることが，いわば理に反した試みになるからである。ここから，**大量屠殺**（フェアニヒトゥング），**いけにえ**（トョートゥング），**焼き尽くし**（フェアブレンヌング）といった過度の犠牲も出でくる。——また，ソクラテスは『ゴルギアス』のなかで，およそ理解しづらいし，まったく「非古典的」な行き過ぎだが，けっして皮肉っぽい逆説だととってはならないことを言っている。不正を行った者はみずからを叩き，獄に入らねばならない，あるいは追放を甘受し，処刑さえも引き受けねばならない，しかも「最大の悪である不正から自由になるため」[125]に，みずからが自分自身にたいする最初の告発者でなければならない，と。正義をだれよりも徹底的に追究したこのアテナイ人は，一方で**悔い改めの過剰**（excessus poenitentia），つまり真正の悔い改めの決心に特有な過度ということを言う西洋キリスト教徒の教師と，基本的に同じ考えから語っているのである。トマスは『神学大全』において，次のような異議をまとめている（ここで大事なのは，かれの「解答」である）。悔い改めの心根と正義とは，正義が理にかなった中間を保つのにたいし，悔い改めはまさしく**過剰**ということだから，まったく異なったものであるとも考えら

[†49]　2-2, 85, 1（和訳第19分冊，132ページ）——『神学大全』ではさらに「犠牲にどのような意味があるか，すべての人間が少なくとも無意識のうちに知っているであろう」（2-2, 86, 4 ad 2, 和訳第19分冊，157ページ），とある。

第7章　正義の限界

れる，と。これにたいするトマス自身の解答は，たとえば人間の神への関係のような特定の基本的な関係においては，正義の概念にがんらい属している均等（つまり，負い目・負債とそれにたいする代償との）は成立しえない。だから，負い目ある者が自分のできるかぎりのことをしようとするが，「それで足りるとは無条件には（*simpliciter*）言いえないのであり，たかだか，より高い立場にある者がそれで良いと認めてやるという意味で足りているのである。そして，これが悔い改めの心根に独特な過剰という表現の示すところである」[126]，と。したがって，この**過剰**は，犠牲や礼拝や献身といった，本来の宗教的な行為すべてに特徴的なものとして生じることになる。それは，明らかに元どおりになる（*restitutio*）ことがけっしてないので，それ自身において「同等でない」責務関係の事実に面して，可能なかぎり「同等に」応えようとする試みである。──ここにいたって，敬神的な（*religiös*）事がらにおける「正義」はまったく逆転することもあることが理解されてくる。たとえば「週に二度断食し，全収入の十分の一を献げています」（ルカ18:12）と，われわれが自分の償いを自慢するときのようにである。大事なことはむしろこのことである。「自分に命じられたことをみな果たしたら，『わたしどもは取るに足りない僕です』，と言いなさい」（ルカ17:10）。

　トマスは敬神（Religion）とは別に，**ピエタス**（*pietas*）についても語る。この言葉の意味はそのまま持ってきたドイツ語 'Pietät' によってはぴったり言い当てられていないが，これにはたえず留意すべきである。ピエタスも，性質上完全には返済できないような然るべき帰属分が存在する，ということに基づいている。魂［心］の習慣としてのピエタスが物にされるのは，同じく，どれほど大きな代償でもってしても，それで事は済んだ，帳消しになった，とは言えないような責務関係があり，われわれがその当事者であることを承知しておく，ということによってでしかない。これは，われわれとわれわれの両親との関係のことである。「両親にたいしては，かれらに負うているものを対価で報いることは不可能である。そのようにして，**孝養**（Pietät）は正義につながっている」[127]。──このつながりというのは，正しい人だけが，およそ負い目とお返しが均等になるように努力をするなかで，返すことのできないことを真に経験して「真摯に受けとめる」，ということなのである。孝養

は徳としての正義を前提にしているのだ。

ところで，この孝養の徳を，人間の模範像にとっての事実的な要素に再生させたいと願う者は（というのは，こんにち概して，孝養をもたない人間であれば必ず「正常ではない」と判定されるほど，孝養というものが人間のただしいということの自明な部分だとは見なされていない，と断定できるから）——この徳の復権を図りたいと願う者は，まず第一歩として，次の条件を回復しなければならないだろう。すなわち，両親とのつながり方がどのようなお返しによっても済まされない負い目関係であり，それが子どもの側から事実として経験されうる，という条件である。一言で言えば，家族の秩序が回復されなければならないだろう——事実の上で，そして国民の価値観の上で（もちろん，「家族の秩序」の含むところは両親と子どもの関係だけではない）である。この条件を抜きにしては，片づけられない負い目を内的に経験しても，実りとしての孝養の習慣をもつことは期待できない。

トマスが孝養について話をするとき，われわれと両親との関係だけでなく，祖国との関係も視野に入れている。「人が神の次にもっとも負い目があるのは，両親および祖国にたいしてである。神に崇敬を示すことが敬神に属するように，両親と祖国とに崇敬を示すことが孝養である」[128]。しかし，自国民にたいするわれわれの負い目を考えられるだけ広い意味で理解したとしよう。たとえば，国語という財（das Gut）とそこにある汲み尽くせぬ知恵，法的な秩序に護られている空間，さらには詩歌や音楽や教養的学術のような，世界の中核に触れるにいたる，国あっての文化の享受のことに思いを致したとしよう。また，国民の「共有財」という言葉で理解できるものの享受のことに思いを致したとしよう。そのときでさえ，「祖国に崇敬を示す」（cultum exhibere patriae）ことが本当に人間らしい人間の義務的な要素になるべきだ，という考え方を貫くことには困難を感じる。そこでさらに，この困難は，ただ決意するだけではけっして乗り越えられないこと，この問題には個人的な不敬または悪意もしくは拒否といったものとはおよそ別のものが作動していること，を考えてみれば——先の，人間についての，また人間らしい共同の生活についての西洋的な秩序像がどれほど深く真理に到達しているかを，われわれは評価しはじめることになる。

第7章　正義の限界

　このようなことは，トマスが敬神と孝養とならべて名前を挙げた第三の概念において，いっそうはっきりしてくる。それは，同じく，返し尽くせない負い目があるという事実にどのように応えるのか，そのときの人間としての習慣のことである。すなわち，「敬順」(observantia) という名の概念である。またもや，生きた話し言葉のなかにこの概念の意味を的確に表現するような新鮮な語が見あたらないということ——すでにこのことが，事がら自体もまたわれわれから疎遠になっていることを示している。では，どういう意味なのだろうか？　それは，役職と然るべき位の点で秀でた人々にたいする，内的に習慣づけられ，同時に外的に示される尊敬である[†50]。往々にして「高い位」や「役職の人」という言葉には皮肉っぽい響きがともなっているが，それを感じ取る人は，秩序ある人間と秩序ある社会の模範像の一構成要件として**敬順**をすえた西洋倫理学の考え方がわれわれからどれほど遠のいているか，これを知っていることになる。ここでの趣旨は，だれもこのような**徳力**(virtus) に等価の償いができない，ということである[129]。この**徳力**(virtus) とは，役務をただしく運営できる習慣，倫理的かつ知的な力のことである。だが，これによって，個々人の側で，十分には果たせない負い目の関係が生じる。個々人は，裁判官や教師やその他すべて[†51]の共同生活体の役職がただしく運営されることによって，その私的な存在を生きている。そのことによってはじめて，個々人は秩序ある社会に生きている。そういうわけで，個々人は役務者にたいして，「お返しをすること」によっては済ませられない負い目の状況に置かれていることになる。まさしくこのことが役務者に示される尊敬，すなわち「敬順」ということになる。——しかし，役立たずで劣悪な役務者もいるではないか，という異論は大した重みを持つものではない。トマスはこう解答する。その人たちにおいて尊敬されるのは役職なのだ，そしてさらに全共同社会なのだ，と[130]。

　ここにはもちろん，一方が他方に依存しているということが当たりま

　[†50)]　「位 (dignitas) を保持する人々」(2-2, 102, 1, 和訳第20分冊，19ページ)。「位において秀でた人々」(2-2, 102, 1, 和訳第20分冊，19ページ)。
　[†51)]　トマスは完全に枚挙するわけではなく，支配者，軍隊の指揮官，教師，を挙げ，その他においても同様のことが，と言う (2-2, 102, 1, 和訳第20分冊，18ページ)。

えであり，このことはすこしも恥ずかしいことではなく人格の尊厳を損なうことでもない，という人間観が背景にある[†52]。いずれにしても，現実の人間世界では，秩序ある共同生活は，指導なくしては，したがってまた「依存性」なくしては，考えられない。これは国家に，ほかならぬ独裁制の国家はもちろん，民主制の国家にも当てはまるし，同じく家族にも立派に当てはまる。一般に，いつでもどこでも力の及んでいるいくつもの形式的な構造があるし，もしその構造がただしい仕方で実現していなければ，ただしくない仕方で，ということである[*17]。

正しい者だけが自分の負い目ではないことを行う態勢にある

したがって，これが，世の中の秩序は正義だけでは保たれないということ，性質上十分には果たしえず償いえないような負い目が，そして然るべく帰属するものが存在する，ということの一つの相貌である。そして，だれにたいしてもその然るべき帰属分を返そうと努めている人だけが，したがって正しい人だけが，この至らなさを徹底的に経験し，それでもなお，「行き過ぎ」と見られてもどうにかして乗り越えようとする。その人は，自分がけっしてそこで課されている責務を本当に果たすところまではいたらない，とはっきり知りながら，その**負い目・責務**（*debitum*）を果たそうとする。ここに，一方でまさしく正義に特有な合理的な要素と，他方で**敬神**，**孝養**，そして**敬順**の特徴をなす，あの過剰，そしていわば空しさという要素とが結合する理由がある。このためにまた，三つの概念すべてが合理主義的な思考の嫌悪するところとなるのである。

　　[*17]　英語訳には次のような文章が挿入されている。スペイン語訳も似たような文章がある。ドイツ語原文（部分本，1964年合冊，2004年合冊のすべて）にはない。「すると，敬順の概念が消えたことに起因する無効状態（void）（ただしもちろん，単なる気まぐれや故意にはよらない経緯がある）によって，上と下との別種の関係が出来上ってしまうことにならなかったのかどうか，ということが問題になりうる。巷には，'bossing'（下にたいして偉ぶる奴，目の上のたんこぶ）とか'bossed'（威張りちらされる）といった，恥ずべき，相互に軽蔑しあう表現があるのである」。

　　[†52]　この点でエミール・ブルンナーはルソーの（Jean-Jacques Rousseau, 1712-78年）ことを問題に挙げている。ルソーの意図するところはこれである。「協同作業が不必要になったらただちに家族は解消されるべきである――それこそが本来人間だけにふさわしい完全な自立に子どもを到達させる最短距離である」（『正義』聖学院大学出版会，99-100ページ）。

第7章 正義の限界

　ここで, 正義の「限界」という命題を解釈する第二の道がはっきりとしてくる。この命題は, 世の中が滞りなく動くように保たれるべきだとしたら, 厳密には負い目でないことを与え返す用意がわれわれにできていなければならない, という意味をもつことになろう（他方で, この命題について第一に考察した意味は, 人間が返すことのできないような, いっそう厳密な意味における負い目が存在する, ということであった）。

　まさに正しい人が, 先ほどの至らなさを敏感に経験すればするほどいっそう, 自分が贈られている者であること, 神と人間にたいして負い目を背負っていることを知る——そして, 正しい人間だけが, 負い目でないことまでも行う体勢にあることになるのである。だれもその人を強制することのできないようなことを, 当人は他者にたいして進んで与えるようになる。もちろん, 強制されなくとも厳密な意味で義務となる行為があるのだ。たとえば, 真実を語る義務のように。感謝を言うことも, もちろん強制されることではないが, 本来の正義の義務である。しかし,「感謝できること」ならびに「感謝するということ」は,「対価を払うこと」ならびに「見合った償いをすること」と同じではない。そういうわけでトマスは, セネカを引用しながら, 贈物にたいしてあまりにも急いで贈物でお返しをしようとする者は, 不本意の義務者であり, 感謝できる人ではない, と言うのだ[131]。

　そこで, もう一度まとめよう。正義を求めてやまない人, まさしくそのような人が, 本来の負い目・負債を返して埋め合わせを履行することの必要性だけでなく, たとえば惜しみなく与えること (Freigebigkeit, [liberality 寛厚]) の必要性も体験する（とトマスは言う）。また, 人間の共同生活が非人間的にならないためには, **親しみ深いこと** (*affabilitas*),「友好」が不可欠である。言うまでもなく, ありふれた日常的なつき合いにおける友好であり, それ以上でもそれ以下でもない。この, トマスによって同じく正義に属するものとされた「徳」は, もちろん他者にたいして厳密な意味で負い目・責務のあることではないし, またほんらい, 権利として主張されたり要求されたりするものではありえない。しかし, それがなければわれわれは「悦んで」(*delectabiliter*), 共に生きることは不可能なのである。「人間は真実なしには共同体のなかで生きることはできないし, また悦びなしにもそうである」[132]。

現代の若い人々がこのような考え方にたいして一般的にどう反応するか，わたしはかなり分かっているつもりである。容易に想像できることは，若い人々はこのようなことに熱心になりたくないだろうということ，そして現今のもっと厳しくもっと倹約する生活スタイルの方にすぐに共感するだろう，ということである。このような反応の原因は，おおかた，当面強いられている状況からなかなか逃れられない，という重苦しい空気にあるように思う。しかし，「ロマンチック」であって現実的でないのは，古くからの正義論ではなく，間違いなくこの反応の方なのである。それが同時に，なかなか思うようにはならない理由なのである。でも，ここで，性急に反対することをせずに，一度，正義の模範像が展開されるのを最後の帰結にいたるまで，ひたすら聴き通そう，という提案は許されるのではないか。より現実的だと言われるあの倹約が，じつは，どれほどの貧困を意味しており，そこではどれほど人間の共生が一歩一歩荒廃に向かっているかということ，これが聞いている人に分かってくることもあるのではないか？　聞いている人はむしろ，人間が「正しい」かぎり人間にできる多様な共生関係の形があるということ——またこの多様性こそわれわれ人間と人間らしい共同生活の富を成しているということ，これに納得しはしないだろうか？

「あわれみのない正義は冷酷である」

然るべき帰属分をただ計算するだけでは，共同の生活はどうしても人間らしからぬものになる[†53]。正しい者が人の帰属分ではないけれども与えるということ，これは，不正が世界中いたるところで見られるのだから，とくに必要である。人々の然るべき分を他者が不正にも渡さないことで人々の然るべきものが無くなるのだから，そしてまた，義務者がその負い目を果たさないような事態がなくても，また誰かに厳しい法的な

[†53] この考えの恐ろしい現実については詳しく述べるまでもない。H. ゴルヴィッツァー（Gollwitzer）はその捕虜記録のなかで（》...Und führen, wohin Du nicht willst 《, vierte Aufl., München 1952, S. 101. English tr. *Unwilling Journey*, Muhlenberg Press, Philadelphia）自分の経験について語っている。「古くからの捕虜」は，たとえば病気の仲間にたいして，事実上為した仕事に応じてだけ分け前を取らせようとした。「同情や友情に訴えてもかれらはそれを理解できなかった。ちょうどわれわれが然るべき取り分を容赦なく計算することを——ソ連邦の全生活システムが計算により成り立っている——理解できないと同様に」。

義務が課されるような事態がなくても,人間には困窮があり,また援助の必要性もあるのだから——それゆえに,正しい人はおのれの側の厳正な負い目・責務だけに関わるとしてはならない。トマスは言う,一方で「正義のない憐れみは,ことを台なしにする母である」,しかし,「憐れみのない正義は冷酷なだけである」[133),と。

　ここに,新たに正義の内的な限界を示すことができる。「正義の掟によって人間のうちに平和と和合を保とうとしても,もしそこに愛が根を下ろしていないかぎり,うまく行かない」[134)。

第Ⅲ部

勇　気*1

———————

「勇気をほめることは正義にかかっている。」
　　　　（トマス・アクィナス）

第1章

序　論

在るところのものを誤って解釈することは、在るべき姿［模範像］を歪曲することに通じる

存在(ザイン)の現実を誤って、もしくは不十分に解釈することから、おのずと必然的に、誤った目的設定と真正でない理想像が生じてくる。当為がすべて存在(ザイン)に基づいているように、行為の模範像はすべて、現実の認識に根を下ろしているのである。

この、まったく一般的に通用する法則に照らすと、啓蒙主義的な自由主義は——これは、人間の客観的現実について誤解した、あの広範囲かつ多岐にわたるが基本的には一つのネットであり、そのネットがあの世

＊1）　「訳者まえがき」でも述べたとおり、第Ⅲ部「勇気」は、第Ⅰ部「思慮」、第Ⅱ部「正義」、そして第Ⅳ部「節制」と同じく、もともとそれだけで単独に出版されたものである。ただし、訳出に当たって参照した1963年版（*Vom Sinn der Tapferkeit*, Achte, durchgesehene Auflage, Kösel.）には、1934年の原著にはなかった、序にあたる第1章が加えられている。合本の64年版と04年版、同じく英訳版には、この章が含まれていないのにたいして、スペイン語訳版はこれを「勇気」の第1章におき、その底本を1948年刊としていることから、おそらく遅くとも1948年版以後、原著にはなかったものが付け加えられて、「勇気」は全体5章の構成になったものと推測される。

第1章の内容は四枢要徳それぞれへの簡単な導入である。それも、現代のわれわれにとって「四枢要徳」が誤解されるに至った直接の原因として、偏った啓蒙主義的思考法があげられ、その思考の狭さとの関連で、それらが解説されている。他の三部と内容的に重なる点もあるが、表現は斬新であり、四部全体の解説にもなるため、ここに収録した。

なお、各章の標題はドイツ語版にはない。訳者が英訳とスペイン語訳を参考にして付けたものである。

ちなみに、1950年公刊の『キリスト教的人間像（*Über das christliche Menschenbild*）』では、この「勇気」について、著者みずから、「そこでは英雄主義が強調されている」と述べている（『キリスト教的人間像について』（エンデルレ書店、1968年）14ページ）。

紀（今ようやく決定的に過去のものとして色あせてきている）を見分ける標識となっている——，倫理的な人間像にたいしても，避けようもなく現実に反した捻れ(ねじ)を招くことになった。

この捻(ねじ)れのあり様は，なかでも，思慮，正義，勇気，そして節制という諸概念——ここに，ヨーロッパのキリスト教徒が人間のあるべき模範像を総括的に捉えていた——が誤ったものに変造され，内実のないものにされているということである。

思慮：屁理屈をこねる者の能力ではなく，真なる認識をただしく間違いのない決断へと転換する術である

思慮とは，教会の古典神学において，行為し決断する人間が**人間の善**（*bonum hominis*）を，つまり本来の人間らしい善である**理性の善**（*bonum rationis*）を，すなわち真理を，所有する方法である[1]。思慮は枢要徳のなかで最高位のものである。それは，客観的な存在(ザイン)を主観を交えずに見つめることによって，行為が現実在に合っていることを保証する。ところで，現実在に合っているとは，自然的な領域においても超自然的な領域においても，ある意味で行為の善さそのものである。思慮においてこそ，人間の現実在にかんする永遠で神授の法が認識され，また義務として受けとられ，そして「新たに立法される」。被造物が創造の存在(ザイン)法則から受けとった自然のままの割り当ては，思慮において，精神的存在(ヴェーゼン)が積極的に参加した協働の計画となって，完成するのである。思慮の「ただしい方向を示す知識」[2]においては，現実在そのものが，その成り行く方向について言葉を発する。そしてこの言葉に，すなわちすべての徳の形を作りあげ，また思慮——「それなくしてはいかなる徳も徳ではない」——による現実負荷を命令する言葉に，倫理的行為の領域全体が従っているのである。要するに，善いことは思慮あることであり，何が善いか何が善くないか，それを決めるのは思慮である。しかし，思慮あること，これを決めるのは「**客観的な事物そのもの**（Die Sache selbst, *ipsa res*）[3]」，であり，さらにこれを決めるのは現実在であり，それも創造されたものとしての現実在を通してである。したがって，キリスト教の倫理学は人間の「主観性」を沈黙させ，そのことによって人間は全被造物に——そこに人間自身が属し，またその中心にあっておのれの存在(ヴェーゼン)の使

第1章 序 論

命を果たさねばならない——組み込まれた法則性を知覚し，そして自由のうちにあって協働しながら，それを実現することができるのである。沈黙する者だけが聞くことができるし，見えざるものだけが透過して見える。

　ところが，自由主義的・合理主義的な啓蒙主義は人間を客観的現実との結合から切り離し，（創造されている）主観と客観との存在(ヴェーゼン)関係を，またそれとともに被造物と造り主との関係を，逆転できると思い込んだ。キリスト教上の真理であり，また自然的な真理でもあるのは，万物は神の精神からその尺度を受けとっているということ，また認識する人間の精神はおのれの直接の尺度を万物から受けとっており，したがってこの精神は万物の存在認識を倫理行為の「尺度」にする，ということである[4]——この「尺度を受けとる」存在(ザイン)認識を，行為するときの「尺度を与える」決定へと刻み込むということ，ここに思慮の職務がある——それなのに，この真理が逆転して，人間がその主観によって現実の「尺度」であり，「尺度を与える」中心である，という異端へと変わった。こうして，思慮の徳をそのもともとの意味において把握する可能性自身が壊されたのである。思慮は「自律的な」良心という，中身のない形だけの役割として，もしくは自分だけの意志の衝動を後追い的（「イデオロギー的」）に正当化することとして残った。あるいは，それは，いかなる現実性ももたず，したがってまた真を形成してゆくいかなる実効性ももたず，主観主義的で，文字どおり「耳をふさいだ」屁理屈に堕落している。思慮の真正の模範像がすべてこのように捻れることにたいして——真正の模範像というのはほかでもない，いっさいの行為は，それが善くありかつ健全であるべきなら，真の認識に基づかねばならないということ，そして，いっさいの認識は，それが本当に認識であるべきなら，客観的な現実を映しだしているものでなければならないということである——およそこのような捻れにたいして，非合理主義という破壊的な反撃が応答してくるのは偶然ではない。この非合理主義は，ゆがみ面(づら)をした精神にたいしてだけではなく，またそのゆがみ面の権力にたいしてだけではなく，認識してただしい方向を指図(さしず)する精神の優位そのものにたいして，宣戦を布告しているのである。

正義：これは契約上の利益を均等にする徳であるだけでなく，共同生活の目的実現に適合している

啓蒙主義的な自由主義は，そのノミナリスティックな由来からして，個人主義的である。それは，個人，すなわち「自由」で「同権」で，また「自足」したもの，それを越えて存在している社会的な共同体という，同じく根源的な現実を無視して，そのような共同体の存在を唯一実在するとされる諸個人の「つながり」から，「相互関係」から，「契約」から説明しようとする。なかでも，「契約」（可能なかぎり短期的に告知できる契約）が自由主義的な社会学と「社会」倫理学の中心概念である。そこから内的必然的に結果することは，あらゆる人間的共生について，その倫理的な模範像が――すなわち正義が――不当にも，契約上の利害を均等にする［利害相殺］徳と市場の徳に，すなわち交換の正義（*iustitia commutativa*）に狭められるということである。キリスト教的な社会形而上学にあっては，人間らしい共同体の生活はもっと豊かに構成されており，個人間のつながりの生活よりもいっそう多様で縺れ合った現象を包括している。キリスト教社会学はけっして単なる「関係［つながり］理論」ではありえない。したがって，キリスト教社会倫理学は，交換正義を超えでて別の種類の正義，すなわち「分配的」正義（*iustitia distributiva*）と「法的」正義（*iustitia legalis*）を心得ている。交換正義は，個人にたいする個人の関係，私人にたいする私人の関係，部分にたいする部分の関係につなげられる。しかしここでは，くり返すが，「キリスト教的な社会形而上学は個人のほかに共同体を，私人のほかに公権・公法の体系を，部分のほかに社会的全体を，等しく「現実的」な実在と認めるから，明らかな帰結として，この社会学にとっては個々人のつながり（部分の部分にたいする秩序 *ordo partium ad partes*）だけでなく，共同体の個々人にたいする現実のつながり（全体の部分にたいする秩序 *ordo totius ad partes*）と個々人の共同体にたいする現実的なつながり（部分の全体にたいする秩序 *ordo partium ad totum*）も，等しく存在することになる。共同体の個人にたいする関係には「分配的」正義が，個人の共同体にたいする関係には「法的な」正義が属している。「法的な」正義から見た倫理的な模範像の内容は，共通善――これは個人の善の総和とは質的にちがったものである――にたいする真の責務が個人にはある，と

いうことである。「分配の」正義の模範像の内容は，諸個人の善にたいする真の責務が共同体，とくに国家権力にある，ということである。過去百年の個人主義について特記すべきことは，共通善の中心的で本来的な担い手である国家を，契約に基づいた「利益社会」なのと，もしくは国家のない「利益社会」へと止揚される過渡期なのだと解釈したこと，またそれによって，共通善と個人の善との質的な違いを隠蔽したことである。こうして消え失せてしまったのが——まず現実在の理論的解釈において，ついでまた周知のとおり，現実の国家ないし社会生活において——「法的」，そして「分配的」な正義の模範像を，義務として明らかにし，また貫徹させるという，意義ぶかい可能性だったのである。こうして，契約社会の原理が——この原理を，つとにローレンツ・シュタイン[1815-90年]*2は「利害」と定義している——国家的社会生活も含めた社会生活全体の基礎となったのである。この条理に反した倒錯にたいして，キリスト教的社会理論は一貫して闘ってきた。こんにち，それが二正面闘争を強いられているのは，個人主義へのリアクションとして，極端な「普遍主義」が人格的個人のもともとの権利すべてを否定しようとするし，その当然の帰結として，**交換正義**を「まったくありえない」個人主義的な「不可解なもの」[5]だと宣告するからである。

勇気と節度の徳は悪の存在を前提とする

たしかに，自由主義の人間像では四枢要徳ぜんぶが変造された。しかし，自由主義は，ほんのわずかでも「勇気」と「節度（*Maß*）」の徳のもともとの意味に気づいた上で，それを大切に守るということができなかった。すなわち，啓蒙人にとっては，つまり「平明にされた世界で」おのれを「ひたすら信頼できる」と思い込んでいる人間にとって（R. M. リルケ[Rilke 1875-1926年]），その世俗的で楽天的な市民性に止まって，これら二つの徳の実在的な前提条件にまで進み行くことができなかったのである。それなしでは勇気も節度も徳として有意味には考えられないこの実在的な基盤とは，悪の存在という形而上学的な事実である。人間の

---

*2) ドイツの社会学者，法学者。明治憲法起草のために渡欧した伊藤博文等を通して，当時の日本にも大きな影響を及ぼしたと言われる。

世界とデモーニッシュな世界の悪の存在，罪と罰との二重の形の悪，すなわち，われわれが引きおこす悪とわれわれが被る悪の存在である[6]。啓蒙的な自由主義者をしてこの根本的な現実を認識できないように，そして何よりも受け入れられないように妨げるものは，その徹底した世俗性であり，その無条件の此岸・楽天主義であり，またこれら二つから生じてくるところの，びくびくと安全性に気を回しながら，「勇気というのはご免蒙りたい」[7]とする，形而上学的な市民性である。罪という暗やみの核心にまで入ろうとしても，自然的理性では無理である。信仰だけが人間の罪という神秘的な深淵を見てとる（超自然的な秩序は，より高い幸福の可能性に根拠をすえるだけではなく，悲痛という底なしの淵に［救いの］根拠をすえる）。そして，およそ「自然的」でしかない楽天主義と，頑固におのれ自身にだけ凝り固まった保全意志にたいしては，自分で立ち上がろうとするその瞬間に，次のような教会の教えがどうしても見えてくるであろう。「自然の」人間，つまりキリストに結ばれていない人間は，原罪によって「サタン［悪］の支配下に」ある，ということなのである。

「節制」(メーシゲング)[*3]：その皮相化。そして倫理の問題の私人化

節制（Zucht 締まり）(ツフト)と節度の徳，つまりテンペランティア(マース)（temperantia）は，人間がそのもともとの聖性とともに完全無欠さ（integritas）を失っていること，すなわちその「何一つ欠けたところのない」本性の自明な内的秩序を失っているという事実に基づいてはじめて，考えることができる。魂［心］の下位の力が精神の支配にたいして不条理に反抗する可能性があるということ，またその可能性が認識されるということを前提としてはじめて，「節制（Mäßigung）」は徳として存在することになる。この前提をリベラルに否定し，もしくは軽視することで，必然的に，テンペランティアの真の倫理的な意味が空っぽにならざるをえなかった。他方で，「キリスト教的市民階級」においてとくに，事がらにそぐわず節制を過大評価するということがおこった。その結果，「道徳性」(ジットリヒカイト)の概念はほとんどこの一領域に限られてしまうような言語慣用となり，さら

[*3)] 訳語「節制」については，第Ⅳ部第1章「言葉の問題」，とそこの訳注4を参照すること。

に，この徳が凡庸に皮相化され，「道徳性(ジットリヒカイト)」という言葉に軽蔑的で皮肉な意味が付いて回ることになった。節度のない情念を抑える闘いを過大に評価すること，倫理的なことをこのように「私的にすること」が，個人主義的な精神から生じていることは，まったく明らかである。教会の古典神学においては，テンペランティアは四つの枢要徳のうちにあって最後で最下位の徳であり，それも，それだけが個人に関係しているから，という明確な根拠を伴ってのことである[8]——もっとも，だからといって，貞潔の輝かしい順位が傷つけられるわけではないし，恥ずべき無抑制というのが否定されるわけでもないことはもちろんであるが。

勇気：「険しい善」の徳

悪の力はその恐ろしさで示される。人を恐怖に落とす力との闘いは勇気の役割であり——持ちこたえや攻撃によって（sustinendo et aggrediendo）——，これについてアウグスティヌスは，勇気そのものが悪の存在の「争いがたい証人」である，と言う[9]。

啓蒙主義的な自由主義は世界の悪にたいして盲目である。**敵対する悪魔**，端的に「悪い敵」というデモーニッシュな力にたいしても，またわれわれの目がくらんでいたり意志が逆行したりという不可思議な力にたいしても，見えないままでいる。最悪の場合には，悪の力というのが，「真剣に言って」危険なものではなく，それと「掛け合う」こと，「話し合いをつける」ことができないほどではない，と思い込む。キリスト者にとっては自明の実在である，おぞましく情け容赦のない「否」，これが自由主義的な世界像では消されるのだ。人間の倫理的な生活は，リスクもなく非英雄的な，当たり障りのないものへと落とされる。そこに登場する完成への道は，自分に必要なものを闘いもなく手にしてゆく植物的な「展開」と「発達」である。

これにたいして，キリスト教的な倫理学の礎石は，苦労しなくとも手の届く領域を超えたところにある「険しい善（bonum arduum）」という概念である。自由主義は，真正の，闘い獲ろうと努力する勇気を，意味のないことと見なさざるをえないし，勇気ある者は「愚か者」と見えることになる。他方で，自由主義にとっての「勇気」は，その帰結として，また同時にそれへの抗議として，めったやたらの「突っ走り」，ならび

に無条件の「献身」——何のためなのかまったくどうでもよい——にたいして，英雄的な行為の栄冠を要求してかまわない，と思い込んでいる種類のものである。

　以下においては，徳としての人間的勇気の真正の意味を，すなわちそのキリスト教的な意味を，明らかにしていくことになる。

　勇気のキリスト教的な意味について私的な見解を持ちだしても，当然ながらほとんど価値はない。したがって，以下に述べることはけっして思考の独創性を揚言するものではない。ここに登場する命題で，聖トマス・アクィナスの，すなわち教会の「共同の教師」の著作に裏打ちされないようなものは，一つもないのである。

第2章

死ぬ覚悟ができていること

―――――

傷つく恐れのあるところにだけ勇気がある
　勇気は傷つく恐れがあるということを前提としている。傷つく恐れがなければ，勇気はまったくありえない。天使について勇気が問題にならないのは，傷つく恐れがないからである。すなわち，勇気があるとは，傷つくことを引き受けられることである。人間は本質的に傷つくことにたいする恐れがあるゆえに，勇敢でありうるのだ。
　傷つくとは，ここでは，何一つ欠けていない自然本来の状態が不本意ながら傷害を受けることのすべて，それ自身において安定している存在(ザイン)が傷害を受けることすべて，われわれの意志に反してわれわれに起こることすべて，したがって，何らかの仕方でネガティブなことすべて，苦痛になることと害になることすべて，心労と苦悶のすべて，と了解しておこう。

死への隠れたつながり
　もっとも極まったもっとも深い傷は死である。死にいたらない傷も死の予兆である。この究極の傷，この最後の否(ナイン)は，究極の手前の傷すべてに影を落として作用している。
　このように，勇気はすべて死につなげられる。勇気はすべて死に直面して立っている。勇気は基本的に死ぬ覚悟ができていること，より正確に言えば，倒れる覚悟，すなわち戦って死ぬ覚悟ができていることである。
　自然本来の存在にたいする傷はどれも死に向かっている。したがって，

そとから見たかぎりでは死の意識そのものからおよそかけ離れているように見えても，勇気ある行為はすべて，そのもっとも深い根として死の覚悟があり，そこから養分をえている。倒れる覚悟という深みにまで達しない「勇気」は，根本で腐敗しているし，本当の力をもたない。

血の証しにおける完成

この覚悟は命を賭けることにおいて示されるし，勇気は血の証しにおいて完成する。殉教が勇気の本来の，そして最高の行動である。殉教を覚悟することはあらゆるキリスト教的な勇気の本質的な根である。この覚悟ぬきにしてはいかなるキリスト教的勇気も存在しない。

善は自ずと貫徹されるものではない

血の証しの概念が，そしてそれが真実にあるということが視野から消えさっている時代にあっては，勇気は必然的にホラ吹きのポーズに落ちることになる。ただ，その消え方がいくつもあるということをわれわれは考えてみなければならない。真理と善とは命がけにならなくとも「自ずと」「貫徹されるもの」，といったプチブル的な考えは，「殉教は悦んで覚悟する」と言う安易な熱狂とまったく同類である。どちらにおいても，血の証しの結末は同じである。

殉教者の教会は殉教を美化しない

教会の考えはちがう。一方で，次のように宣言する。キリストのために血で証しするという覚悟は，直接，厳しい義務としての神の掟にあたる（cadit sub praecepto）。「人はキリストを否んだり大罪を犯すより前に，死ぬという覚悟がなければならない」[10]。このように，死を覚悟することはキリスト教的な生活(レーベン)の基盤の一つである。だが，他方で，殉教殉教と熱狂的に騒ぎたてるのはどうだろうか——殉教者の教会に，これについてどのように考えているか，尋ねてみよう。迫害期（2世紀中葉）のもっとも古い記録の一つ，「スミュルナの神の教会」から「聖なる普遍の教会のすべての会衆」へ送られた『聖ポリュカルポス [Polykarpos 70頃-155年頃] 殉教記』には，次のような短い章がある。「しかし，一人，クイントゥスという名前のフリギア人が野獣を見るや震えあがってい

た。そのかれは自分から裁きを受けに来ていて、他の幾人かにもそう勧めていたのだった。地方総督はかれを何度も説得したところ、ついにかれは誓いを立て、犠牲を［異教の神々に］献げたのだ。だから、兄弟たちよ、われわれは自分から進み出るような者をほめないし、福音書もそのようには教えていない」[11]。また、258年に首をはねられた教父聖キプリアヌス［Caecilius Cyprianus 190頃-258年］は、地方総督のパテルヌスに向かって、「われわれの教えは自分から名のり出ることを禁じている」と宣言した[12]。キプリアヌスからナジアンゾスのグレゴリオス［Gregorios Nazianzos 329/30-390/91年］を経てアンブロシウスにいたるまで、古代教会の教父たちは、神が、まず、自分だけの決心に慢心して殉教に走る者から第一に、耐えぬく力をうばう、と見なしていたと思われる。最後に、トマス・アクィナスは、いわば「勇気の悦び」について、スンマのなかで一項をあてており（「**勇気ある者は自分の行為に悦びを感じるか**」）、次のように言っている。殉教の苦痛というのは、行いがみ心に適うときの精神的悦びさえも分からなくしてしまうものだ、「溢れでる神の恵みが魂［心］を異常な力で神的なものへと高めるのでないかぎり」[13]、と。

このような真剣な表明にはっきりと見られるように、口先だけの熱狂と単純な思い込みはすべて、お話ならぬ厳しい現実を前に実質なしとして吹きとばされる。そしてこのときにはじめて、教会がキリスト者の生の基礎として血の証しの覚悟を挙げる、という固い事実の真(まこと)の意味に、まなざしが自ずと向かうことになるのである。

傷を引き受けることは、まだ勇気の半面の姿であり、前面に見える姿である。勇気ある者が傷を引き受けるのは、それそのものを目的としてではない。むしろそのことで、いっそう深くいっそう本質的な無傷の完全性を守る、もしくは勝ちとるためである。

善のために戦って受ける傷は完全であることに向かっている、ということの確かさ——この無傷の完全性は、純粋に自然的な、どのような安定の状態よりも、いっそう密接にまたいっそう内的に、人間のいのちの中心につながっている——この確かさはキリスト者の意識からけっして無くなってはいない。もっとも、この確かさ、ならびにそれがキリスト者の生きる力のなかでもつ重みは、これまで、キリスト教を裁く者、またキリスト教に敵対する者にとって、いつも見えていたり、ただしく評

価されたり，ということではなかったかもしれない。

死をもってする勝利
　殉教は古代教会にとって勝利を意味した，ただ死をもってする勝利ではあるが。「その人は死によって信仰を守る勝利をえる。信仰を失って生きていることは，敗北していることになろう」。五世紀の司教，トリノの聖マクシムス［Maximus, 380頃-479年頃］は血の証しについてこのように言っている[14]。また，テルトゥリアーヌス［Quintus S. F. Tertullianus 160頃-222年以後］は言う，「虐殺されるとき，われわれは勝っている。裁判官の前に引き出されるとき，われわれは自由になっている」[15]，と。
　この種の勝利が死を伴っていること，そうでなくとも傷を伴っていることは，キリスト者が，いやキリスト者だけではない，われわれがこの世界に実存しているときの不可思議かつ変更不可能な条件なのである。トマス・アクィナスは，勇気ある者が，死ぬかもしくは負傷してしか勝ちとれないような，悪のとてつもない力にたいして戦うということ，これをこそほとんど勇気の本質とみなしている。この考えについてもっと話そう。

「苦しみのための苦しみ」ではない。勇気ある者はいのちを軽視しない
　まず，そしてなかでも，次のようなことがある。勇気ある人は傷を負うことをそれ自身のために引き受けるのではない，ということである。「苦しみのための苦しみ」は，「自然な」人間にとってと同様キリスト者にとっても，無意味であることに変わりはない。傷を負って毀されるものをキリスト者は軽蔑しているのではない。殉教者がいのちを献身の対象よりも取るに足りないと思っているときでも，そのいのちを無条件に取るに足りないとするのではない。トマスは，キリスト者が自分のいのちを愛するのは，身体という自然のままの生きようとする力によってだけでなく，精神的な魂［心］という倫理的な力にもよる，と言う。これは弁解のように言われているのではない。人間はまさしく「人間でしかない」のだから自分の自然のいのちを愛する，ということではなく，まさに善い［善に向かう］人間であるから，そしてそのかぎりで，いのちを愛する，ということなのである[16]。これは，いのちそのものにたいし

て当てはまるように，自然的な無傷の完全性に含まれる圏内のすべてのもの，すなわち，悦び，健康，成功，幸運についても当てはまることである。これらすべては真正の善であり，これをキリスト者は簡単に手放さないし，軽んじるものではない。ただし，それを失えば人間らしい実存の本質がもっと深く損なわれるようないっそう高い善を守るために，ということであれば話は別なのである。

　もちろんのこと，聖人や偉大なキリスト者の英雄的ないのちは，用心ぶかく考量する損得計算の成果よりもはるかに立派なのだが，その事実によって上述のことが通用しなくなるわけではない。

　この「緊張」が消えて一つに協和するということはない。有限な精神と地上的ないのちにとって，それはしょせん元に戻すことも終らせることもできないものなのだ。とはいえ，この緊張は，「自分のいのちを愛する者は，それを失う」（ヨハネ12:25），という福音書の言葉より以上にも以下にも矛盾してはいないのである。さらにまた，トマス・アクィナスの次のような教えよりもいっそう謎めいておりいっそう胸を打たれるような事実でもないのである。現実にたいして開かれ，また世間にたいしても理解のあったトマスは，一方で，真昼のように明るく此岸的な楽観主義がしばしば引き合いに出される。しかし，そのかれが，被造物について本当に深く知ろうとすれば，そこには底しれぬ悲しみがあるものだ，この悲しみは打ち克ちがたく，これを人間から取り去ることはいかなる自然的な洞察力や意志力によってもなしえない，と教えたのである（この悲しみとは，山上の説教における至福で，悲しむ者は幸いである，かれらは慰められるであろう，と言われているものである）[17]。

　そこから先は知りえない境界を乗り越えようと思っても，まったく望みはない。自然に与えられている善を犠牲にすることの意味と尺度への問いは，人間そのものの具体的な実存と共に与えられているところの，つまり身体的・精神的な，被造であり—高められ—堕落し—贖われるもの，の実存と共に与えられているところの，洞察不可能な神秘へと，じかに通じているのである。

第3章

勇気はみずからを信頼してはならない

「危険に生きる」のではなく，善く生きる

　勇気が，善の実現のための戦いにおいて負傷を引き受けることであれば，勇気ある人は善とは何であるかを知っているということ，またその人は明確にその善のために勇気がある，ということが前提条件となっている。「善のためにこそ勇気ある人は死の危険に身をさらす」[18]。「勇気は危険に打ち克つとき，危険を求めているのではなくて，理性の善の実現を求めている」[19]。「死を引き受けることは，それ自身でほめられるのではなく，善に従っているということによってほめられる」[20]。まずもって大事なことは，負傷することではなくて，善を実現することである。

　だから勇気は，人間にもっとも困難なことを要求するにしても，諸徳のなかでは第一のものでも最大のものでもない。徳を作るのは困難や労苦ではなく，ただ善だけだからである[21]。

「勇気はみずからを信頼してはならない」

　したがって，勇気は，本性上もっと先にあるものに，われわれを追い返すことになる。勇気は本質的に第二のものであり，従属的なものであり，みずからのための尺度を受けとるものである。それには重みと等級の順位がついているが，第一のものはそれではない。勇気は自立的ではなく，自分では立たない。それは自分独自の意味を，何か別のものとのつながりによってはじめて受けとるのである。

　「勇気はそれそのものを信頼してはならない」，とアンブロシウスは言

う[22]。

　子どもはみんな，勇気が枢要徳の並びのなかで三番目に登場する，と知っている。この列挙の順番は偶然ではない。それは同時に重みの順番である。

　思慮と正義が勇気に先行している。これは次のこと以上でも以下でもない。すなわち，思慮と正義がなければいかなる勇気もないということ，思慮があって正しい人だけが勇気ある人でもありうるということ，同時に思慮がありかつ正しくもあるということを抜きにしては，本当の勇気はまったく不可能だということである。

　したがって，思慮と正義へのつながりを視野に入れずに勇気の本質を話すことも不可能である。

思慮ある者だけが勇敢でありうる
　第一：思慮ある者だけが勇敢でありうる。思慮のない勇気はけっして勇気ではない。
　この命題を見るときに感じる驚きは，われわれがキリスト教古典倫理学の自明な基盤からどれほど離れてしまっているか，その程度を示している。現代になってようやく，ためらいながらも，この命題に表明されているような，思慮の体系的な位置づけと高いランクが，再発見されだしている[*4]。
　勇気と思慮を一緒に並べることは，思慮についても勇気についても，こんにちの人々が抱いているイメージとかなり食いちがっている。それは部分的には，思慮や賢明という表現の現代の言語使用が，教会の古典神学において理解されていた**思慮**（*prudentia*）と**分別**（*discretio*）の意味を正確には指していない，ということに起因する。われわれは思慮[賢明]という表現で，危うきには近寄らず，したがって傷を負うまいとする，いやその可能性さえも避けてとおる老獪で「老練な」「策士」のもつ狭さを考えてしまう。この思慮はむしろ，腰抜けがいざとなったら逃げられるように引き合いに出すときの偽りの「思慮・慎重」であり，

　[*4]　この節の後半の文は，参照した1963年刊（初版1934年）単行（部分）本にあるのみで，1964年刊の合本と2004年刊の合本にはない。英語訳とスペイン語訳には収録されている。

「思案をめぐらしてじっとしていること」のように思われている。そのような思慮にとっては、勇気はまさに無思慮で愚かなことにしか見えない。

おそらく[*5]、われわれは**思慮**（*prudentia*）の概念に別のドイツ語を当てることを考えるべきだったろう。（言語社会学によれば，まさしく倫理的な規範概念の言語表現において，本来の原意はきわめて容易に希薄化して消えてしまうか，もしくはちょうど正反対の意味に転倒する，ということである。このことから，倫理用語にはたえず注意が必要であり，それを創造的に作りかえていくという課題が出てくるであろう）。わたしは折に触れて'Klugheit［思慮］'の代わりに'Sachlichkeit［さめて客観的であること，事物に沿う態度］'を使うことを提案してきた[†1]。もっとも，この語の慣用的な意味も**思慮**（*prudentia*）・**分別**（*discretio*）の古典的な意味の一部しかカバーしないことは否めないが。ともかくも，以後，この意味を含めておけば問題は少ない。これについては第Ⅲ部のはじめにすこしばかり話しておいた［第Ⅲ部第1章138〜39ページ］。

認識と行為において現実的なものの「正しい理(ことわり)（der objektive Logos）[*6]」に沿っている人のことを，'sachlich(ザハリヒ)'である，と言う。まさしくこれこそが思慮のもともとの，そして本来的な意味でもある。すなわち，すべて現実的にあるがままに味わいの分かる人（*cui sapiunt omnia prout sunt*）（クレルヴォーの聖ベルナルドゥス［Bernardus Clairvaux 1090頃-1153年］，ならびに『キリストにならう』において，その簡潔な表現があるように[†2]）のもつ「知恵」，という意味である。

思慮は二つの顔をもっている。一つは——認識し，「尺度を受けとる」

[*5)] この節から次ページ中段，「三つすべては思慮によって徳である。」までの5節は，1963年刊の部分本にのみある。1964年と2004年の合本（一巻本），そして英語訳にはないが，スペイン語訳は収録している。

[†1)] ヨゼフ・ピーパー，『現実在と善（*Die Wirklichkeit und das Gute*）』（Kösel-Verlag, München, 1949），83ページ以下を参照すること。同じことが，Der Katholische Gedanke 1932年の年報第5の『客観性と思慮（*Sachlichkeit und Klugheit*）』に。後になって，『思慮についての論考（*Traktat über die Klugheit*）』（Kösel-Verlag, 1960）が出る（訳注：本書の第Ⅰ部「思慮」である）。そこでは，第一の枢要徳の理論が十分かつ体系的に述べられている。

[*6)] 「ロゴス」とは「理(ことわり)」，「理性」，「分別」を，さらには「（神の）言葉」，「掟」，「命令」をも意味する。

[†2)] クレルヴォーのベルナルドゥス『折に触れての説教』18, 1, Migne, *Patrologia Latina*, Bd.183, S.587.『キリストにならう』第二巻第一章31.

ために —— 現実在に向かっている。もう一つは —— 決定し，命令し，「尺度を与える」ために —— 欲することと行うことに向かっている。思慮の第一の方の顔には現実的なものの真理が映っているし，第二の方には行為の照準(ノルム)が見えてくる。

そして，現実在への思慮のつながりの方が，行為への思慮のつながりよりも本質的に先である。思慮は —— 認識し，かつただしい方向を示しながら —— 現実の真理を人間らしい行いの善性へと「翻訳」する。そして事物の真なる認識へと「逆翻訳できる」ことによってはじめて，人間らしい行いは客観的に善である。罪は常に事物の本質についての誤った思いなしに —— それだけではないが —— 基づいている。

このようにして，思慮はただ枢要徳の順位において第一であるだけでなく，まさしく**諸徳の生みの母**（*genetrix virtutum*）[23]，すなわち他の諸徳を「生む」のである。魂［心］が身体の内的な形相であるように，思慮は諸徳の内的な形相である[24]。現実に活動する人間にまず求められるのは，現実在についての知識をもつということ，それも「ただしい方向を示す」ような，行為につながる知識をもつ，ということである。この「ただしい方向を示す知識」が思慮の本質を成している[25]。「すべての倫理徳は思慮あるものでなければならない」[26]。思慮がなければ正義も勇気も節制もない。三つすべては思慮によって徳である。

したがって，勇気は，それが思慮によって「形あるものにされる（informiert）」ことで，勇気となるのだ。この「形あるものにする」という言葉の二重の意味は，ひじょうに具合よくできている。「形あるものにする」とは，かつて，そしてこんにちの用語法でも，まず然るべく知らせることである。次いで，この言葉はラテン語の 'informare' をそのまま受けついでいるスコラ的な専門語として，内的な形を与えることを意味している。思慮と勇気の関係につなげれば，二つの意味が組み合わさって，思慮によって勇気が「然るべく知らされる」ことで，勇気が思慮からおのれの内的な形・形相を，すなわち徳としての特有の本質を受けとる，ということになる。

勇気の徳は，ただ血気(ヴィタール)さかんで見さかいのない向こうみずとは何の関係もない（もっとも，勇気は，他の徳にもまして，生気(ヴィタール)あふれる健康を前提とするだろう）。何が何でも，見分けもつけずに危険に身をさらす

者は，すでに勇気ある者ではない。なぜなら，この場合，どのような選択肢も選ぶところなく無差別に，人格的な無傷の完全性——まさしくこれに命を賭けるべきである——よりも価値がある，と見なすことを意味しているからである 。何でもいいから命がけになることは，勇気の本質を成すものではなく，ただ，理に合った，すなわち現実の真の本質と価値に合った自己犠牲だけが，勇気の本質なのである。どのようにでも，ではなく，理に従って（*non qualitercumque, sed secundum rationem* [28]）なのである。真の勇気は，「命を賭ける」ことであれ，命がけで護ったり獲得したりしようと望んでいるものであれ，事物についてのただしい判断［評価］を前提とする。

　かのギリシアの讃辞，ペリクレス［Periklēs, 前495頃-429年］が戦没者のための演説で格調高い言葉にまとめた讃辞は，キリスト教的な知恵をも表している。「もっともよく思案をめぐらしたことについて，もっとも自由に果敢な行動をとる，これもまたわれわれのやり方である。よそにおいては，無知だけが勇気を生み，思案をめぐらすと臆するのみである」[29]。

諸徳のなかでの順位

　思慮は他のすべての枢要徳に，すなわち正義と勇気と節制に，内的な形を与える。しかし，これら三つは同じ仕方で思慮に依存しているのではない。なかでも勇気は，正義とは異なり，直接思慮から形あるものにされる［然るべく知られる］ことはほとんどない。正義が思慮の最初の言葉（Wort［命令］）なのであり，勇気は二番目である。思慮が勇気を形あるものにする［然るべく知らせる］のは，もっぱら，いうなれば正義を通してなのである。正義は目を現実に向けている思慮だけを足場にして立っているが，勇気は思慮と正義に同時に依存している。

　トマスは枢要徳の順位を次のように説明する。人間の本来の善とは，理・理性（フェアヌンフト）に即した，すなわち，現実的なものの真理に即した，おのれ自身の実現である。（教会の古典的神学にとって，理・理性（フェアヌンフト）とは常に現実在への「通路」を指していることを忘れてはならない。したがって，19世紀の観念論哲学の自律独裁的「理性」へのただしくも嘲笑的な不信を，そのまま現実在との繋がりをもつ盛期スコラ学の理（ことわり）（*ratio*）にまで持ち

第3章　勇気はみずからを信頼してはならない

こむ誘惑にたいしては，われわれは防衛しなければならない)。この「理・理性の善」(フェアヌンフト)の内容は，思慮の働きとしての，ただしい方向を示す認識に与えられている。正義において，この理・理性の善は実現されて実在的な現実存在となるのである。すなわち「理・理性の秩序(フェアヌンフト)を人間的な事がらすべてにおいて徹底させることが正義の任務である」。その他の徳——勇気と節度——はこの善を保持するためにある (sunt conservativae huius boni)。これらの任務は，善から離れないように人間を護ることにある。これら，最後の二つの徳のうち，勇気が優位にある[30]。

思慮の命令において，人間の善が必ず明らかになる。正義がはじめて，そしてほんらい，人間の善を実在的な現実存在へと実現する。だから，勇気はそれ自身では善を第一に実現するものではない。むしろ，勇気はこの実現を保護するもの，ないしは実現の道を解放してやるものである。

「正義のない勇気は悪の原動力」

したがって，ただ思慮ある者だけが勇気ある者でありうるが，それだけではない。さらに言えることは，正義に仕えるのではない「勇気」は，思慮によって形あるものになっていない「勇気」と同じで，真正ではないし現実在に合っていない。

「事がらの正しい大義(ザッヘ)」を抜きにしては，いかなる勇気もない。大事な点は，負傷することではなくて大義(ザッヘ)である。**殉教者を作るのは処罰ではなくて，大義である** (martyres non facit poena, sed causa)，とアウグスティヌス[31]。「人間は，正義を守るというのでないかぎり，自分のいのちを死の危険にさらさないのである。したがって，勇気をほめることは正義に依存している」，トマスはこのように言う。そして，アンブロシウスの義務についての書物には，「正義のない勇気は悪の原動力である」，とある[32]。

第4章

持ちこたえと攻撃

勇気は怖いもの知らずと同じではない

　勇敢であることは恐怖心のないことと同じではない。じっさい，勇気はある種の怖いもの知らずを，すなわち現実についての誤った判断と評価に起因する怖いもの知らずを，まったく排除する。この種の怖いもの知らずは，あるいは本当の危険にたいして目と耳を覆っていることから生じるか，あるいはそれは愛の倒錯から生じる。というのは，恐れと愛とはお互いを引き起こすのである。愛さないものについては，恐れることもない。倒錯して愛しておれば，倒錯して恐れる。いのちへの意志をなくしている者は，死を怖がらない。生きることが嫌になって，どうなっても構わないという姿勢は，まことの勇気から遠く隔たっている。これは自然な秩序の倒錯である。勇気は事物の自然な秩序を認識し，容認し，そして保つ。勇気ある者はよく見ており，みずから引き受ける傷が禍悪であることを知っているのだ。勇気ある者は現実をごまかさないし，現実を曲げて評価しない。事実そのような味だからこそ，その当人にそのような「味がする」のだ。その者は死を愛するのではないし，またいのちを蔑視するのではない。勇気は，ある仕方で，人間が禍悪を恐れる，ということを前提としている。勇気というものは，怖いもの知らずということではなく，恐怖がおのれを禍悪に仕向けることをさせないというところに，もしくは恐怖が善の実現を妨げることをさせないというところにある。危険を冒す者は——それが善を目的とする場合であっても——もしその危険を知らずにか，あるいは自らなる楽天からか（「自分には何もおこらないはずだ」），あるいは自分の生来の力や戦う技量を然

るべく恬んで，ということであれば，危険に身を投じているからといって，まだ勇気の徳を所有しているのではないのである[33]。本当の意味で勇気があると言える場面は，これらすべての頼みの綱が，思い込みであれ本物であれ，無力だと分かったとき，すなわち自然な人間が震えあがるときである。それも，わけもなくびくびくして，というのではなく，立たされている現実をはっきり見通した上で，いわば然るべき根拠の上に，どうしようもなく震えあがるときである。どのようなほらふき兵士（*miles gloriosus*[*7]）も絶句し，どのような英雄的なポーズも金縛りに合うような，ぜったいに真剣な状況にあって，その恐るべきものへと立ち向かって躊躇なく善を為す者——それも名誉心から，ないしは臆病のそしりが怖くて，ということではなく，善のために，すなわち最終的には神のために——，その者こそ，真実に勇気があるのだ。

ただし，このように確認したからといって，自然なレベルでの楽天家の価値や，力があり戦いに有能であることの価値がすこしも減じられることはないし，その生命的な意味もその大きな倫理的な意味も小さくなることはない。そうだとしても，徳としての勇気の本質がほんらいどこにあるかを見すえておくことが大切なのである。それは生命的なものを越えたところにあるのだ。殉教を前にしたら，どのような自然的な楽天も無意味になるし，どのような自然的な戦闘力も，文字どおり，手を縛り上げられる。殉教はしかし，勇気の最高で本来の行いであるし，このきわめて真剣な場面ではじめて，その本質があらわになる。また，この本質に照らして，それよりもより低い英雄行為も測られるのである（*ad rationem virtutis pertinet, ut respiciat ultimum*——極まるところにまなざしを向けることは，徳の本質に属する[34]）。

倫理的な勇気と兵士の有能さ

ここで，倫理的な基本習慣としての勇気と兵士の有能との関係について，ひとこと言っておきたい。「たぶん，勇気がなければないほど，それだけ良い兵士だということになる」——考えたあげくの聖トマス・アクィナスの文である[35]。もちろん，「たぶん」というところが強調点で

[*7] 『プラウトゥス，ローマ喜劇集3』（西洋古典叢書，京都大学出版会）に「ほらふき兵士」として訳書がある。

ある。つまり，一方で，なかでも血気あふれる気概，命知らず，覇気がプロの戦士を作る，ということであろう。しかし他方で，共同体の［危機にさいしての］正義の防衛で求められる命を賭けた献身は，勇気という倫理徳がなければほとんど期待できないものである。

究極的に恐れるべきものを恐れることが前提となる

このように，勇気はたんなる怖いもの知らずを意味しているのではない。究極一歩前の朽ちるほかないものへの禍悪を恐れるあまり，究極で本来の善を放棄するようなことのない人，またそうすることで，究極で無条件に恐るべきことをみずからに招来しない人，その人こそ勇気がある。究極的に恐れるべきものを恐れることは，神への愛を「裏返したもの」として，勇気の（そしてすべての徳の）文句なく不可欠な基礎である。「神を畏れる人は何事にもおびえることがない」（シラ書34:16）。

したがって，恐ろしいものへと，傷を負うことへと立ち向かうことによって善を実現する人は，真実に勇気がある。しかし，恐ろしいものへと「立ち向かう」ことには二つの仕方があり，それぞれ勇気の二つの基本行為を成している。すなわち，持ちこたえと攻撃である。

より本来的な勇気：持ちこたえることであり攻撃ではない。襲いかかってくる悪を前にして，受け身ではなく固く善を守ること

より本来的な勇気は，つまりそのより主要な働き（*actus principalior*）は，持ちこたえることであって攻撃ではない。聖トマスのこの文は[36]われわれには奇妙に聞こえるし，たぶんこんにちの多くの人は，躊躇なく，これを「典型的に中世的」で「受け身主義」の人生観と倫理学説を表明するもの，と取るだろう。しかし，このような解釈は事の核心を捉えていないことになる。トマスは，持ちこたえが総じて攻撃よりも高く評価される，とは考えていないし，どのような場合にあっても攻撃より持ちこたえの方が勇気がある，とは言っていない。それなら，この文の意味は何だろうか？　ほかでもない，勇気の本来の「場」とは，持ちこたえが誰の目にも唯一残された抵抗の道であるような，まさしく極まったどたんばの真剣勝負の場面であること，そして，勇気というのは，そのような現場ではじめて，また終極的に，その本性を示す，ということなの

である。ただし，善の実現のためには，人間は傷を負うかいのちを落とすかする場面に立たされることがあるというのは，したがってまた，一般的な言い方をすれば，悪はどうしようもない力として襲ってくることがあるというのは，もっぱら聖トマスの世界観ならびに一般にキリスト教的な世界観のものである——そのような道は，周知のとおり，啓蒙的な自由主義の世界観では消される。

　加えて，持ちこたえというのは表面的にだけ受動的なのである。トマスはみずから異論を考えている。すなわち，勇気が一つの完全性であるとすれば，持ちこたえは勇気の本来の行いではない，なぜなら，持ちこたえることは純粋な受動性だし，また活動的な行為の方が受動的な受苦よりも，つねに，いっそう完全なのだから，と。これに答えてかれは言う，持ちこたえることは魂［心］の強い活動性，すなわち**善を力いっぱい掴んで離さないということ**（*fortissime inhaerere bono*）を含む。そしてこの強かな積極性があってはじめて，負傷や死という心身の受苦にたいする力が育まれるのだ，と[37]。このようなことを常識の目から隠し，不明瞭で恨み多い受け身主義の意味に曲解したのは，英雄的で活動的な勇気を理想と掲げる非キリスト教的な物差しに屈服して怯えた小市民的なキリスト教であること，これは否定できない。

忍耐：究極的な無傷の最高の状態

　このことは，忍耐の徳についての一般的な理解について，いっそうよく当てはまる。忍耐は勇気の不可欠の要素だ，とトマスは考えている。もしも忍耐と勇気とをこのように同列におくことに違和感があるとするなら，その一つの原因は，われわれが安易に勇気の本質を活動的なものと誤解しがちだということにもあるが，それだけではなく，とくに，忍耐というのを——古典神学に大いに反していることであるが——何であれ遭遇するすべての禍悪を，場合によっては選んだ禍悪を，見境なく「犠牲の供物」のように考えて，悲嘆に暮れて悦びもなく受苦すること，という意味にとっているところにある。しかし，忍耐というのは，禍悪を無闇に引き受けることとはまったく別である。「忍耐強いのは，禍悪を避けない者ではなく，禍悪を前にして，思わず取り乱して嘆くということのない者である」[38]。忍耐強いというのは，善の実現から生じる負

傷によって魂［心］の晴れやかさと明敏さを奪わせないことである。忍耐が寄せつけないのは精力的に掴もうとする活動性ではなく，確実に，悲嘆と狼狽だけである[39]。忍耐は，**精神が悲嘆に引き裂かれてその度量を失わないようにする**[40]。したがって，忍耐は「打ち砕かれた」生（しばしばこの言葉で表され，またほめられるときに，間違いなく想像するであろうような）という，涙で曇った鏡ではなく，最後の無傷の輝かしい姿なのである。ビンゲンのヒルデガルト[*8]の言うように，忍耐とは「何があってもぐらつかない大黒柱」[41]である。そしてトマスは聖書（ルカ12:19[*9]）に関連させて，見事にまとめている。「忍耐によって人は自分の魂［心］を自分のものにする」[42]，と。

　勇気ある人は，まさしくそのことによって忍耐強くもある。しかし，この逆はただしくない。忍耐の上に位置する持ちこたえがまだ勇気の全部を成さないのと同じく，いやそれ以上に，忍耐は勇気の全部を成さない[43]。勇気ある人は避けがたい禍悪にたいして取り乱さずに耐えることを心得ているだけではない，禍悪にたいして「飛びかかり（*insilire*）」，然るべき理由があればそれを阻止することも疎かにしない。このためには，内的な習慣として，攻撃の用意が，つまり気概と自信，そしてやり遂げられるという希望が必要となる。「勇気の部分を成すところの，確信をもって平然としていることは，人がおのれ自身に置く希望を意味している。もちろん，神のもとにありながらであるが」[44]。これらのことは，さらに多言を要しないほど，あまりにも当然のことである。

勇気と怒りは協同する

　しかし，トマスが（正しい）怒りについて勇気の徳との積極的なつながりを認めていることは，現代のキリスト教界にとって，また非キリスト教の側からの評論家にとって，理解を超えたものになっている。この無理解は，一つには，人々が一種の精神主義的なストア主義に陥っていて，あらゆる情念的な（これはいつも肉体的に条件づけられている）動

　　[*8]　1098-1179年。ドイツのベネディクト会の女子修道院長。『スキヴィアス（Scivias）』の著者。
　　[*9]　「忍耐によって，あなたがたは命をかち取りなさい」。

因を，それがキリスト教倫理とは無縁なものであり一緒になれないものだとして，行為の上で閉めだしたことに起因する。もう一つは，まさしく怒りにおいて露わになる爆発的な活動性が，性質上，「市民的に」調教された行儀の良さに反しているからである。これら二つのこととは無縁なトマスは，したがって次のように言う。勇気ある人はまさしく勇気ある行為において，とくに攻撃において，怒りを加える（*fortis assumit iram ad actum suum*）。「なぜなら，怒りによって悪に飛びかかるのであり，こうして勇気と怒りは互いに手を取り合って協同するからである」[†3]。

こういうわけで，「受動」の方向だけでなく今述べた「攻撃」の側から見ても，勇気の古典理論はありきたりの狭い理解の枠を完全に超えている。

狼の群れのなかの小羊，誤った見方とただしい見方

しかし，勇気のいっそう本来的なところは，攻撃でもなければ自信でも怒りでもなく，持ちこたえと忍耐であることに変わりはない。ただしこれは，かりそめにも，忍耐と持ちこたえが攻撃と自信よりも無条件に良くていっそう完全だから，などという理由によってではない（これは何度繰りかえしても過ぎることはない）。そうではなく，人間の魂［心］の究極でもっとも深くにある力というのは，持ちこたえる以外に抵抗の道のないようなきわめて真剣な場面においてはじめて顕現できるように，現実世界が作られているからである。「この世」の力のしくみというのは，怒りに満ちた攻撃ではなくて持ちこたえることこそ，本来の勇気を——その本質はほかでもない，負傷や死に直面したら動揺して譲歩するのではなく，善を愛しかつ実現するというところにある——最終的かつ決定的に試す，という構造になっている。善の最強の力は無力のときに示されるということが[*10]，原罪によって無秩序へ堕落しているこの

[†3] 2-2, 123, 10 ad 3（和訳第21分冊）。また，ピーパー著『節制と節度』（本書第Ⅳ部）8章「怒りの力」を参照すること。

[*10] パウロのコリントの信徒への手紙二を参照すること。「すると主は，『わたしの恵みはあなたに十分である。力は弱さの中でこそ十分に発揮されるのだ』と言われました。だから，キリストの力がわたしの内に宿るように，むしろ大いに喜んで自分の弱さを誇りましょう。それゆえ，わたしは弱さ，侮辱，窮乏，迫害，そして行き詰まりの状態にあっても，キリストのために満足しています。なぜなら，わたしは弱いときにこそ強いからです」(12:9-12:10)。

世界の根本的な事実なのである。「見よ，わたしはあなたたちを狼のなかの小羊のように遣わす」（マタイ10:16）という主の言葉は，世にいるキリスト者にとって，こんにちもまだ続いている状況を示している。

　このような事態に思いを致すことは，どの「若い世代」にとってもほとんど受け入れがたいことであろう。これを承諾することを嫌がり，また「折れて妥協して」しまった人々の「あきらめ」にたいして内的に抵抗することこそ，まさしく真の若々しさの際立った証しでありうる。何と言っても，この抵抗のうちには，世界のもともとある「本来の」創造秩序を守ろうとする不死の精神が生き生きとしている。原罪に起因する無秩序という，世界内的には避けるすべもない現実在を，「概念として分かる」だけでなく，経験から教えられて「実在として」認めざるをえなかったときでさえ，真正のキリスト者はこの精神を失っていないのである。とすれば，結論的に言えることは，非キリスト教的，もしくは「前キリスト教的」な「折れて妥協する」という態度もまた存在するのであり，これに打ち克つことこそ若者の，それもキリスト教の若者の，永遠の使命となろう。

　加えて言っておきたい。「狼に囲まれた小羊たち」という比喩は，キリスト者の世界内存在の隠れた深層にとくにつながっている。その深層は，いずれ実現する可能性としては，あらゆる具体的な争いの根底にじっとしていて，それらすべてを内側から規定して色づけているが，しかし覆いが取れて完成した現実在としては，極まった真剣勝負の場においてだけ明るみに出る。この真剣な場面では，キリスト者には誰であれ，あの比喩の純粋で混じりけのない実現を要求するのである。しかしこちら側，この深みのいわば上方には，活動的に世の中を駆け回って闘い取るような善の実現の場が——愚昧と怠惰と蒙昧と悪意の抵抗にたいして——ひろがっている。キリスト自身が——教父たちは，キリストの死の苦悩から殉教者たちの血の証しへの力が育まれ[45]，キリストの「ほふり場に引かれる小羊のように」犠牲に向かう覚悟によって，かれの地上での生き方全体が決められている，と言う——そのキリストが鞭を振るって神殿から商人たちを追い出し，きわめて忍耐づよいかれが，大祭司の前で下役の一人に顔を殴られると，「もう一方の頬を向ける」のではなく，下役にむかって，「何か悪いことをわたしが言ったのなら，その悪

いところを証明しなさい。ただしいことを言ったのなら，なぜわたしを打つのか」，と応えたのである（ヨハネ18:23）。トマス・アクィナスはヨハネ福音書講解で，この場面（そして使徒言行録の以下の場面）と「しかし，わたしは言っておく。悪人に手向かってはならない。だれかがあなたの右の頬を打つなら，左の頬をも向けなさい」（マタイ5:39）という山上の説教のあいだの，一見した矛盾に注意を向けた。「受け身主義」の解釈では，事実上，この「矛盾」を解くことはできない。トマスの説明——またそれはアウグスティヌスとも一致する——はこうである。「聖書は，キリストみずからと聖人たちが行為によって実際に為したことから理解されるべきである。ところで，キリストはもう一方の頬を向けなかった。パウロもそうだった。だから，山上の説教を文字どおりに解釈すれば，誤解することになる。これはむしろ，殴った男にたいして気が転倒して厳しくやり返すことなく，やむをえなければ，同様の，もっと酷いことに耐えるための魂［心］の覚悟を意味している。主はおのれの体を死刑に任せたのだから，まさしくかれ自身がそのとおりのことを実行したのである。主の応えはこのようにしてわれわれに教えているのだ」[46]。使徒パウロにも同様のことがある。パウロは，最高法院の議員たちの前で，自分の自由な演説のゆえに大祭司の命令で「口を打たれ」たとき，殉教を覚悟して生きていたにもかかわらず，黙って持ちこたえることをしなかった。大祭司に応えて，「白く塗った壁よ，神があなたをお打ちになる。あなたは，律法に従って裁くためにそこに座っていながら，律法に背いて，わたしを打て，と命じられるのですか」（使徒言行録23:2以下）と言ったのである。

持ちこたえる態勢にある者の自由な卓越性

きわめて真剣な場面において，善の実現のためには倒れるまで忍耐強く持ちこたえるという覚悟は，躊躇なく戦い，そして攻撃することを否定するものではない。じっさい，この覚悟から，キリスト者の世界内的な活動は，ガツガツした出しゃばりな人々には結局恵まれないような卓越性［優っていること，徳］と自由を受けるのである。

第5章

三つの勇気（生命的，倫理的，神秘的）

生命的，倫理的，神秘的という三つの秩序

　勇気の徳は，人が自分のいのちを失うような仕方で自分のいのちを愛することがないように，その人を護る。

　ここにある，自分のいのちを愛する者は自分のいのちを失う[*11]，という命題は，人間の現実在の存在秩序すべてに，つまり魂［心］の健康という「前倫理的」な秩序に，また自然的な倫理の「倫理的」な秩序に，さらには超自然的ないのちという「超倫理的」な秩序に，当てはまる。だから，勇気は三つの秩序すべてにたいして意味をもつことになるが，二番目の秩序において，狭い意味で，勇気は「人間らしい徳」であり，第一の秩序においては，まだ，それは「人間らしい徳」ではないし，第三の秩序においては，もう，それは「人間らしい徳」ではない

　三つの秩序すべてはただ思考の上できれいに分離されるのであり，実存する人間の現実在においては，それらは互いに食いこんでいる。個々の場合に，どこで倫理的な罪責・負い目［すなわち，秩序の乱れ］の領域が終わってどこで魂［心］の病［すなわち，秩序の乱れ］の領域がはじまっているのか，だれにも分からないし，恵みの秩序［第三の秩序］に実質的なつながりのないような「純粋に自然的な」徳はキリスト教的な永遠(アイオーン)の生にあっては存在しないのである。したがって，勇気も，人間のいわば統一的な本質的習慣として，これらすべての秩序に行きわたっている。

　　[*11]　「自分の命を救いたいと思う者は，それを失うが，わたしのために命を失う者は，それを得る」（マタイによる福音書16:25）を参照すること。

病的な保身欲

現代の性格学は精神医学を基礎にしているが、そのおかげで分かっていることは、傷を引き受ける気概の不足、自己犠牲の気概の不足が、魂［心］の病のもっとも深い原因とされなければならない、ということである。神経症すべての共通の徴候として現れるのが、不安に囚われた「自我中心性」であり、自分自身だけへと硬直するような保身欲であり、たえず自分だけに囚われて自分を「解き放す」ことができない状態である。これを手短に言えば、いのちを失うことにまっすぐつながるような自分だけのいのちへの愛である。現代の性格学が「自分のいのちを愛するものは、それを失う」という聖書の言葉をそのまま持ってくるのは珍しくないという事実、これは注目すべきことであり、またけっして偶然ではない。文字どおりの宗教的な意味から離れれば、それはまさしく「用心して自我を護ろうとすればするほど、自我はたえずいっそう大きな危険に陥る」[47] という精神医学的・性格学的な所見のことである。

この、魂［心］の健康の根として生命的な領域に密接に結び付いている前倫理的な勇気は、意識的なコントロールをまったく逃れる仕方で、一方では本来の倫理的な勇気に依存してそれと一緒の造りになっており、倫理的な勇気が、からだの形相である心［魂］(*anima forma corporis*) の力によって、自然のままの層のなかに形を与えるべく作用しているのである。前倫理的な勇気は、他方で、少なからずもつれてつながりながら、人間、そしてキリスト者の本来の精神的な勇気の前提条件であり、基盤であるように思われる。後者の本来の勇気は、生命的なものに根付いた勇気という土壌から生え出ているのである。

勇気における完全性［完徳］の段階

キリスト者の精神的で霊的な勇気は、内的ないのちの完全性の段階に応じて展開する。

本質の順位から言えば、超自然的な存在は自然的な秩序よりも比較にならないほど高くにあるが、当初はそれをわれわれは不完全に「所有」している。身体と精神という自然のいのちの力が、人間の直接の、いわば無条件に人間に奉仕している所有物であるのにたいして、信仰と希望と愛という超自然的ないのちは、ただ間接的に人間のものである。対神

徳の愛と同時にキリスト者に贈られている聖霊の賜物が展開することによってはじめて，超自然的ないのちはわれわれの「十分な所有」となり，それが第二の自然として，「自然的な」衝動からのように，われわれを聖性へと強いるのである[48]。

このようにして，キリスト教的な勇気の完成の段階は，**勇気の賜物**（*donum fortitudinis*），つまり聖霊の七つの賜物の一つである恵贈の勇気が展開する程度に，対応している。

トマスは勇気の完全性の段階を三つに区別する（枢要徳すべてがそうであるように）。いちばん下の段階は——とはいえ，いっそう高い次の段階に「見放される」わけではなく，そこに取り込まれる——，日常の秩序だった共同体の生活の「市民的，もしくは国家社会の政治に携わるときの」勇気である。これまで勇気について言われたことのほとんどすべてが——殉教にかんする説明を除けば——この，キリスト教的に言えば第一の段階につながるものである。勇気の第一から第二への，「清めつつある[*12]」，清めの段階での内的な歩みの途上で，おのれを神に似たものへと高く実現しようと心砕いている者は，本来の神秘的ないのちへと歩を進めている。しかし，神秘的ないのちとは，超自然的な神の愛と聖霊の賜物のいっそう完全な展開にほかならない。勇気の第三の段階——すなわち，**清められた心［魂］の勇気**（*fortitudo purgati animi*）であり，「清められた精神［霊ガイスト］」という，すでに本質的に変身した勇気である——だけが地上的な聖性の頂点に到達するが，この頂点はすでに永遠のいのちの始まりである[49]。

いっそう高い現実在を目の前にして慄然とする。「暗夜」

清めつつある勇気（*fortitudo purgatoria*）について——これはしたがって，すべてのキリスト者にとって，到達できる勇気の最高の段階を示している——トマスは次のように言う。この勇気はいっそう高い世界に入るときに（*propter accessum ad superna*[50]）慄然としないような力を魂

[*12) 「清めつつある」は 'purgatorisch' の訳。「煉獄的」と訳されることもあるとおり，厳しい「清め」のための行い（断食や痛悔，より一般的には水や火による荒行のようなものも入るであろう）が要求される。「清める」ことによる「清まり」については，第Ⅳ部「節制」の第10章「節制の果実」にも触れられている。

第5章　三つの勇気（生命的，倫理的，神秘的）　　　　167

[心] に与える，と。これは一見，ひじょうに奇妙な言い方である。しかし，次のことに思いを致すなら，より理解しやすくなるであろう。すなわち，あらゆる偉大な神秘家たちの一致した体験によれば，はじめに，そして神秘的ないのちの最終的な完成の前にもう一度，ちょうど沖合で溺れる者が見放され見捨てられたと断念するときのように，魂 [心] は感覚的にも精神 [霊（ガイスト）] 的にも「暗夜」へと投げ出されるのである。**神秘博士**（*doctor mysticus*）と呼ばれる十字架の聖ヨハネ [Juan de la Cruz 1542-91年] は言う，この夜の「暗やみのなかの [愛の] 炎」において──この夜とは正真正銘の**清めのさなか**（*purgatorio*）であり，その苦しみは修行者が改悛のために自分で案出して課すことのできるあらゆる責め苦を超えている──，神は容赦のない癒しの手で感覚と精神 [霊（ガイスト）] とを罪という滓（かす）から清める。

　キリスト者はこの暗やみのなかへとあえて飛び込み，このことによって保身だけに思いをめぐらす自分自身の手から逃れ，神の無条件の裁量のなかに「解き放たれる」が，その人こそまったく厳密な意味で勇気の本質を実現しているのである。その人は愛の完成のために恐ろしいことに向かっている。いのちのためにいのちを失うことを恐れない。その人は主に見据えられて死なされる用意ができているのだ（「人はわたしを見て，なお生きていることはできない」出エジプト記33:20）。

　ここから，「英雄的な徳」という表現の本来の意味がはじめて明らかになる。内的ないのちのこの段階の基盤──その本質は聖霊の賜物の展開なのだが[51,*13]──こそ本当の勇気であり，つまり特別の意味で，そしてはじめて「英雄的」と銘うたれる徳である，それも神秘的ないのちの，恵みによって一段と高められた勇気である。キリスト教神秘主義の偉大な教師であるアビラのテレサ [Teresa de Jesus 1515-82年] は，勇気こそとりわけ完徳の第一の条件に属している，と言う。かの女の自伝にはひじょうに明快にまとめられた文章がある。「不完全である人間には，突然殉教者になることよりも，完徳の道を進むためのいっそうの勇気が要求される，とわたしは断言します」[52]。

───────

*13)　「このような卓越した徳をアリストテレスは『神のごとき人の徳，あるいは神的な徳（*heroica vel divina virtus*）』と呼んでおり，またそれは，われわれの立場からすれば聖霊の賜物に属するものと考えられる」（2-2, 159, 2 ad 1）。

このいっそう高い勇気の段階へは——殉教者であれば激しくも大胆なただの一とびで到達する——持ちこたえるという自然的な力ではうまくいかない。その代わりに勇気の聖霊がくるのであって，聖霊は——「われわれ抜きにわれわれのなかで」（in nobis sine nobis）——われわれが暗やみを切りぬけて明かりのある険しい岸に着くように，働く。あらゆる自然的な確かさを強めて慰め励ます光が——「形而上学的」なそれも例外ではない——薄れ，極まった苦境のあげくに頼りない懐疑に変わるときに，聖霊は人間にたいして，覆われてはいるが，かの確固として超自然的な確かさを，最後にある幸福な勝利の確かさを，与えてくれる。その確かさなくしては，超自然的な秩序にあってさえ，戦いと負傷は客観的に耐えられるものではない。勇気の賜物において，聖霊は魂［心］にどのような恐れにも打ち克つような頼もしさ・信頼を注ぎこむ。すなわち，永遠のいのち——いっさいの善き行為の目的であり，またどのような危難からも最後には救われることを意味する——へと聖霊が人を導く，という頼もしさである[53]。

霊的贈物としての勇気

この超人間的な勇気とは，無条件に「賜物」（donum）である。この勇気の勝利にたいして，教会の教師たちはいつも聖書の次の言葉をつなげている。「自分の剣によって領土を取ったのでも／自分の腕の力によって勝利をえたのでもなく，あなたの右の御手，あなたの御腕／あなたの御顔の光によるものでした。／これがあなたのお望みでした」（詩編44:4）。

アウグスティヌスとトマス・アクィナスは勇気という霊的賜物に，「義に飢え渇く人々は，幸いである，その人たちは満たされる」[*14]，という至福を結びつけている。

勇気の超自然的な賜物は，キリスト者を正義に飢え渇くことからけっして解放するものではない。それは善を実現する戦いにおいて，傷を，そして最悪の場合には死を引き受けるという，避けられない苦痛から免れるわけではないのだ。しかし，最後には「満たされる」という信仰の

---

*14) マタイによる福音書5:6。

真理は——勇気ならびに内的ないのち一般の第一の段階では，いわばただ「理論的に」知られて所有されているだけ——このいっそう高い段階にいたって，直ちに意志を動かすような，見て聞いて掴むといった自分の経験によってしか自然的にはえられないほどの明証性にまで，高められる。したがって，飢え渇きのもっとも深い根拠に基づいて——ついでながら，その飢え渇きというのはそれを引き起こす実在のうちの何一つとして失わない——溢れるほど満たされるという確かさが，それがすでに「幸い［至福］」であるほど否みようのない現実性を伴って輝くのである。

　人間の勇気のこれら三つの基本的な形——前倫理的な，本来の倫理的な，そして神秘的な——すべてが，同一の本質像を現したものである。安全志向の構えを変え，いっそう高い力を信頼してその采配に身を任せ，身の危険を覚悟して，不安だらけの保身欲で身動きのとれない我執的な硬直をほどくのである。大きな違いが魂［心］の健康の領域と倫理的な善ならびに神秘的ないのちの領域とにあるにもかかわらず，三つの勇気すべての形の根底にある習慣となった人間らしい本質的な心構えという統一性が，そこには成り立っている。違いは確かにあるし，また勝手に曖昧にされてはならない。しかし，われわれはあまりにもしばしば相互の領域を孤立させてきたし，またあまりにも多く相互にある内的なつながりを見落としてきている。このつながりが，生きられている人間の生(レーベン)の具体的な現実性のなかで，生命的・魂［心］的な層を倫理的な層と，そしてこれを神秘的な層とつなげているのである——ただ，これらの縺れあった相互の依存関係は，おそらくけっして完全には見きわめられないであろうが。

　生命的・魂［心］的な領域で，「自我中心的」に，ただただ自己保全のことばかりを考えて，冒険を敢えて行おうと奮起しない者は，善の実現のさいに傷を負ったりいのちをも落としたりすることが要求されるとき，おそらく用をなさないであろう。——ただし，ここは本当の姿が表面に出にくいところである。『断頭台下の最後の女』のような人物ブランシュ・ド・ラ・フォルスが思いだされるのである[*15]。

[*15)] ル・フォル作『断頭台下の最後の女』（小林珍雄訳，甲鳥書林，1942年）。フラン

この，まことに重要な留保を付けた上で，やはり言ってよいことがある。すなわち，生命的な気力を教育的に実現することは——ただしこれはけして「身体的な鍛錬」と一緒にされてはならない——，ある意味で，同時に倫理的な勇気の基礎であるということである。他方で，不安に満ちた自己保全に起因する心の病気の癒しは，同時に人格がすっかり倫理的に「回心」しなければおよそ達成されないし，これもまた，具体的な実存に目を向ける者にとって，恵み，秘跡，「神秘主義」から離れた区域では生じないのである。

　狭義の倫理的な勇気と神秘的な位置にある超倫理的な勇気との，この生きた連続こそ，いっそう重要である。前世紀の，教会の古典神学からかなり隔たった道徳論は，神秘的ないのちを本質的に「異常な」ものとして，倫理の「通常の」領域から切り離してしまい，超自然的ないのちに展開する連続性を見えなくした。(この連続性は，ガリグー・ラグランジュの『神秘主義とキリスト教的完徳』[†4]という偉大な著書で，余すところなく説明されている。)

根本は神への人間の献身

　たしかに，正義を実現するときの外的な抵抗にたいしてほんらい投入される「市民的，もしくは国家社会の政治に携わるときの」勇気と，魂[心]が神と一つになるためにあえて「受動的な清め」という苦痛の暗やみに飛び込むときの「神秘的な」勇気とは，大いに種類を異にすることは明らかである。しかし，二つの勇気において，おのれを解き放つという課題は同じく人間らしい基本習慣であるが，達成されることを別にしても，見落としてならないことがある。すなわち，キリスト者の狭義の倫理的勇気は，本質的に，おのれを越え出て神秘的な秩序へ向かうということである。つまり，すでに何度も言ったとおり，その神秘的な秩

ス革命の革命政府の下で，修道女たちが断頭台に消えた史的事実を背景にした小説。姓（ド・ラ・フォルス，すなわち力・勇気のある）に反して生来臆病なため修道院から逃げていたブランシュが，かえって，次々と処刑される修道女たちのなかでも栄えある最後のようにして，断頭台に向かった勇気ある女であった，という話。

　[†4)]　アウクスブルク，1927年。この著作は聖トマス・アクィナスと十字架の聖ヨハネの神学に基づいている。（訳註：原題は *Perfection chrétienne et contemplation*（キリスト教的完徳と観想），1923年。）

序とは，キリスト者すべてが洗礼のさいに受けている超自然的ないのちの，いっそう完全な展開にほかならないのである。他方で，「市民的，もしくは国家社会の政治に携わるときの」勇気の最後の力は，神秘的な秩序にあって果敢に為されるような神への人間の献身——人には見えないが無条件に「おのれを捨てて任せる」——から生まれる，と言うことができるほどに，神秘的勇気は倫理的な層（そして，生命的・魂［心］的な層）へと決定的に作用するのである。

世の中の悪に抵抗して，あるいはぎこちない用心深さ——世の不協和は，原則として，「戦術的にただしい」仕方で矯正すべきである，という幻想を捨てきれないところの——に抗して，若い世代が攻撃を優先させる場合には，いつも次のことを肝に銘じておく必要がある。そのような戦いがホラ吹き以上のものでありうるのは，おのれの最強の力が神秘的な勇気から，すなわち神の無条件の裁量におのれを任せる勇気から取ってこられるときだけだ，ということである。この貯えの力との結ばれ——自覚的に守られる——なくしては，善へのいっさいの戦いはその真正性と内的な勝利の必然性を失うし，行き着くところは結局，精神の高慢という不毛な騒擾ばかりである。

聖霊の賜物という恵贈の超自然的な勇気は，キリスト者のその他すべての「自然的な」勇気を形成し，冠を付けるようにして完成させる。というのは，勇気があるということは，一つには，戦いにおいて善の実現のために傷と死とを引き受ける，ということである。しかしそれだけに止まらず，勝利を望んでいる，ということでもある。この希望なくして勇気はありえない。そして，この勝利がより高潔で，その希望がより確かであればあるほど，われわれはそれを得ようとして勇気をだす。しかし，勇気の超自然的な霊的賜物は，その他いっさいの勝利が人知れずそこに向けられていて完成するところの，無条件に最高で究極の勝利への無条件に最確実な希望から，すなわち永遠のいのちへの希望から，その栄養をえているのである。

希望をもつ者の試しとしての勇気の現場

疑いもなく，希望のない死は永遠のいのちを希望して死ぬことよりもはるかに恐ろしいし，また難しい。しかし，だとしたら希望もなく死に

向かう方がいっそう勇気がある，といった無意味なことは誰も考えないであろう——もっとも，辛苦が善であるといつも言う人は，このニヒリスティックな帰結から逃れることはまずできないが[†5]。——アウグスティヌスが言うように，血の証しは傷を負うことではなく，当人の行為が真理に即しているというところにある。決定的なことは「易しい」とか「難しい」ということではなく，「事物の真理はどうあるのか」ということである。決定的なことは，永遠のいのちが現実にある，ということである。そして，希望の「ただしさ」は，希望がこの現実性に「答えている」というところにある。

他方で，まさしく殉教の現場において，希望は仮面を剥がされて情け容赦ない試しにかけられる。一方で，人が永遠のいのちの希望のうちに生きると言い，かつ思うことは，他方で，現実に希望することと，まったく別である。希望とはそもそも何なのか——これは極まった勇気の要る真剣な場面に耐えた人でなければ，誰も深く知ることはできない。またそのような人でなければ，永遠のいのちを希望することが無条件に賜物であること——そしてこの賜物なしには，まことのキリスト者の勇気はないということ，これらを説得的に示すことはできないであろう。

[†5) 著者への私的な手紙に，「勇者が永遠のいのちを確信すれば，その死は勇者こそほんらい引き受けるべき苦難のないものではなかろうか？」といったものがあった。この手紙を書いた人は出版者エルンスト・ヴィーヘルトである。

第Ⅳ部

節　制

―――――

第1章

言葉の問題

「節制・控え目（*Mäßigkeit*）」と「節度・抑え（*Mäßigung*）」という名称の難しさ[*1]

　非キリスト者であれキリスト者であれ，こんにち誰かが正義を語るとき，事前に予想されることがある。その人の念頭にあるものは，正確には，教会の古典的な道徳論が**正義**（*iustitia*）という枢要徳のもとに理解しているものではない，ということである。同じことが勇気という言葉と概念についても当てはまる。とはいえ，正義と勇気についての一般的なイメージがキリスト教的な意味をまったく失っているわけではない。もしわれわれが，市民権のある名称を，その概念のもともとの意味とも結びつけて，新しくていっそう豊かないのちをもたせて復元しようとするとき，言語使用の権利がすこしも損なわれるものではない。

　これにたいして，こんにちのドイツ語には，テンペランティア（節制 *temperantia*）の概念の核心と広がりをすこしでも反映できるような言葉がまったく見あたらないのである。いわんや，たんに判明であることをこえて，この男らしい徳のもつ，心を呼び覚まして打ち克つ，といった意味を示してくれそうな名称は，こんにちのドイツ語には存在しない。まさしくテンペランティアの区域において次のことがはっきりしてくる。キリスト教的な人間像の真理は，すべての真理と同様，もし，言語の告げる生き生きとした刻印力が，真理をたえず新たに受肉して生まないかぎり，人を感動させる力はもとより，啓き示す力も失うということ，

　[*1]　第Ⅳ部「節制」の各章内のゴシック体の見出しは，分冊本にはない。1964年，そして2004年刊行の合本にあるものを挿入した。

したがってまた，真理を告げる言葉を刻印する力のある人には重い責任がかかってくる——さもなければこの剣の刃先をなまくらにしてしまう——ということである。

「メーシッヒカイト（節制・控え目 Mäßigkeit）」と「メーシグング（節度・抑え Mäßigung）」というこんにちの言い方は何を意味しているだろうか？

「メーシッヒカイト」の意味は，「飲み食いの控え目」という，ひじょうに雑な意味に萎縮して哀れな姿になっている。加えて言うと，ここでは大方，いつもとは言わないが，たんなる量の多寡を示すものと取られている。「貪食（Unmäßigkeit）」も「十分（Völlerei）」ももっぱら過剰と「満腹する」ことしか指していない，といった具合である（フランス語版トマスは，対応するラテン語「グラ（貪食 gula）」を「グルマンディーズ（食道楽 gourmandise）」と訳す！）。このような狭い意味での「メーシッヒカイト」はテンペランティア（temperantia）の本質を示唆できないし，いわんやそれを表明も含意もしていない。テンペランティアにはいっそう広い意味といっそう高い地位がある。それは枢要徳であり，生への城門がそこを軸に開閉する四つの蝶番の一つなのである[†1]。

「メーシグング（節度・抑え Mäßigung）」というのも，テンペランティアのこのような意味と水準には達しない。「メーシグング」というのは，第一に，言語慣用的にはあまりにも怒りとのつながりが強い。とくに怒っている人にたいして，われわれは「まあ，落ちつきなさい，抑えなさい（mäßigen）」と声をかける。たしかに，怒りの抑えはテンペランティアに属するが，もちろんその部分としてだけである。しかし，情念すべてにたいして不信感をもつ道徳論の生ぬるい空気から教会の「共同の教師」トマス・アクィナスの『神学大全』という，現実主義的でドライな世界に入ると，怒りの**情念**（*passio*）が断罪されるどころか，ほとんど弁明されていることに驚くはずである。——第二に，「メーシグング」の一般的な概念は，行き過ぎ・過剰にたいしては何でも不安をもつということと宿命的に隣り合っている。日常の会話で周知のとおり，「何につけても度（*Maß*）をこさないように」と言うし（たしかに，これはす

[†1) 「枢要（Kardinal, cardinalis）」の 'cardo' は「蝶番」を意味している。]

ぐれた意味をもつこともある)，また，真理愛とか，あるいはさらに気高い徳性から，普通では考えられないことを敢えて為そうと意気込んでいるときにとくに，「思慮ある節度・抑え」という言葉の組み合わせが出てくることを，だれでも知っている*2。すべての徳の根源であり母である神への愛の場合には，中間やほどほどということはない，と教える倫理学のなかには*3，この「メーシグング」という削り取られた概念の入りこむ余地はありえない。──「メーシグング」は，第三に，徹底して不同意の響きをもっている。この言葉はあまりにも排他的な，制限する，くい止める，せき止める，遮断する，手綱を引き締める，「轡」，といったことを意味している。──これらすべてが，ふたたび，第四の徳の古典的な範型とは矛盾しているのである。

ソープロシュネーとテンペランティアのすぐれた意味

　[節制の] ギリシア語「ソープロシュネー (*sōphrosynē*)」の語義がすでに，いやラテン語の「テンペランティア」も，はるかに大きな円弧をもっていた。──ギリシア語の名称のもともとの語意は「統制的な賢さ・思慮」すべてを意味している。そしてラテン語もこの一般的な意味から遠く離れてはいない。コリント前書 (12:24) にはこうある。「デウス・テンペラーウィット・コルプス (*Deus temperavit corpus*)」，つまり，「神は，見劣りのする部分をいっそう引き立てて，体を組み立てられました (整え，調節し，作り上げる)。それで，体に分裂がおこらず，各部分が互いに配慮し合っています」[傍点訳者]。種々の部分が一つに整序されて全体が組み立てられること──これが第一で本来のテンペラーレ (*temperare*) の意味であり，この包括的な意味を下敷きにしてはじめて，テンペラーレは──控え目に──「手綱を引き締める」や「止めさせる」と言えるし，同様に他方では──積極的に──「いたわり大事にする」や「容赦する」ことを意味しうる。このいっそう一般的な語意から，テンペラメントゥム (*temperamentum*) とテンペラトゥーラ (*temperatura*)

---

　*2)　本書の第Ⅰ部「思慮」第1章「枢要徳のなかで第一のもの」，11ページを参照すること。
　*3)　本書の第Ⅱ部「正義」第7章，とくに「敬神 (religio)」にかんする箇所，125ページ以下を参照すること。

（ただしい調合，正常な状態），またテンペラティオ（*temperatio*）（合目的的に調整されていること）とテンペラトール（*temperator*）（コーディネータ，オーガナイザ），そして最後にテンペランティアの意味が規定されるし，そして把握されるべきである。

提案：「節制・締まり *(Zucht)*」と「節度 *(Maß)*」

ドイツ語にしても，厳しく追究する人にたいして手持ちがまったくないわけではない。——「ツフト（*Zucht* 締まり・節制）」という言葉は問題なく '*temperatio*' の言語野に属するが，生きた言語使用においてもその第一の語意を保っている。「ツフト［締まり］」はきわめて密接に「ツィーエン（*Ziehen*，引っ張っていく，躾ける）」「アウフツィーエン（*Aufziehen*，張る，引き上げる，アレンジする，組織する）」「エアツィーエン（*Erziehen*，躾ける，教育する）」につながっている。したがって，この言葉はもっぱら肯定的であり同時に多くを包括する意味をもっている。ただし，たんに不同意の意味へ，つまり「ツュヒティグング（*Züchtigung*，懲らしめ）」の方向へ逸らされる恐れがある。しかし，心しておけば意味が変化しないようにできるし，必要とあれば，多分元に戻ることができるであろう。——「マース（*Maß*，節度）」という言葉も，テンペランティアの十分な意味を捉えて表現できる（それに近い「メーシッヒカイト」と「ミッテルマース（*Mittelmaß*，中程度）」と一線を画しておけばよい）ことにたいして異議がでるほど，まだ「ツゥコンメン（*zukommend*，ふさわしい，当然の）」「エントシュプレッヘン（*entsprechend*，合った，ふさわしい）」という質的な意味からは離れておらず，量的な意味だけにはなっていない。

節制（*temperantia*）は，以下，これら二つのドイツ語の名称で呼ばれることになる。すなわち「ツフト（*Zucht*，節制・締まり）」と「マース（*Maß*，節度）」の徳である[*4]。

[*4)] 本訳書では "*Zucht*" を「節制」と表記し，"*Zucht*" の元の動詞「引く」の意味が強いときには，これを「締まり」と訳し，"*Maß*" を「節度」と訳すことにした。ラテン語 "*temperantia*" が使われている場合は，「節制」とした。ただし，第Ⅰ部から第Ⅲ部までは，他の三つの徳と並んで "*Mäßigkeit*" "*Mäßigung*" が挙げられるとき，これも「節制」としている。その他の "*Mäßigung*" は「節度・抑え」に統一した。ピーパーは本書で，「節制」と「抑制（*Enthaltsamkeit, continentia*）」とを一再ならず峻別しているが，この区別の脈絡においては，

第1章　言葉の問題

「節度・抑え」も同じように，本来の「**節制**」とは区別されなければならない。
　なお，このページのカタカナ表記のあとの（　）内のドイツ語を説明する日本語，たとえば（Ziehen, 引っ張っていく，躾ける）の中の日本語は，訳者の挿入である。

第2章

無私無欲の自己保全

節制とは：自分のなかの秩序を自分で達成すること
　節制にもっとも近い意味は「精神の休らい（*Ruhe des Gemütes*）」（*quies animi*）である，とトマス・アクィナスは言う[1]。──「精神」とはこの場合，近い言葉「気力（Mut）」と共に規定されるいささか固い意味に取らなければならない。ここの「精神」は精神と心の全力が流れ込む人間の決断の中枢である。
　はっきりしていることがある。この命題で問題になっているのは，ひたすら主観的な「安心」（ゲーテが「休らい」にたいして鋭く区別したとおり[2,*5]）ではなく，また背伸びせずにくつろいで，足るを知った生活に見られるような「満足」でもない。さらには，たんに邪魔されないでいることではないし，情念の高まりのないバランス状態でもない。これらはどれも精神的かついのちあふれる生の，表層からさらに下に届くことはない。それは人間存在の内奥の空間を充たす休らい，つまり秩序［すなわち，統制のきいた調和］の印しとなり実を結ぶところの休らいである。
　節制の目指すところは，「精神の休らい」がそこだけから流れ出るところの人間の内的な秩序［調和］である。節制とは，自分で自分に秩序を実現することである。
　節制を他のすべての枢要徳から見分ける点はこれである。つまり，**節**

---

　*5）　レーベル版『ゲーテ散文箴言集』の777番は以下の内容である。「人間は一人ではやっていけない。そこで，好んで党派に向かう。そこには，休らい（Ruhe）はないとしても，安心（Beruhigung）と安全（Sicherheit）があるからである」。

制は，徹底して，行っている者自身につながる。思慮は存在(ザイン)の現実性全体に，正義は他者に，視線を向け，勇気ある者はおのれ自身を忘れて財といのちを犠牲にする。これにたいして節制(ツフト)はその人間自身を（*ad ipsum hominem*[3]）目指している。節制(ツフト)というのは，人がおのれ自身とおのれの状態を注視すること，視線と意志をおのれ自身に向けることである。――トマス・アクィナスは次のように考えている。神のうちに万物の範型が，枢要徳にかんしても，現在している。節制の範型的，神的なあり方というのは，「神の精神(ガイスト)が自己自身に立ちかえること」である[4]，と。

おのれ自身へ立ちかえる二つの仕方

人間にとっては，おのれ自身に立ちかえる仕方に二つある。無私無欲への立ちかえりと私欲，自己本位へのそれである。前者だけが自己保全へと働き，後者は破壊的である。現代の人間学は，真の自己保全というのは人間がおのれ自身へと向かうことだが，そのときのきわめて本質的な特徴はおのれ自身を身びいきしないというところにある，と言う。（「おのれを利する者は輝かず」。）節制(ツフト)というのは無私無欲の自己保全である。無節制(ウンツフト)［ふしだら］というのは，自己保全に向かう諸力が自分本位に堕落することによる自己破壊である。

自分本位の自己保全が破壊的であること

結晶や草花や動物とは異なり，人間の内的な秩序には，当たりまえながら少なからず謎に満ちたところがある。すなわち，その内的な秩序というのは単純な所与かつ自明な現実在ではないということ，また，人間の現存在を保持している同じ諸力が，その内的な秩序を逆さまにして，精神(ガイスト)的・倫理的な人格を破壊することがある，ということなのだ。人間存在(ヴェーゼン)にこの分裂があるということは，原罪という啓示の真理を信仰によって受け入れるのでなければ，まったく説明できないということ（分裂などそもそも存在しない，と自分で思い込むのでないかぎり）――これについては，この本で詳細に論じることはできない。ただ，この内的な秩序と無秩序の構造をいっそう鋭く考察することが，どうしても必要であろう。

とくに難しい問題は、じっさいに自己破壊にいたるまで自分自身を無秩序の状態にするのが、人間のもっとも奥深くにある自己だという点である。人間は、相反する諸力や動因が互いに負かしあうような戦場なのではない。また、「われわれのなかで」感性が理性に勝つ、という言い方はたんに比喩的であり不正確である。そうではなくて、節制とふしだらの、自己保全と自己破壊の行為者は、つねに唯一、われわれ自身なのである。それは全一で不可分の人格という決断の中枢であり、その人格を起点として内的な秩序が保たれるか、もしくは逆に壊されるのである。「わたしは自分の望む善は行わず、望まない悪を行っている」（ローマの信徒への手紙7:19）。

さらに、自己保全、自己主張、自己達成という言い方でもっともよく示されるところの人間存在の諸力は、同時に、反対のことを、すなわち、倫理的な人格の自己破壊を、引きおこす第一のものである。『神学大全』には次のような、およそ不気味なほどのまとめがある。これらの諸力は──それを秩序づけるのが節制の役割である──「きわめて易々と精神を擾乱させることができる、ただそれも、その諸力が人間の本質に属している、という理由によるのだ」[5]。

しかし、すぐさま破壊的になるほどこの自己保全の諸力が近くにある、というのはどういうことなのだろうか？　どのようなわけで、みずからを追い求める人間が、まさしく追い求めるという仕方にあって過つこともあるのだろうか？　他方で、どのようにして自愛は「無私無欲」であることができるのだろうか？

無私無欲の自己保全としての節制

聖トマスの一つの文に、理解への隘路が開いている。それは、行為する人間にかんする形而上学の無条件の基盤だと言ってかまわない。次のような文である。おのれ自身よりもいっそう神を愛するということは、人間の──どのような被造物も同じように──自然のままの本質と意欲に即している[6]、と。したがって、神への愛を傷つけることが同時に人間自身の本質と人間自身の自然のままの意欲に矛盾しているということによって、神への愛を傷つけることがおのれの激しい自己破壊を許すことになる。人が、自愛に内在している──あらゆる愛についても同じ

第2章　無私無欲の自己保全

である——目的を，おのれ自身より以上には一つも愛さないとき，すなわち保全し，実現し，達成するということのないとき，人は内的必然的に過ち，そして転落する。ただ無闇におのれ自身を追い求めるのではなく，目を見開いて神と自我と世界の真の現実在に合うように努力する無私無欲の自愛だけ，この目的は与えられるものである。

　この，トマスの説明する形而上学的な事態には，かなりの重みがあり，したがって，内的な秩序の保全そのものを，またしたがって真の自己保全そのものを，それ自身を目的として意欲することさえ，ある意味で無意味なほどである。(経費のためにふしだら[貪食]を避ける勘定高い者の節制は，トマスの言うように徳ではないが[7]，このことは説明を要しない)。たとえば，たんに医療的な指導では本当の内的な節制[締まり]を打ち立てることがほとんどできないことは，良く知られている。宗教にも形而上学にも準拠しないような心療的実践については，正常な結果というのは「おずおずと育てられ，薬毒で平たくなって『静かにしている市民』」である[8]，と悪口が言われるが，不当ではない。もちろんこれは，真の節制[締まり]とは何の関係もない。この無力さは偶然ではなく，どうしてもそのようにならざるをえないのである。節制は無私無欲の自己保全としてでなければ達成されない。言いかえれば，視線を人間にだけ向けていては達成されないことなのである。

節制とふしだらの基本的な諸形

　したがって，節制は無私無欲の自己保全として，人間の内的な秩序を保ち，防衛し，達成することである。つまり，節制はただ保つだけでなく，防衛もする。そう，防衛することによって保つ。というのは，原罪以来，人間は，みずからの本性に反して，自分自身の方を自分の造り主である神よりもいっそう愛しかねない，いやそれだけでなく，そのような傾向をもたされているからである。節制は，内的な秩序という，それによって倫理的な人格が成立し，そして実際に生きるところのものが，自己本位の悪徳に向かうことにたいして，防衛するのである。

　自己保全，自己主張，自己達成の諸力が人間の内的な存在構造を破壊するところではどこでも，節制とふしだらとが関係しているのである。

　飲食欲や性欲にある感性的な悦楽への自然のままの衝動は，人間のき

わめて強い自然のままの保全諸力の反響であり鏡である。現存在のこのきわめて原初的な諸力に——この諸力は人類同様個人の存在を維持することに向けられており、この諸力はその存在のために造られている（知恵の書1:14）*6——，悦楽の基本形が対応している。しかし，まさしくこの諸力が，もっとも深くにある人間存在の衝動に密接に帰属するものであるため，まさしくそのゆえに，諸力が自己本位に堕落するときには，その他すべての諸力に優って自己破壊へと重心が傾く。それゆえにまた，ここは**節制**にきわめて密接な区域なのである。抑制と貞潔，抑制のなさと貞潔のなさというのは，節制(ツフト)とふしだら(ウンツフト)の基本形である[9]（第3章，第5章）。

　節制の概念の範囲は，これで踏査が済んだわけではない。——認められたいという衝動も，「謙遜」の状態にあれば真の自己保全に資するが，「高慢」であればその方向を見失って悪徳となりうる（第7章）。——不正を受けたら報復してみずからの正［権利］を取り返すという人間の自然のままの要求から，慎みもなく激怒するとき，「優しさ［寛容］」と「柔和」によってだけ護ることのできるものを破壊してしまう[10]（第8章）。——感覚的知覚への，いや知識をえたいという自然のままの渇望は，もしそこに節制の徳がなければ，破壊的で病的なほどの欲望に逸脱する。トマス・アクィナスはこの逸脱をクリオシタス（*curiositas*, 好奇心）と呼び，節制に躾けられていることをストゥディオシタス（*studiositas*, 然るべきことへの専念）と呼ぶ[11]（第9章）。まとめてみよう。貞潔，抑制，謙遜，優しさ［寛容］，柔和，ストゥディオシタス（*studiositas*），これらが節制(ツフト)の具体相である。貞潔のなさ［邪淫］，抑制のなさ，高慢，自制のきかない怒り，クリオシタス（*curiositas*），これらがふしだら(ウンツフト)の諸形である。

「世界」への姿勢

　このような，節制(ツフト)とふしだら(ウンツフト)の本質を示すことになる名称を耳にするときに，われわれは思わず知らず不満を覚える。この不満は——とはいえ，これは善に抵抗することには起因していない——ほとんどの概念の

＊6）「生かすためにこそ神は万物をお造りになった。世にある造られた物は価値がある。滅びをもたらす毒はその中になく，／陰府がこの世を支配することもない」（知恵の書1:14）。

核に絡んで窒息させてしまうような，しつこい誤解の網が原因となっている。さらに，人間らしい模範像全体にたいする悪魔的とも言うべき歪曲と変造があるのであり，この誤解の網はそこに根があるのだ。そして，これがキリスト教的な人間像のただしい姿であるとして，キリスト者のあいだにも非キリスト者のあいだにも出回っているのである。否，この根の正体は，善い人間像について誤っているだけでなく，被造の現実在一般について倒錯したものなのである！　**節制**というのは，人間 存在(ヴェーゼン)という秩序ある構造に——そこで被造の存在(ザイン)の階層すべてが一つになっている——つなげられている。したがって，異端の歴史が示しているとおり，まさしく**節制**の問題区域においてとくに明確に，被造のものと「世界」にたいして取るわれわれの姿勢が決定的なものとなるのである。

　それだから，**節制**の真正なもともとの意味と，それを達成する個々の仕方を復原するという試みは，多くの課題を抱えている。また，節制と節度の徳の像を人間と現実在についてのキリスト教理論の基盤に定着(ツフト)させるためには，たえず，その近縁の対象領域をも越えて行かざるをえないことになる。

第3章

貞潔と邪淫

貞潔と邪淫についてのトマス・アクィナスの理論でほっとすること
　貞潔（Keuschheit）と邪淫（Unkeuschheit）についての従来の論考を見ると、いつも爽やかな雰囲気に満ちているというわけではない。
　これにはいくつもの根があるであろう。そのうちの一つが間違いなくこれである。すなわち、性の領域が、事がらの真実の階層秩序に矛盾する仕方で、これまた少なからぬ原因から、倫理的な問題意識の中心にまで押し上げられてきている、ということである。加えて、いっさいの原理的な誓言に逆らって、地下でくすぶるマニ教が、生殖に関連することは何でも、どこか清さのない汚れたことのように嫌らしいものと見なし、人間の真正の尊厳よりも下にあるものと捉えるのである。もう一つの根は、決疑論が過大に評価されていることであり、客観的に見てとくにここが自分の権利でも領土でもないのに、決疑論は好んでこの区域に住み着いている。――このような、そして、まだ隠れている諸問題すべてが原因となって、込み入ってやっかいな、取り憑いて退こうとしない重たいもやもやが沸き上がり、重くのしかかり貞潔と邪淫をめぐる論考に少なからず浸透しているのである。
　これにたいして、トマス・アクィナスの『神学大全』でこの問題を扱った論考を読むと、真実、聖人のように囚われず、また清廉簡潔に書かれており、何か生きかえってほっとするものがある。そして、教会のこの「共同の教師」を自分たちのところに置いて離さない当然の（あるいはそれ以上の）権利をわれわれがもつことに気づき、嬉しくなるのである。

性の力は善である

　まずはじめに言っておくことがある。これはトマスにとってはしごく当たりまえのことなのだが——わずかの知識しか持っていない人に向かってもことさら強調するまでもないほど当たりまえだが，これについて黙ったままでいるのはよくない——，すなわち，性というのは必要悪ではなく，一つの善である。かれはアリストテレスと共にきっぱりと言う，人間の精子には神的なものがある，と[12]。したがってさらに，「飲み食いのように」，自然のままの性の衝動を満たすことも，同様にそれに伴う性の快感も，善であり，すこしも罪悪めいたものではない（*absque omni peccato*），ということも，トマスにとってまったく当然のことなのである。もちろんのこと，そのさい，節度と秩序が保たれている，ということが条件となる[†2]。というのは，未来においても人の子がこの地に住まい，また神の国に住まうという，性に内在する目的は，一つの善であるだけでなく，トマスの言うように，一つの「卓越した善」なのである[13]。だから，性欲すべてにたいして無感覚で顔を背けてばかりの無感性（*insensibilitas*）というのは，それを少なからぬ人々がキリスト教理論の「本来の」完成品ないし理想だと見なしているかもしれないが，『神学大全』では，それは欠陥であり，それだけではなく，まさしく倫理的な不足（*vitium*［悪徳］）だと指摘されている[14]。

　ここですぐに，慎重に注記しておくことがある。結婚の目的がただもっぱら子どもにかんすることにあるだけではないように，性の目的はただ生殖にだけあるのではない。しかし，結婚こそ性の力がほんらい完成を見る場である。結婚の三つの「善」（*fides, proles, sacramentum*；生活共同体，子ども，秘跡性）のなかで，信じること，すなわち友愛による侵すべからざる共生は，「人間であるかぎりの」人間に属している善と同じ「善」である，とトマスは言っている[15]。

　啓示による基本的な考え，つまり '*omnis creatura Dei bona est*'「神の創造になるものはすべて善である」ということを，トマスはキリスト教

---

　†2）「ちょうど身体の健康に一致する仕方と秩序において食物を摂るということであれば，それは罪なくしてありうるように，性の行為は，もし人間の子孫という目的に適合する仕方と秩序において為されるならば，まったく罪なくしてありうる」（2-2, 153, 2, 和訳第22分冊，39ページ）。

の教師として他に類例を見ないほど真剣に取り上げて，それを最後まで考え抜いているのだから，性についてのかれの肯定的・同意的な姿勢は疑いの余地なく明らかである。「神の創造になるものはすべて善である」という言葉は使徒パウロに由来するが，パウロは同じ議論によって，すなわち被造ということに依拠しながら，かの「自分の良心に焼き印を押されており」，そして「結婚することやある種の食物を絶つことを命じる」ような「偽善的に偽りを語る者」を退けている（テモテへの手紙一 4:2以下）。異端ならびに行き過ぎた禁欲はたえず隣接するし，また隣接していた。このことを教父ヨハネス・クリュソストモス［Chrysostomos, Johannes 354頃-407年］は断言して述べている。ある説教で，「一つの肉になっている二つ」という聖書の言葉を，夫婦の体が一つになることと解釈して，これに付け加えて言う。「何を赤くなっていらっしゃる，これは清いことなのに。まるで異端者のようですよ」[†3]，と。

「理性の［による］秩序」とは：観念論，合理主義，啓蒙主義，精神主義のものは「理性の［による］秩序」ではない

「何かが必要なものであればあるほど，それだけまた，そのものにかんして理性の秩序が保たれるのでなければならない」[16)]。性の力がそれほど大きく，また必要な善であるからこそ，それを理性によって保ち，また防衛することが必要となるのである。

徳としての貞潔の本質はほかならぬ次のことである。すなわち，それが性の領域で理性の秩序（ordo rationis）を達成する，ということである[17)]。他方で，罪としての邪淫の本質とは，この領域で理性の秩序が守られずに損なわれる，ということである[18)]。

こんにちのわれわれキリスト者にとって——はっきり言って——「理性」ならびに「理性の秩序」という言葉を躊躇なく使うことには違和感がある。この不信には十分な理由があるが，しかしまずもってわれわれは，トマスが**理性**（ratio）と**理性の秩序**（ordo rationis）ということで何を理解したらよいと思っているか，偏見なく知っておくことを妨げるも

[†3] コロサイの信徒への手紙についての説教，第12。この引用はアウグスト・アダム（August Adam）の『愛の優位（Der Primat der Liebe）』（Kevelaer, 1932年）という素晴らしい書物からのものである。

第3章　貞潔と邪淫

のではない。

　聖トマスの意図していることを軽率に見誤らないために——本来の意味に帰る前に——四つのことに注意しておかなければならない。用心すべきは、まず、聖トマスの「理性(フェアヌンフト)」と「理性の秩序」という概念を観念論的にではなく、実在論的にとる必要があること。また、かれにおいては、それを合理主義的に狭い意味にとる必要がまったくないということ。また、かれは啓蒙主義的なこととは何の関わりもないということ。そして最後に、かれにおいて精神主義的(スピリトゥアリスティッシュ)なところは微塵も見られないということである。

　「**理性の秩序**(ことわり)（*ordo rationis*）」という概念は、まず、対象から「絶対的に」切り離された「理性(フェアヌンフト)」の命令に何かが合致しなければならない、ということを言っているのではない。**理性**（*ratio*）は実在とのつながりを含意している。否、それ自身がこのつながりなのである。この意味での「理性(フェアヌンフト)に即した」というのは、「それ自身において」ただしいところのもの、現実在そのものに合っていることである[†4]。したがって、**理性の秩序**(ことわり)（*ordo rationis*）というのは、何かが現実的なものの真理に即して秩序づけられている、ということである。

　第二に、**理性**(ラチオ)は自然的に認識可能な領域に勝手に狭められている「理性(フェアヌンフト)」ではない。**理性**(ラチオ)とはここでは——まったく一般的に——現実在を把握する人間の力である。ところで、自然的な認識においてのみならず——そう、より高い実在をより高い仕方で——神の啓示の信仰においても、われわれはその現実在を把握する。したがって、キリストはわれわれの肉体の第一の支配者・主（*principalis dominus*）であること、そして秩序に反してふしだらに自分の肉体を使う者(ウンツフト)は主キリスト自身に不正をなしている、と『神学大全』で述べられているとき[19]——トマスがそこで考えていることは、「単なる」**理性の秩序**(ことわり)（*ordo rationis*）の模範像を超えることが言われているのではなく[†5]、キリスト教的な思考にとって、神の啓示を顧みることこそ「理性(フェアヌンフト)に即した」最高の形だ、とい

---

　†4）　ヨゼフ・ピーパー『現実在と善（*Die Wirklichkeit und das Gute*）』（Kösel-Verlag, München, 1949年）84ページ以下を参照すること。
　†5）　次の箇所も参照すること。2-2, 152, 2（和訳第22分冊、1-20ページ）。2-2, 146, 1 ad 1（和訳第21分冊）。

うことなのである（もちろん，トマス自身，自然的な認識と超自然的なそれとの違いを承知している）。したがって，「理性(フェアヌンフト)の秩序」とは，信仰ならびに知識において人間に顕わになる現実在に沿った秩序，ということである。

　聖トマスの著作で理性(フェアヌンフト)ならびに理性の秩序というのが，執拗に，またたえず繰りかえして強調されているが，言うまでもなく——第三に——これはいささかも啓蒙主義的な意味においてではない。性的な領域で理性の秩序を打ち立てること，これをあたかも，自然な気持ちと風紀が隠し沈黙することで護られているものが，その育った暗所から，平板な物知りという無神経で人工的な光の中に引きずり出されること（あるいは，そうしてよい，ということだけであっても），と解釈する人はいないであろう。むしろ，トマスははっきりと，貞潔を慎ましさ［恥じらい］に帰属するとしている。慎ましさの役割とは，恥知らずによっても，また理性が威勢よく屁理屈をこねることによっても，また啓蒙的などぎつさによっても，あの沈黙とあの暗所が破壊されることのないように，目覚めていることである[20]。したがって，このこともまた「理性(フェアヌンフト)の秩序」に属している。

　第四に，聖トマスの理性(フェアヌンフト)概念を精神主義的なものと誤解してしまうことだが，これは少なからぬ人々がその傾向にあるだろう。「人間の本質的に固有な善は理性(フェアヌンフト)に即した存在(ザイン)である[21]」という命題は，あたかも次のように解釈されるかもしれない。すなわち，たえず精神[知性](ガイスト)が目を覚ましていること，これがほんらい人間らしいことであり，この目を覚ましたままの状態を鈍らせるものは何であれ非精神的(ガイスト)であり，したがって人間の本質に値するものではなく，悪である，と。そのような精神主義的な解釈からは——ここで問題になっている領域にかんして——次のようなことが帰結しないだろうか？　すなわち，「生殖行為において，理性は過剰な快に呑み込まれて，哲学者[*7]の言うとおり，知性認識が不可能になる……，したがって，いかなる生殖行為も罪を免れない」，と。さて，この後の方の命題は聖トマスの『神学大全』にたしかにある——しかし，「異論」として，つまり「否」として明確に反論さ

[*7]　アリストテレス『ニコマコス倫理学』第7巻第12章（『アリストテレス全集13』第7巻第11章，岩波書店），1152b18。

れた意見としてであり，これにたいしては明らかな「然り」の主張が対比させられているのである。この「然り」の方は次のようになっている。「過剰（abundantia）な快は，生殖行為そのものが理性（フェアヌンフト）の秩序に見合っておりさえすれば，徳の『ただしい中間』に反してはいない。……また，そのような快があっては理性（フェアヌンフト）は知性的な事物を認識するという自由な働きをなしえないという主張も，生殖行為が徳に反している，ということを証明するものではない。理性（フェアヌンフト）の働きが，理性に即して生じているものによってときおり中断されるなら，そのことを徳に反するとは言わないのである。さもなければ，眠ってしまうことが徳に反することになるだろう」[22]。聖トマスの理性の概念が，全体としての人間にたいして，身体と魂［心］にたいして，つまり感性と精神性（ガイスト）［知性］に，どれほど多く気を配っているか，これ以上述べ立てる必要があるだろうか？「理性に即していない」ものとして，トマスは，幾人かの教父の「楽園においては人類の増加が別の仕方で，たとえば天使のそれのように，おこるのだろう[23]」という意見を指摘している。トマスは次のように言う。楽園では——精神（ガイスト）が鈍らされずに目覚めているところでは——自然がもっと繊細であり肉体がもっと高い感受性をもつだろうから，生殖行為に伴う快はもっと強かったにちがいない[24]，と。これで十分であろうか。

貞潔と正義

これら四つの境界設定と不同意に基づいてはじめて，邪魔するものなく，われわれは次の命題の真の核心に目を向けることになる。すなわち，貞潔は性を躾けることによって理性の秩序を達成する。

さて，理性の秩序づけというのは次のことである。第一に，性の内在的な目的が倒錯の方向ではなくて完成されること（結婚とその三つの「善」において），第二に，倫理的な人格の内的な造りが護られること，第三に，人間のあいだの正義が損なわれないこと，である。それも，最初の創造において基礎がすえられた性の意味，ならびに，キリストによる新たな創造において高められた性の意味が問題である。ということは，倫理的な人格という自然と恵みに基礎づけられている存在（ザイン）の造りに関わっており，自然的な正義によってだけではなく，**愛**（caritas）といういっそう高い正義，つまり神と人間との超自然的な愛によっても保証され

るかぎりでの人間のあいだの秩序づけに関わっている。

　貞潔は性の領域で次のような秩序を達成する。すなわち，世界と人間について経験され啓示された真理に即した秩序，すなわち，ヴェールが取られた明証性だけでなくヴェールを被った明証性，すなわち神秘も含めた，この真理の二重の形態に即した秩序である。

　節制（temperantia）の区域でも正義の区域でも問題になるのは，姦淫だけではない[25]。むしろ邪淫すべてがこれら二つの顔，すなわちふしだら(ウンツフト)と不正義を併せもっている。トマスは貞潔に反するすべての罪を総じて「共通善」にもつなげ——この言葉をひじょうに深い意味に取って——，そして正義につなげる[26]。いや，かれは十戒すべてを，第六と第九[*8]も例外とはせずに，正義に属するものとするのである[27]。『神学大全』には端的なふしだら（simplex fornicatio）というのがある。すなわち，姦淫のように夫婦の権利を損なうことではなく，また強姦のように人格の自由を侵害することでもないような，独身者の性交である。「人間の生にまともに反する罪は何であれ，大罪である。ところで端的なふしだらは，その種の交際から生まれるであろう人間の生を害する結果になるような無秩序を含む。……端的なふしだらは……育てるべき子どもの善に反している。こういうわけで，それは大罪である」[28]。

　姦淫の場合に，姦淫したいという欲望と意欲の場合にはなおさら，そしてあらゆる性的な過ちにおいて，われわれはもっぱらふしだらという契機だけを見て，正義という契機にはほとんど注意を向けない。しかし，ひじょうに大事なことだが，キリスト教の倫理的な常識では，貞潔と邪淫が共通善と正義に向かっている客観的な側面もまた，主観的な方向だけの狭い視線にたいしていっそうの重みを増すのである。この大事な側面をただしく再興することに意味があるのは，それがより真なる事態に即しているからというだけでなく，貞潔と邪淫における客観的な正義の契機を無視したり不十分にしか評価しないことが，人間についての誤った模範像に起因している（そしてまたこの誤謬を生みだし，誤謬をいわば永遠のものにしている）からでもある。

　ただ，この第Ⅳ部は**節制**が主題であり，第六戒も結婚も，もしくはキ

　[*8]　第六戒「姦淫してはならない」。第九戒「あなたの隣人の妻を欲してはならない」。

第3章　貞潔と邪淫

リスト教的な人間像一般も正義も主題ではないから、このような考え方を強く表明した、ということで十分としよう。

　ここでは、節制とふしだら(ウンツフト)という観点のもとに、貞潔と邪淫が明確に把握されるべきであり、またその際の条件にも留意しながら把握されるべきである。その客観的な影響がまず議論の対象ではなく、人間のうちにあるその根が議論の対象である。すなわち、性の衝動を理性という精神的秩序力(ガイスト)によって躾(しつけ)ることが、そして、性の力に道を譲って倫理的な人格の破壊をきたす精神の支配力(ガイスト)の自己放棄もまた、問題となる。

邪淫が人格の造りを破壊するのは、それが現実的なものへの開放性を遮るからである

　さて、どうして、またどのような仕方で、ふしだら(ウンツフト)は人格の造りを破壊するのだろうか？

　ふしだらによって、もっとも多く、思慮の徳が歪められ、腐敗させられる[29]。思慮の徳に反することはほとんど邪淫から生じている[30]。邪淫は精神の目を見えなくするし、そうなればほぼ完全に精神的な善の認識は閉め出される[31]。邪淫は決断する力を分裂させる[32]。しかし、貞潔の徳は、他の徳にまして、人間を観想ができる状態におく[33]。

　これら聖トマスの命題のどれを見ても、切り離された結果や帰結は問題にされていない。邪淫によって精神の「目が見えなく」なるのは、植物が雨のない時季にしおれる、そのようにではない。むしろ、目が見えなくなるということは邪淫そのもののもつ破壊的な本質なのであり、そとに出てくる結果や帰結ではなくて、内在する本質的特徴なのである。

　「本来的な意味で人間のあるということ（存在 das Sein）は、理性(フェアヌンフト)に即してある［即している、即した存在］、というところにある。それゆえ、人が理性に即したままでいるとき、その人は自己自身を抑えている、と言われる」[33]。――邪淫は、人間のこの自己自身を所有すること（Sich-selbst-Besitzen）と自己自身のままでいること（Sich-in-sich-selber-Halten）を、まったく特別の仕方で破壊する。魂［心］がふしだらに彷徨(さまよ)って感性の世界に身をゆだねることが、倫理的人格の根源的な能力、すなわち、沈黙するなかで現実的なものの叫び(フェアノーメン)を聞き取り、自己自身に集中したこの沈黙から具体的行為の具体的状況に即した決断を選択する能力を、麻

痺させるのである。このことが，思慮を歪めたりそれを腐敗させたりということ，また精神の目を見えなくすること，そして決断する力を分裂させること，といった，あの諸命題の共通の意味である。

　これらすべてを，次のように誤解してはならない。すなわち，精神がおのれを「感性的な」ものや「より下位の」ものに向けているということから，邪淫のあの腐敗的な働きが出てくる，という考えである。いや，この種の向きは，どのような決断の場合にあってもまったく避けられないことである。われわれの具体的な行為を取り巻いている具体的な現実在をすっかり視野に入れるということこそ，まさしく思慮の徳の本質である。また，「より下位の」「より高い」，「感性的」「精神的」という，貶めるような差別は，思慮についての聖トマスの論考には一言も見られない。かえって，その具体的な現実在の圏内では，「より下位」で「感性的な」ものというのは，「より高く」て「精神的」なものにすこしも劣らず，ただしい方向を示す言葉なのである。だから，邪淫によって引きおこされる見えず聞こえずというのは，性的なものに色目を使っていることが理由なのではない。そのような意見は，つまるところ，まったくマニ教的だということになろうし，したがって反キリスト教的だということになろう。

　むしろ，破壊的なのは，邪淫が人をとりこにして，在るがままを見るだけの態勢にさせない，というところにある。邪淫な人間はとりわけ自分自身のことを欲求する。その人は客観性のない「利害関心」によって逸脱している。たえず緊張した欲情は，現実在と向かい合うさいの無私無欲で囚われない姿勢の邪魔をするが，この姿勢だけが真正の認識を可能にするのである。トマスはここで，鹿を見つけたらその獲物だけしか見えてこないライオンの比喩を使っている。邪淫の心にあっては，注意の方向が一定の軌道に固定されるだけでなく，自己本位の利害関心が埃(ほこり)で曇らしてしまう程度に応じて，魂［心］の「窓」が「透明性」を失う，ということは，存在(ザイン)の透過性を失うのである。（沈黙する者だけが聞く，また，見えざるものだけが透過するものである。これは何度繰りかえしても，し過ぎることはない。）

　この利害関心はまったく自己本位である。邪淫の心が感性の世界に彷徨(さまよ)うことと，認識する者が存在(ザイン)の現実性に真に専念し，愛する者が愛する

対象に真に献身することには，何の共通点もない。邪淫はおのれを献げず，おのれに代金をもらう。それは自己本位に「代金」を，こっそり手に入れた快の代償を欲しがる。真の献身の方は代金も代償も知るところではないのだ。「代償を欲しがらずに神を愛する心は貞潔である（*gratis amatur Deus* 神は無償で愛され給う）」，とアウグスティヌスは言う[35]。——これにはもうすこし注を付けておこう。若い人々を教育的に導き，思案を助ける立場の人にとってきわめて大事なことは，この自己本位こそ邪淫（ふしだらとしての）の内的な本質を成していることに留意すること，またこれを周知させることである。自己本位でない浅はかさや好奇心については，さらにはまったく自然なままのために倫理的な判断の外にある興奮についても，話題になりえようが，自己本位でない邪淫はお話になりえまい。

ある認識が直接人間そのものにかんすることであればあるほど，また，それが倫理的選択の基礎となればなるほど[†6]，先に言ったように真の認識の姿勢が腐敗するということは，それだけいっそう破壊的に働く。また，認識の姿勢が毒されて腐敗するだけでなく，決断する力そのものがなおさら腐敗する，「とくに思慮が」，とトマス・アクィナスは言う[36]。ところで思慮というのは，良心の完成した状態として，倫理的人格のもっとも内なる源泉の区域である。思慮とは，真なる認識をして現実在をただしく踏まえた決意に転換・変換することを言う。この転換は三段階で行われる。すなわち，思量［思案をめぐらすこと］，判断，そして決定である[†7]。そして，これら三つの段階のそれぞれに，ふしだらという破壊的な力がはっきりと現れる。存在に視線を向けながら思案をめぐらす代わりに，根っからの**浅はかさ**（*inconsideratio*）がくる。性急な判断になると，理性が然りと否をじっくり考えるのを待とうとしない（*praecipitatio*）。そして，ただしい決定はというと，フィルターもなく押し寄せる感官印象の波に任せたままの心が[37]，たえず危機に瀕している。これは必定，次のようなことである。刃とは反対の方向に，ただ撫でるだ

[†6]　『悪についての討論問題』15, 4：「それに従って理性が人間らしい行為を導くところの理性の働きがある」。

[†7]　ヨゼフ・ピーパー『現実在と善（*Die Wirklichkeit und das Gute*）』（Kösel-Verlag, München, 1949）の53ページ以下を参照すること。訳注：本書第Ⅰ部，19ページ以下。

けのナイフは切れない。また，まっすぐで素朴な無私無欲のまなざしで現実在を見ることがなければ，倫理的人格の内的な秩序づけはありえないし，ただしい倫理的な決断もありえない。

これにたいして貞潔は，現実在の声を聞き取ること(フェアネームング)を，したがって現実在をただしく踏まえた決断を，いつでも可能にするが，それだけではなく，透徹した認識への没入と私利私欲のまったくない愛の献身とが一つであるような，あの最高の形の現実在との関係をも可能にし，用意する。つまり，人間が神的な存在に立ちかえり，同時に最高善でもある真理を知るにいたるところの，観想（*contemplatio*）の状態を用意するのである。

現実的なものの真理にたいして開かれていること，そしてそこで捉えた真理によって生きること，これが倫理的人間の本質的な姿をなしている。この事態を見て然りと答える者だけが，邪淫の心が招来する破壊がどれほど大きいものであるかを知ることもできるのである。

ふしだら（*intemperantia*）と無抑制（*incontinentia*）との違い

この，邪淫の破壊的な力についての陰うつな素描は，その厳格な適用範囲から言えば，**ふしだら**（*intemperantia*）としての邪淫にたいしてだけ当てはまるのであり，**無抑制**（*incontinentia*）としての邪淫にたいしては当てはまらない。これはちょうど，貞潔について言われたこと全部が節制としての貞潔だけに当てはまるが，**抑制**（*continentia*）としての貞潔にも当てはまるというわけではないのと同じである[38]。手みじかにこの意味深い違いを説明しなければならない。

二人が同じ行為をしているとき，必ずしも同じ内容だとはかぎらないから，人間の行為に目を向けるだけで，人間の存在(ザイン)に目を向けない道徳論は，行為の同じ点（または，ちがう点）だけを見て，大切な深いところにある違い（または，同じ点）に気づかない恐れがたえずある。他方で，教会の共同の教師の道徳神学は徳論——すなわち，行為の源泉としての人間の存在(ザイン)についての理論——だから，一方で**節制・無節制**（ふしだら）の，他方で**抑制・無抑制**の区別が看過(み)ごされることは，まずありえなかった。**節制**としての貞潔とふしだらとしての邪淫というのは，一方も他方も，深く根づく人間の根本的な習慣，つまり第二の自然になる，

ということを言っている。**抑制としての貞潔**と**無抑制としての邪淫**というのは，一方も他方も，まだけっして，いわば本性からの本質的な傾向として根を下ろしていないということ，一方も他方も，その固定的な根をまだけっして人間の本質的な中心に下ろしてはいない，ということを言っている。貞潔のこの第二の種類は，節制と節度の完結した徳ではなく，必死になっている抑制なのである。また，この種の邪淫は完璧なふしだら(ウンツフト)ではなく，たんなる無抑制なのである。抑制としての貞潔は最初の下絵であり，**節制としての貞潔**は完結した現実態である。前者は後者に比べてすこしも完全ではない。前者の場合，理性の秩序力は，まず意欲だけは形を成したが，まだ感性的な欲望の形を仕上げることができていないのにたいして，後者の場合，意欲も欲望も**理性の秩序**(ordo rationis)によっていわば型押しされているからである[39]。――（カントと同郷のわれわれにとって，どのような節制と節度の概念とも不離に繋がった，いやそれどころか徳一般の概念と不離につながって融合しているところの，頑張って自己抑制する，という状態は，聖トマスの明言するところによれば，すこしも完全ではない初心者なみのレベルで生じていることである。他方，真に完成した徳には，まさしく定義そのものによって，無理強いでも頑張ってでもなく，いとも自然な傾向性という，喜ばしくも輝かしい証印が付いている。[40]）――他方で，無抑制としての邪淫は，本来のふしだら(ウンツフト)に比べてそれほど重大な悪ではないしそれほど罪ではない。前者の場合，アリストテレス[41]とトマス[42]が言うように，最善なものを，原理を，第一の根拠を，すなわち真実の目的をただしく思いなして欲することを，見失っていない。そして，この汚れのないただしさがあればこそ，感性的な欲望もたえず新たに秩序を受け入れることができるのだ。無抑制から罪を犯す者はすみやかに悔い改める[43]。悔い改めとは，罪にたいして否と言うことである。これにたいして，ふしだら(ウンツフト)という根っからの基本習慣から罪を犯す者は，その意志を明確に罪に向けている。こちらは容易には悔い改めず，それどころか，「罪を犯すことが'自然'になっているのだから，罪を犯したことを悦ぶ」[44]。無抑制の者は秩序へ「呼び返され」るのにたいして，がんらいのふしだら(ウンツフト)は容易には「呼び返され」ない[45]。意志の基本習慣から罪を犯すこと，これが本来の悪（malitia）である。情念の押し寄せるままに罪を犯すこ

とは弱さ (infirmitas)[46] なのである。たんに抑制のない者は, 邪淫に相当することを行っているが, 邪淫な者ではないのだ[†8]。

容易に知られることだが, ここでは理論的な区別が面白くて出てくる違いが問題ではなく, 魂［心］の世話でもあり教育的でもある完全に直接実践的な意味をもつ対照が問題なのである。

決疑論的な判定の難しさ

節制 (*temperantia*) と**抑制** (*continentia*) をこのように区別すると, とくに判然となるものがさらにある。すなわち, この途方もなく多層で多重的な区域では, 決疑論にたいして, その余地と現実的な意味を与えることがほとんどできない, ということである。決疑論の限界と権利（権利も！）について, わたしは別の箇所で十分に述べたと思う[†9]。トマスが正義——「ただしく間違わないことが端的に, またそれ自身において確立され」うるし, またされなければならない区域——との対比で「他の倫理諸徳」について語るとき,「倫理諸徳は諸情念に関係しており, しかも人間が多様な仕方で諸情念に対しているという理由から, ただしく間違わないことは同一の仕方では確立されえない, したがって, 諸情念における理性に即したただしさは, 必然的に情念に動かされるわれわれ自身を顧慮することに基づいて確立されねばならない[47]」と言う。ここではとくに, 人間の内的な秩序を自分自身において達成する**節制**のことが考えられている。ところで,「われわれ自身」は——まさしく**節制**の区域で——どうしても欲しいと思ったりそれほどでもなかったり, 我慢したり, 成るにまかせたり, 急き立てられたり, あるいはむりやり引っ張られたり, というように, きわめて多様なケースがあるのである。決疑論のモデルがごく大ざっぱな輪郭と基本線より以上のものを世話するには, 変数があまりにも多すぎる。じっさいの決定的な揺れはしばしば微細なものであり, そもそも決疑論の地震計が振れるほどではないのだ。鋭いトミストである H.-D. ノーブルはフランス版トマスの解説に次のように書いている[48]。「どこで無抑制が終わってどこで本来のふしだら_{ウンツフト}

[†8] 『ニコマコス倫理学』第7巻第9章 (『アリストテレス全集13』第7巻第8章, 岩波書店), 1151a を参照すること。

[†9] 本書第Ⅰ部「思慮」34-39ページ, 41-44ページ。

第3章　貞潔と邪淫　　　　　　　　　　　　　　199

がはじまるのか，誰にも言えない！」。トマスは言う，**節制**の達成は人々によって，また時代によってあまりにも変化する，したがって，「**節制**に関わる何かはっきりとして普遍妥当な掟を示すことはできない」[49]，と。——そうだからこそ，決疑論の教科書にあれほど大きな位置を占めている「ふしだらな思い，欲望，言葉，まなざし等々」の領域全部が，『神学大全』においてはただ一つの**項**で，ほんの一ページほどで論じられるだけなのである。それも，次のような一般的な原則だけが述べられている。すなわち，実行された罪の行動だけでなく，そのような行為に内在する快感を夢想してこれに進んで同意することも罪である，なぜなら，この進んでする同意というのは実行される行動そのものへの何らかの同意がなければ，考えられないことだから[50]。したがって，そのように進んでする同意から出るものはすべて，同様に罪である，と[51]。

　この射程内であれば，たしかに，決疑論のやり方で，人間的行為の簡単な図式をえるために一まとまりの典型的な「個別例」を内的な力学にそって構成することは，十分に可能である。しかし，道徳神学の広く行き渡った教科書に見られる次のような文章については何と言うべきだろうか？　「好奇心から，ただし欲情からではないが，動物の恥部を見つめることは‥‥小罪である」，と。付け加えてもよい二三の誤認をまったく無視しても[†10]，これは，決疑論がそこまで行けば無意味になるような境界をはるかに越えている，と言ってよいだろう。この種の命題は，決疑論が自分でもっぱら手の届く目標，つまり，それが予備的なアプローチの手段であり，また判断を錬磨する手助けになる，という目標を見失っているのではないか？　むしろそのような仕方では，訓練されるべ

---

　　†10）　一例を。私は聖トマスの著作のどこかで恥部という表現に出会った記憶がない。しかし，この表現は，それだけとしては問題を含むものの，もし必要な留保条件を付ければ（ラクタンティウス　Lactantius，205頃-317年頃，『神の創造の業について』13章を参照すること），人間にかんしては何らかの意味をもつこともありえよう。それは，精神にたいする官能の暴動がたえずありうることは，隠しようもなく生殖器においてはっきりしている，ということである（2-2, 154, 4，和訳第22分冊，68ページ）。しかし，この表現が動物にかんして使われるときにはまったく無意味である。たとえば，ドミニコ会のプリュンマー（Prümmer）の『道徳神学入門』（フライブルク，1921）は——最初は『神学大全』第二部の構造に強く依拠して——「愛撫」「[情欲の目で]見つめる」等の章を含んでいるのに，ここで問題とすべきことについては黙ってしまって，動物の恥ずべき愛撫については，「愛撫する人間の意図と条件を斟酌して判断されるべきである」，と言う（29ページ）。

き判断力が現実の生活をただしく判定するように導かれるのではなく，反対の方向に誘導される恐れがある。すなわち，目的を見失って頑なになり，拙速に固まってしまうし，喧騒の世界に向かって全力で応えて決断すべき人間の現実を前にして，心を閉ざしてしまうということである。

感性的な美を悦ぶには貞潔が必要である

邪淫の破壊的な力，ならびに貞潔の保全し完成し達成する力が問題であった。これには，もっと加えて言うことがある。

精神(ガイスト)が真理によって満たされることは，貞潔なしでは不可能である，というだけではない。感性的に美しいものにたいする感性的な悦びもまたそうである。感性的な快さは，キリスト教倫理学によって倫理的に善なる領域（「許される」だけの領域ではなくて）から除外されないということについては，ことさら改めて述べる必要はない。しかし，この快さがまさしく節制と節度(ツフト)の徳によってはじめて可能になるということ——これは思いがけない考えである。それでも，『神学大全』の節制の論考の第一の問題には[†11]，そのようなことが読みとれる箇所がある——もっとも，多くは行間や脈絡からではあるが。こうである。動物の場合，飢えと交尾本能を満足させる用をなさないかぎり，目や耳といった別の感官の働きからは快感は生じていない。シカを見つけるかまたはその声を聞くライオンが「嬉しい」のは，それが餌食になるため，という理由だけによる。これにたいして人間は，見えていることもしくは聞こえていることを超えて，**感性的なものの適合性のゆえに**（*propter convenientiam sensibilium*），見えていることもしくは聞こえていることに内在する感性的な「適合性」自身のゆえに——ということは，ほかならぬ感性的な美と理解されるべきであるが[52)]——悦ぶ。ふしだらの状態では人間は動物のレベルに落ちる(ウンツフト)——この言い回しは慎重に使わねばならない——，これをわれわれは何度も何度も聞かされ，また読んでいる。というのは，ふしだらは（節制もまた同様に）徹底的に人間的なことなので

[†11) 2-2, 141, 4 ad 2 （和訳第21分冊）；『悪についての討論問題』8, 1 ad 9も参照すること。

あり，天使はこれを知らないし，動物もまた知るところではない。このような違いから，次の語り方がたしかな意味をえる。すなわち，邪淫的な色欲は感性的世界の全部を，わけても感性的な美の全部を，ただ一つ性的な快につなげてしまいがちなのである。ということは，貞潔ある感性だけが本来の人間らしい能力を働かせることができるし，感性的な美，たとえば人間の肉体のそれを美として感知し，すべてをぼかしてしまう自己本位の色情に平静を失うことなく，また汚されることなく，それ自身のために，**感性的なものの適合性のゆえに**，愉しむことができるのである。清い心をもつ人だけが自由に，また自然のままに，笑うことができる，と言われていることは正当だが，それに劣らず，清い目で世界を見る人だけが世界の美を経験する，ということもまた成りたつ。

貞潔を高く評価するときの誤った前提：常に危険なもの，マニ教

昔から，節制と節度の徳をめぐっては，とりわけ貞潔（ツフト）の徳には，奇妙なことがおこっている。他のすべての徳のように，なんとか大事にされて実行されたし，合わせて，軽蔑され笑い物にもされた，ということではない。反対に，まったく特別に，過大に評価され過大に重視されてきたのである。これはまったくもって独特である。諸徳の順位づけについては，いつも理論的な究明があったし，ときにはこの徳が，ときにはあの徳が高い順位を認められてきた。ところが，**節制**，とくに貞潔を，頑固に，狭量に優遇することが，キリスト教倫理学の全歴史を通して，多かれ少なかれ隠れた底流もしくは反流として流れており，まったく独自の相貌を呈しているのだ。何はともあれ，これほどに強い，しかも明らかに，ただ「当たっている」（ザッハリヒ）だけではなく，情緒的に大切だとされている価値評価は，正義にも思慮にも，また三つの対神徳のどの一つにもないのである。

このような価値評価にたいしては，それだけが問題であればもちろん何も言うことはないし，「過大評価」ということにたいしても言うことはないだろう。ただ，厳密には，一つの徳が過大に評価されることはありえないのである。ここではしかし，誤った前提に基づいた価値評価と過大評価が問題であり，したがって，誤って高い価値が認められた，そもそも誤解でしかない価値評価が問題である。そしてこれにたいしては，

言っておくべきことが多々ある。

　節制の区域には，すでに述べているように，創造ということにたいするわれわれの姿勢が，ひときわ鮮やかに，決定的なものとしてある。さて，「誤った前提」——ここから一般的に**節制**が，とくに貞潔が過大評価され，誤評価される——とは，総じて感性的な被造世界が，なかでも人間自身の非精神的なものが，がんらい悪であるという意見，あるいは表明された，あるいは暗黙のうちの，意見なのである。一言で言うと，「誤った前提」とは，表明された，大方は暗黙の（いや，自分でも気づかず，また望んでもいない）マニ教なのである。

　人間は食べなければならないということ，眠らなければならないということ，男女が一体となることなくしては新たな人間の生命の誕生はありえないこと——これらすべて，とくに最後のものは，この，おそらくは根絶しがたい世界観にとっては必要悪として，いやたぶん一度も必要ではなかった悪として，また，創造主である神にとっても人間にとっても無価値のもののように見えてくる。そして，本来の人間らしさとは，本来のキリスト教らしさと言えばなおさら，この「より下位の」領域全体を支配下において，修行によって生活を純粋に精神的なところにまで高めることである，と。このような基本的な捉え方から，当然ながら，断食と徹夜と性の抑制が特別の重みをもつにいたるだけでなく，必然的に，完成を求める人間にとっての眼目となるのである。しかし，この価値評価は，そのもともとからの過ちをいつも背負っている，いや，それをいっそう悪化させているのだ。また，この見方は，——そとからは混同されやすくとも——ちょうど，マニ教徒やモンタヌス派やカタリ派の謬説がカトリックの理論と何の関係もないように，上の三つの事がらにかんするキリスト教の価値評価とはまったく関係がない。カトリックの理論は，被造の現実在はそのすべての領域にわたって善であり，人間による勝手な価値判断から免れている，と言うし，いや，被造の現実在こそがいっさいの価値づけの，そしていっさいの価値の実現の基盤であり出発点である，と言っている[†12]。

　　[†12)]　「理性は自然を模倣する」（1, 60, 5，和訳第4分冊，317ページ）。「自然に即したものは，人間の理性が模倣すべき神の理性によって秩序づけられているのだから，自然物に共通に見られる秩序に反して，人間の理性に即して為されることはすべて，欠陥であり罪である」

第3章　貞潔と邪淫　　　　　　　　　203

　かの「誤った前提」，ならびにその倫理説への跳ね返りは，テルトゥリアヌスのモンタノス派的な著作にとくに顕著である。かれは，その両義的な立場によっても「偽教父」であり（トマスはかれについて，異端者としか言わない。「テルトゥリアヌスという名の異端者（haereticus, Tertullianus nomine）」[†13]），こんにちまで，**節制**を誤評価した元祖，ならびに重要な証人でもある。

　著作の題名を挙げてみるだけでよい——『慎みについて』，『おとめの被りものについて』，『女性の服装について』，『断食について』，『貞潔への勧告』，『芸能見物について』，配偶者が死んだあとの再婚の否定——，このように，**節制**にかんする領域がとくに焦点となっていることが分かる。テルトゥリアヌスにとってふしだら（ウンツッフト）はすべての罪の原型であり，天使さえ，邪淫の罪を犯したので神によって墜とされた，ということになっている。これは，女性は「天使のために」（コリント前書11:10）被りものを着けるべきだという，パウロの言葉の意味でもある[53]，と。テルトゥリアヌスは洗礼を受けて何年も経たないうちにふたたび教会から離れたが，その誘因もこの同じ区域にある。かれは，教皇カリストゥス［CallistusⅠ　在位217-212/3年］が，邪淫の罪を犯した者でも悔い改めたあとに指示どおりに償ったなら，ふたたび教会共同体に受け入れる，ということを理解できなかったし，なおさら容認することもできなかった。この措置を知らせる教皇の回勅について，テルトゥリアヌスは，それは教会を汚すものであり，神の家においてではなくて，「悪徳の巣窟で，売春宿の看板のもとに」[54]，告げられるべきであると言う。すでにテルトゥリアヌスにおいて，**節制**の，なかでも貞潔の誤評価に必然的に伴うようにして，外的な行為に話が向けられる傾向が出てきているということ，これも特徴的なことである。たとえば，守るべき断食の日をもっと定めるべきであるとか，婦人とおとめたちは被りものを着けるべきであるとか，劇場に行かないことによってキリスト者だと知られる[55]，というように。

　感性的な被造世界をマニ教的に低く評価することが——もう一度，こ

（2-2, 130, 1，和訳未刊；2-2, 133, 1（同）も参照すること）。
　　†13）『コリント後書註解』4, 5。また『ロマ書註解』7, 4と『護教大全』1, 20も参照すること。

れは公式のものではなく明言されていない立場であると言っておく――節制と節度の徳についての，なかでも貞潔の徳についての一般に「キリスト教的」と言われている概念を底流から色づけし，それを規定する因子となっていること，これを否定する人はいない。このことはキリストの民の日常的な考え方と語り方に数かぎりなく見られるが，道徳の教科書のなかでの強調点やニュアンスの違いにも，少なからず現れている。ところで，これとテルトゥリアヌスとの関連が，ほんの数年前に，具体的に指摘されている[56]。――たとえば，邪淫の汚れということがとくに強調されるとき，どのような罪にもある汚れより以上の別のことがそこに込められているのである（その他の罪の場合，汚れという言葉はほとんど使われない）。すなわち，この種の罪に特徴的な，自己本位の欲情ならば同時に含まれている「卑しさ」だけではなく，それ自身本質的に汚れたものに触れるといった，つまり，それ自身汚れのついた現実在に触れるといった，およそ聞き捨てならない考え方があちこちに見られるのである。――一般に行きわたった――またキリストの民にも広まっている――「汚れのない宿り［無原罪の宿り］」という考え方は，この汚れのなさをおとめマリアの人格につなげるというよりも，懐妊もしくは出産のプロセスにつなげている（そして，容易に確かめられることだが，しばしばと言っていいほど，マリアが［その母アンナに］懐妊されることではなく神の母［マリア］の胎内に主［キリスト］が懐妊されること，につなげている）。いずれにしても，教会と神学がこの汚れのなさ［無原罪］を理解しているようには，すなわち，マリアは母の胎内にいるときから原罪の汚点がなかった，というようには，一般には理解されていないのである。一般的な考えは，あの懐妊は，神の特別の恵みによって，さもなければすべての出産と懐妊に性質上付きまとう汚れと汚点から無傷のままでいること，としている。そして，あの汚れのなさが実際におとめマリアの人格そのものに結びつけられるときも，「**無原罪（Immaculata）**」の話でよく見られるように，注意して聞いていると，この概念の一般的で包括的な意味がすべて剥ぎ取られて，貞潔の区域に限られていることが分かる。――似たようなことが，清いという概念について言えるのである。これは，聖書的にも，貞潔の概念よりはるかに広い。平凡な理解によれば，「心の清い人々は，幸いである，*Beati mundo*

第3章　貞潔と邪淫

corde」という至福を，もっぱら，とまではいかないにしても，おもに，貞潔につなげるのがまったく当たりまえのようになっている。しかし，直接聖書のなかにも，また，主の言葉の古典的神学による解釈のなかにも，このように限られた意味を支持するものはないのである。たとえばトマス・アクィナスは，清い心の至福を貞潔の徳にけっして位置づけずに，信仰という超自然的な徳に位置づけているのだ[57]。──最後に，「清い人には，すべてが清い」という文を見て素朴なキリスト者が何を想像するか，確かめてみるとよい。まず，この文が新約聖書のテトスへの手紙（1:15）にあり，さらには主自身が言っていること（マタイ15:10-20[*9]）を確認しているだけだということ，容易にはこのことに思いつかないであろう。いやそれ以前に，どこにでもいる素朴なキリスト者なら──すべての国民層，すべての教育レベルで──，ただちにこれを非キリスト教徒でリベラルな人が書いたものだと考えてしまうであろう。誤ったリベラルな解釈のほかに，いやその前に，この文が健全かつ重要なキリスト教上の意味をもつということには，ほとんど目が向けられていないのである。ここでも，清いということが，前後の意味に明らかに矛盾しているのに[†14]，貞潔に限定されていることがはっきりしている。すると，聖書のこの文の自称キリスト教的な意味とは，清い人にとってさえすべてが清いということではない，ということになる──このようにまた，それ自身で本質的に清くないものが実在するという考え方が働いているのである。

　この，本来のキリスト教的なものを捉え損なった誤解は──その全容

[*9]　「15:10それから，イエスは群衆を呼び寄せて言われた。『聞いて悟りなさい。15:11口に入るものは人を汚さず，口から出て来るものが人を汚すのである。……15:17すべて口に入るものは，腹を通って外に出されることが分からないのか。15:18しかし，口から出て来るものは，心から出て来るので，これこそ人を汚す。15:19悪意，殺意，姦淫，みだらな行い，盗み，偽証，悪口などは，心から出て来るからである。15:20これが人を汚す。しかし，手を洗わずに食事をしても，そのことは人を汚すものではない。』」（マタイによる福音書）

[†14]　まるまる当該箇所を引用する。「1:13この言葉は当たっています。だから，彼らを厳しく戒めて，信仰を健全に保たせ，1:14ユダヤ人の作り話や，真理に背を向けている者の掟に心を奪われないようにさせなさい。1:15清い人には，すべてが清いのです。だが，汚れている者，信じない者には，何一つ清いものはなく，その知性も良心も汚れています。1:16こういう者たちは，神を知っていると公言しながら，行いではそれを否定しているのです。嫌悪すべき人間で，反抗的で，いっさいの善い業については失格者です」（テトスへの手紙）。

を列挙できるであろう——素朴な「無教育」として，部分的にであれ素朴な「無教育」として，理解されてはならない。これは，表には出てこない憶見や習慣として，制度的な教育よりも下の方で，またそれを越えて，またそれにも拘わらず，はびこっていく。ただ，素朴なキリスト者も，「カテキズム的問答」の当該箇所をはっきりと銘記すれば，概して，「理論的」にはただしく間違いのない答えを出せるようになるであろう。しかし，ここで大事なことは，明確に言表されたことよりも，むしろまず，倫理的な人間形成ならびに道徳の教えの空間のなかで呼吸する空気なのである。でもこの空気は——これは最高に用心深く判断しても，認めざるをえない——マニ教の病原菌からまったく免れているわけではない。その消毒は，たんなる理論的知識や同意によっては，もちろんたんなる教育によっても，達成できない。むしろこのためには，創造主である神とその創造の業についての信仰の真理が謙虚に信頼のうちに肯定されて完全に所有されること，そしてその真理が照らしつつその空気を作る力を——真正のいのちあることの特権はもっぱらこの力である——もつにいたることが必要である。

「世の中」という名の腐敗した世界

さてしかし，神の創造になる「世界」だけがあるのではない。使徒ヨハネが言っているように，「悪い者の支配下に」（ヨハネの手紙一5:19）あり，「肉の欲，目の欲，生活のおごり」が支配する（同2:16）「世の中」もある。この世の支配者の支配する国がある（ヨハネによる福音書12:31,ルカ4:6）。主キリストが祈るさいに願わなかった「世界」がある（ヨハネ17:9）。創造の現実態としての世界があるだけではなく，人間の行いのなかで，またそこから成長して客体となった産物のなかで形を成しているところの，創造の秩序の堕落もある。そしてこの「世界」もまた，**節制** (temperantia) の区域において，特別の意味で決断を迫られるものとなっている。まさしく人間の自己本位的な色情欲に調子よく便乗するところに，創造秩序の本末転倒がことのほかしつこく形を成し，「世界」の前面を誘惑の声で満たす（もちろん，悪の支配下にある世界の中核と実体は——諸徳の順位と対応している！——形を成すにいたった不正義の方にいっそうあり，さらに，信仰と希望と愛にたいする形を成した不同

意に，もっとも多くあるにしても）。したがって，節制の徳を評価し，また教育的に称揚することも，然るべき特別の意味をもつことができる。しかし，**節制**のこの種の評価は，真っ先に名前のでてきた「マニ教的なもの」とは十分に区別されねばならない（これはいつも容易にできるわけではない。「マニ教的なもの」は，たえず，よそから正当な議論も引っぱってくるのが常であるから）。カルタゴ人テルトゥリアヌスの厳格な姿勢も，たしかに，かれが大都会の生活をたえず経験していたということが要因となっている。「都会で生活するのはよくない。そこには発情的なものがあまりにも多い」*10——ツァラトゥストラは「貞潔について」の章でこのように語りはじめている。ここでニーチェが攻撃的に言い当てている内容を，トマス・アクィナスも知っていた。そして，かれはより冷静にそして抽象的にまとめている。「自然のままの欲望のために多くの罪が犯されるわけではない。‥‥しかし，人間が付けあがって余計に発明した扇情的なものが別にあり，これが一番罪を犯させる」58)。ふしだら(ウンツフト)に火を点けるのは，とくに，人の手になる文明的な扇情物という，誘惑的な華(はな)やぎである。これでもって，目の見えない色情欲と打算的な金銭欲という恥知らずの二頭立て戦車が性の領域を取りまくのである。あらゆる貞潔の教育ならびに自己教育は，この事態に不断に立ち向かっていることになる。そして，このことから結果する**節制**の「強調のし過ぎ」は，ある意味でまったくただしいのである（もっとも，他方で，お定まりの「社会の不道徳との闘い」という気風が，内的に当然のことながら，功を奏するものではないだけでなく，害を助長するような間違った仕事だと見えるのだが）。トマスも，**節制**がこの世界では一番守られるべきものだから，条件つきならびに非本来的な意味で，それが勇気や正義よりも優位にくることを認めている59)。条件つきで非本来的というのは，順位そのものの話，本来的にただしい順位の話であり，これはまた別のことなのである。

しかしその話の前に，自ずと出てくる誤解を予防するために，どうしても言っておきたいことが一つある。上の考察では，ふしだら(ウンツフト)による罪の重さを軽くすることが問題になってはいないのだ。人間がみずからの

---

*10) 『ニーチェ全集9』（吉澤伝三郎訳，理想社）による。ただし，この箇所の標題 'Von der Keuschheit' は，いくつかの版では「純潔」と訳されている。

意志で神から離反すれば，いくら言いつくろっても，その恐ろしい重みが無くなるわけではない。ひたすらこの点だけに，ひたすら神からみずからの意志で離反することだけに，大罪の本質があるということ，これをけっして見失ってはならない[†15]。これにたいして，邪淫がすべての罪のなかで最悪であるという考え[60]（ふたたびテルトゥリアヌスに基づいた！）は，この罪の重さを，神からの離反に基づいていると見るより，むしろ感性的世界の善に人間が向かっている点に，もっとはっきりとあからさまに言えば，自称それ自身清からずして邪悪な現実在による汚れ，という点に見るのである。しかしトマスは言う，人間が移ろい去りゆく善へと秩序に反して向かうということ自身は，神からの離反でないかぎり，大罪ではありえない，と[61]。

『神学大全』においても，一度だけ，人類はほかのことよりもいっそう邪淫によって悪魔に服する[62]，というセビリャのイシドルス［Isidorus 560頃-636年］の文が引用されている。われわれのこの百年間の道徳の教えでは，このような考え方が大きく支配しており，それがおよそ越権的な表現で決められて極端なものになっている（というのは，ある神学者——こんにち広く読まれている——の「百人のうち九十九人が，ほかでもないこの罪のために断罪される」[†16]，などという断定がいったいどこから知られるのだろうか！）。しかし，トマスにとっては，セビリャのイシドルスの引用文は，ふしだらによる罪において感性的な欲望の重力がもっとも強く働くということ，そして，まさしくこのことが，罪は「人を駆り立てる感性的な情念が強ければ強いほど，それだけいっそう小さくなる[†17]」のだから，罪の重さを和らげるということ，このことを証しているのである。

諸徳のなかでの順位

さて，諸徳の順位の問題に，そしてこの順位のどこに**節制**が位置する

[†15)] 2-2, 10, 3「あらゆる罪の形相的条件は神からの離反にある」（和訳第15分冊，211ページ）。2-2, 148, 5 ad 2（和訳第21分冊）。

[†16)] アウグスト・アダム『愛の優位（*Der Primat der Liebe*）』（Kevelaer, 1932. S.210）を参照すること。

[†17)] 2-2, 154, 3 ad 1（和訳第22分冊，64-65ページ）（また，ここの反対の論——同64ページ——も参照すること）。2-2, 150, 3 ad 1（和訳第21分冊）。

第 3 章　貞潔と邪淫

のかという話に戻ろう。トマスは何度もはっきりと諸徳の順位の問題を立てているが，かれの解答は次のとおりである。「人間の善は理性の善である。ところで，この善は，その本質として，理性の完成である思慮を有する。正義はこの善の実現者である。人間的な事がらすべてにおいて理性の秩序を打ち立てること，これが正義の課題である。その他の二つの徳は，人間が理性の善から離反しないように情念を秩序づけることによって，この善を保持し保護する。これらの徳の順位においては，勇気が第一の地位にある。……それに**節制**が続く。本質にかんすることは実現にかんすることよりもいっそう高い。さらに後者は，邪魔になるものを取りのぞく保持と保護にかんすることよりも，いっそう高い。したがって，枢要徳のなかでは思慮がもっとも重要であり，正義が二位，勇気が三位，そして**節制**が四位である」[63)]。「正義と勇気は**節制**よりもいっそう高い徳であるが，これらすべてに思慮と対神徳が優る」[64)]。

　節制は厳密で終極的な意味においては，善を「実現すること」ではない[†18]。節制と節度と貞潔は，いまだ人間の完成した状態ではないのだ。**節制**は，人間自身のうちに，それが保全し防衛しながら秩序を保つことによって，二つのことのために，すなわち本来の善の実現のためと人間がおのれの目的に向かって自分で動くために，他に譲れない不可欠の前提を作り出すのである。それがなければ，もっとも内奥の，人間的な本質意志の奔流が堤防をすべて超えて破壊的に流れ出，その方向を失って，けっして完成という海にまでは到達しないことになろう。ただし，**節制**はそれ自身奔流ではない。むしろそれは，河岸であり堤防である。それが堅固であることによって，この奔流は邪魔されない水路，エネルギー，落差，そして速度という賜物を受けとるのである。

　　[†18)]　「対神徳と思慮と正義だけが，人間を『端的に』善へと向かわしめる」とトマスは言う（2-2, 157, 4, 和訳第22分冊, 138ページ）。

第4章

純　　潔

貞潔と純潔

　崇高な思考内容を豪華に具象化するために，祝祭の荘厳式で，あるいは彫刻や建築で，多額を支出する高貴な，真の君主的な性格のことを――この徳を（そう，これは一つの徳なのだ！）中世はマグニフィケンティア（*magnificentia*[*11]）と呼んだが，こんにちわれわれはそれを一つの言葉で表すことができない。しかし，このマグニフィケンティアが，無心や哀願にたいして応えるという，日常的な場面で言われる気前のよさ（Freigebigkeit，[liberality]）に比べられるように，純潔は貞潔に比べられる，とトマス・アクィナスは言う[65]。

　この「純潔」ということを表すにも，こんにちわれわれはただしいドイツ語を持っていない，ということになろう。というのは，「純潔（Jungfräulichkeit）」という名称は――これを大人であれ青年であれ男性について使うことにはかろうじて我慢できるということは別にしても――一般的な語法としては，たんに乙女と未婚の状態だけを指しており，主のために性の悦びを終生拒んでいる人の，恵みと決意から生まれた徳のことを指してはいないのである。――このような言葉の貧困は，事がら自体が十分に強く一般の意識に上っていない，もしくは留まっていないというところにその究極の根があるにちがいない，という思いがまたわれわれを襲う（ふたたび，真の**悪循環**（*circulus vitiosus*）となるが，掴んで保持する生きた言語力に事欠いていることと，何らかの関連があ

　　＊11）　「豪気」，「豪放」，「豪奢」等の訳がある。『ニコマコス倫理学』第4巻第2章も参照すること。

るにしても)。そうだとしても,ここでウィルギニタス (virginitas) の徳の本質を「純潔 (Jungfräulichkeit)」という名称でごく手短に紹介するということだから,一般的な語法との不一致に留意し,加えて,多少の不適切な言い方には我慢しなければならない。

「神に献げているから」ほめるに値するということ

もっとも大切なことはこれである。純潔は事実ではなく行為である,状態ではなく決断である。魂[心]の(純粋に身体的なこととしてはなおさら)事実としてのたんなる無傷は,純潔の徳の構造を示すものではない。闘いとる貞潔の場合には,この無傷が勝利の報賞であるにしてもである。徳としての純潔が基礎づけられるのは,性交とそれに伴う悦びを終生慎むという決意によって,より正確には,誓願を立てることによってである。

まだこれですべてではない。そのような決意は多くの理由から生じうるのであって,たとえば,あの慎みとはまさに悪いことを抑えることであり,それ以上のことではない,という反キリスト教的な捉え方から,ということもある。——決意には二つのことが加わらなければならない,いやむしろ決意のなかに入って完全にしみ込んでいなければならない。

第一。「その人が尊敬されるのは,純潔だからではなく神に献げているからである」[66]。性の慎みに生きようとする決意はその人自身のゆえにほめられるのではなく,「神的な事がらのために自由になることを目ざしているかぎりで,その目的のゆえにほめるに値するものとなる (laudabile redditur)」[67]。非キリスト者だけではなくキリスト者も,教会の偉大な教師,アウグスティヌスとトマスのこれら二つの明晰な命題をたえず記憶に止めておいたら,それは素晴らしいことであろう。また,したがって,神と神的な事がらのために自由である,という目的を実現しないような純潔は,それに応じて意味のないものになるし,いずれにしても,教会から尊敬される価値を失っている,ということを記憶に止めておいたら,それは素晴らしいことであろう。もちろん,少なからず,運命の必然から,ないしは倫理的な理由で,独身のままでいるよう強いられたりその気にさせられたり,ということがある。しかし,当然のことながら,そのような必然もそのような選択も神に奉献しているという

栄光に与るのである。これにたいして，あの究極的で本来の理由——神のために完全に自由であること——に基づいていないような独身を，純粋に宗教的だと思い込んで高く評価することは，独身という事実だけに善を見るところの——したがって結婚に悪を見るところの——マニ教に，どうしようもなく近づいている。

おとめの奉献と結婚の肯定

　キリスト者が純潔を決意するときに同時に明言される第二のものは，次のことである。すなわち，結婚を，自然的にも超自然的にも善なるものとして，肯定することである。つまり，教会はこの肯定をいわば「その然るべき場所で」だけ明言するのではない，すなわち，婚姻のミサ典礼と七番目の秘跡に関わる教義的な決定においてだけではない。まさしくおとめの奉献の式文のなかで，教会は結婚の聖性についての言葉を，そして聖性の上に安らう祝福についての言葉を，語るのである。ここではじめて，純潔ははっきりと，男女の結婚による交わり（ゲマインシャフト）に含まれるのと同じ神秘に，つなげられる[†19]。

　この，キリストに結ばれているという神秘だけのために，まったく余すところなく神に仕えるだけのために，純潔は結婚よりも優れたものである。純潔は——それがそもそも内実ある目的のゆえに引き受けられるとき——全霊を尽くすというじつに大きなことを意味しているが，これについては多言を要しない。よく知られているとおり，兵士ならびに国家の指導者は，もし結婚していなければ，自分の使命のためにいっそう自由なのである。

　それでも，他方で，妻であり母であるジェノヴァの聖カテリーナ［Catharina de Genova, 1447-1510年］にたいして，ある司祭が純潔の生活といういっそう高い聖性の話を持ち出したとき，かの女は次のように言った。兵士の野営地の真ん中で生活していても，したがってなおさら結婚も，一度も，神を愛している自分の妨げにはなっていない。「もし世の中や夫

[†19]　「……どのような禁制（interdicta）も結婚の価値（honor）を減じないし，結婚の祝福は聖なる婚姻の上にあり続ける。しかし，いっそう崇高な魂［心］があるのであり，男女の肉体的な結合にかんするかぎりで結婚を軽蔑し，結婚で行われることを模倣しようとせずに，結婚に代わるものを愛する」（司教礼式書，「おとめの祝福と奉献について」）。

がこの愛を妨げるということがあるなら，愛とはいったい何でしょう！」[†20]。——この爽やかで飾らない言葉によって，この聖女はあらゆる聖性の究極的で決定的なポイントをついている（これはつまり，トマス・アクィナスも教えているとおり[†21]，純潔ではなく神への愛だけである）が，それだけではない。結婚と純潔（抽象的に）ではなくて，既婚者と純潔な人間（具体的に）がそれぞれちがった価値をもつものとして対比されることに反対して，正当に抗議しているのである。「未婚者の貞潔は既婚者のそれよりもよい。でもわたし（未婚者）はアブラハムよりよくはない」——このようにアウグスティヌスは言っており[68]，純潔についての著書では，神に献げるおとめたちに次のように呼びかけている。「どれほど神様のことに一心になったとしても，おとめはどこから知るだろう，かの女はもしかして，おのれのうちに隠れている弱さから，血の証しに耐えるほど大人になっていないのかもしれないということを，また，自分の方があの既婚の女性よりも優れていると思っているその既婚の女性が，かえって，主のご受難の杯を飲むことができるのかもしれないということを」[69]。

純潔に対する二つの異論

純潔にたいする二つの，いわば永遠の異論がある。すなわち，それは自然に反している，ということ。また，それは自然的な国民力を弱めるのだから，共通善に反している，と。

聖トマスの精神の広さと鋭さを知らないと，二つの異論が『神学大全』にじつに正確にまとめられているのを見て，驚くことにもなろう[70]。

解答は三つの部分からなる議論であり，この方が重要である。——第一の部分。ある人が体の健康のために財貨という外的な善をあきらめることが自然であるように，人間が精神的ならびに霊的な生活のために，肉体的欲望の満足を放棄することは，自然に反することではない。この

[†20] 『キリスト教的婦人（*Die christliche Frau*）』において（1924年の年報），マリア・シュリューター・ヘルムケス（M. Schlüter-Hermkes）によるジェノヴァのカテリーナにかんする論文に引用されている。

[†21] 『霊的生活の完全性について』の第一章の表題には「霊的生活の完全性は端的に愛に沿った仕方で達成される」とある。

ことは自然な，事物と人間の本性に即した秩序である。——しかし，次のことはどうだろう：精神的な善のためにと言って，だれも飲み食いを止めたりはしないだろうし，聖書には「産めよ，増えよ，地に満ちよ」とある（創世記1:28）ではないか？

　解答の第二の部分。二種類の自然な，為してよいことと為さざるをえないことがある。一方は個々のわたしに向けられており，他方はわれわれに向けられている。個々の人間は飲み食いをせざるをえない。ところが，創世記の掟は人類というわれわれ全体について当てはまる。「軍隊で，ある者は陣地を見張り，他の者は旗手になり，さらに他の者は剣を取って戦う。これらすべては共同体に向けられた義務であり，個々人によっては達成されえない」。ところで，人間としてのわれわれには「身体的な生殖を通して殖えることだけでなく，精神的・霊的に繁栄する」こともまた必要である。「だから，ある人々は身体的な生殖の使命を果たし，しかし別の人々はこれを抑えて，神的な事がらの観想のために完全に自由になるときに——全人類の美しさと救いのために——人間らしい共同体の善が満たされたことになる」[71]。

　解答の議論で最後の部分。「共通善は個々人の善よりも，両者が同種類である場合，いっそう高い。ところが，個々人の善は，その種類によって，いっそう高いということがありうる。そのようにして，身体的な繁栄は神に献げる純潔によって凌駕されるのである」[72]。

挑戦のしるし

　ちょうど凹面鏡のように，世界全体の像がそこに収れんするようないくつかの概念がある。それは同時に，人々がそこで互いに知りあい，また別れ行くような概念である。純潔の概念もその一つである。

　神的な事がらが人間的なそれよりもいっそう，そして無限に高いのであり，また精神的なものの方が身体的なものよりもいっそう高いという順位を——上の，聖トマスの三つの部分から成る解答がここから引き出されている——認めている者だけが，それも，ジョン・ヘンリー・ニューマン［John Henry Newman 1801-90年］と共に言えば，「概念的に」だけでなく「実在として」認めている者だけが，純潔の意味とただしさ［権利］と価値もまた，把握できる。

神に捧げる純潔の生活という概念と現実在は，挑戦の目印のように立ち上がっている。そこに，精神的［知的］ならびに霊的な善が，本当に，それにふさわしい場所と地位を占めているかどうかが——生き生きと通用する仕方で——はっきりしてくる。また，種々の善という，われわれがそれによって，またその力で——「全人類の美しさと救いのために」——生きる善のうちに，この種の善が数えられているかどうかということも，その目印にはっきりしてくるのである。

第 5 章

断　　食

―――――――

断食と晴れやかな心

　心の晴れやかさ（hilaritas mentis），この概念ほどキリスト教倫理学が断食――あらゆる修行の原型である――と密接に結びつけているものはない[73]。この結びつきは新約聖書に，主の教えに基づくものであり，教会によって毎年四旬節の開始日に告げられる。「あなたがたが断食をするときには，沈んだ顔つきをしてはならない」（マタイ6:16）。

　アウグスティヌスは言う。ある人が何をどれだけ食べるかということは，共同体を共にしている人々の善と，おのれ自身の善，そして健康に必要なことを保っていさえすれば，まったくどうでもいいことである。問題になるのは，ただ必要に迫られて，もしくは斎(ものいみ)にあたって，どれほど躊躇なくかつ晴れやかに食を放棄することができるかという，このことだけである[†22]，と。

自然法的な断食の義務づけ

　必要に迫られた場合はどうなるか。これについて詳しく言う必要はない。しかし，どうして断食は命じられている斎(ものいみ)なのだろう？　答えは核心へと，こんにちのキリスト者を少なからず驚かすかもしれない答えへと向かっている。われわれはふつう次のように考えている。断食を守るにあたって，教会が受け継いできた，たしかにひじょうに意義深い慣行を見るし，それが今こうして義務的な力をもつにいたっている。ただこ

―――――――

　　[†22]　『福音書の諸問題』2, qu.11。『神学大全』2-2, 146, 1 ad 2（和訳第21分冊）に引用されたもの。

第5章 断 食

れは，どのような［罰や償いの］軽減や免除にたいしても，外的に目に見える仕方によっても素速く対処するという，もっぱら教会の規律的な指示によって義務となっている，と。加えて，断食は何かまったく普通ではないものとして，修行者とか聖人のイメージと結び付いたものとして，われわれには映っている。そのようなわけで，教会の「共同の教師」トマス・アクィナスのなかに次のような文章を見ると，われわれは驚いてしまうのである。すなわち，ほかでもない普通のキリスト者にとって，断食は**自然法**（lex naturae）の掟，自然的かつ自然のままの道徳法則である，と[74]。ここで知っておかねばならないのは，トマスにとって，「自然の法」とは，良心の決断すべての，ならびに実定的立法すべての基礎を成す原初的な責務だ，ということである。自然的かつ自然のままの道徳法則は，直接，被造現実の本質に与えられ，かつ基礎づけられた命令であり，そこに義務の力の最高基準が内在している。教会による断食の制定もまた，この原初的な命令に帰ってくる。その制定は，原初的な命令を，時代と風習に合わせていっそう細かく規定し特化したものにすぎないのである[75]。

完全というまでまだ熟していない者は，したがってわれわれ普通の人間はすべて，それによって感性の興奮にたいして防戦し，またそれによって精神（ガイスト）の自由をえておのれにふさわしい満ち足りと鎮まりにまで飛翔することになる秩序を，この秩序を，自分だけでは保全できないということになろう――もし，断食という節制［締め］（ツフト）手段を薬のように使わないとしたらである。ここでとくに，キリスト教的人間像が含みもつ強い主張が表に出てくる。現実に，われわれが本来あるところのものであるためには，すなわち自己自身を所有する自由な倫理的人格であるためには，われわれは自然のままの義務づけに基づいて，なにがしかの損失を惜しまない，ということでなければならないのだ。

周知のとおり，教会の断食の掟がひじょうに真面目に受けとられているわけではない。しかし，そこに，とくに教会の権威が無視されていることを見る人がいたら，それは間違いであろう。弛（ゆる）みの原因は別のところにある。すなわち，断食するという倫理的な原初義務といったものが――教会による制定よりも前に，また教会の制定のそとに――存在しうるという考え方自体が，一般のキリスト者にとっては疎遠なのである。

また，多くの司祭の方も，もし教会の断食の掟にたいして規律的な指示だけを見るのではなく，「共同の教師」と共に，普遍的で自然的かつ自然のままの命令の特化を見るのであれば，その一般的な弱体化を性急に手前の方に引きつけて考えることにはならないであろう。

断食するという自然的かつ自然のままの義務づけは，言うまでもなく，キリストへの信仰と神の超自然的な愛から，いっそう高次の目的といっそう深い動機を受けとる[76]。自然のままのものは恵みによって完成する，という命題が，ここでも当てはまるのである。この完成は，「自然の法」を教会の断食の制定を通して経験するところの，まさしく特化そのものにおいて現れる。

たとえば，大四旬節［断食節］は，主の死と復活という神秘の祭儀へとキリスト者が準備する，という意味をもつ。この神秘において，贖いが――キリストが人となることで萌芽としてあった――実を結ぶのである。この崇高な現実在に与るためには，特別の意味で，自由かつ「秩序をえた」心という，準備のできた器が必要なのである――他方，これ以外のどのような現実在もどのような真理も，もっとも内的な人間を休らわせ，変容させることはできない。

「人はあまりにも行き過ぎた断食によって罪をおかすことがありうるか」。この問いほどおよそ切実さに欠けるものはないと思われるが，トマスによる一項は，これを標題にしている[77]。それでも，ここで注意してほしいのは，かれがこの問いに肯定的に答えているということである。トマスにとって，断食とは，**欲を制する**（abstinentia）行いであり，抑制の徳，ただし救いのわざに適用された抑制の徳である[78]。大事な目的は――再度！――苦行とか責めのためではなく，「理性の秩序」の実現のためである。

トマスはヒエロニムス［Hieronymus, 345頃-419/420年］と共に，われわれが断食をし，夜を徹して目覚めていることによって，おのれの体を度を超えて抑えつけるなら，それは捧げ物に盗品をもってくるようなものだ，と言っている[79]。『神学大全』には原カトリック的な考えが表明されている。すなわち，教会は，断食の制定において，自然にたいして，つまり自然のままの生の意志にたいして，あまりにも重圧をかけないように配慮する，と[†23]。さらに，まさしく断食の問題において，マニ教が

――聖トマス（この人にこそわれわれは「造り主，神のトマス」という名称を与えた）の一貫した第一の敵対者である――，はっきりと名指されて退けられていることは，不思議なことではなく，きわめて特徴的なのである[80]。また次のことも，ここで黙って通り過ぎるべきではない。「知りながら，自然本性にひどく重圧をかけるほどぶどう酒を断じる者は，罪を免れないであろう」[81]，そして，厳しい断食によって性が弱まる人にとっては，それは罪である，と[82]。ちなみに，これらの文章は聖トマスの著作のなかでとくに重大な箇所にあるのではなく，ついでに触れられていることではあるが。しかし，この晴れやかな肯定・同意の光りがなければ，おそらく人は，断食は自然法的な原初義務であるというかれの主張が，どうしようもない陰気な禁欲主義だと誤解する危険に陥るであろう。それでもやはり，この主張は効力を失うことはないのである。

制欲：愚鈍に抗する徳

これが本来の倫理的な評価の問題になるとき，いずれにしても，**欲を制すること**の徳にたいする過ち，すなわち飲食の快の区域での「理性の秩序」にたいする過ちは，大いに軽視されがちである。しかし，キリスト教的人間像の明瞭で決然とした同意は，飲食物をめぐって何をどれだけ食べるかという執拗な関心に内在する破壊的な問題にも，同じくはっきり気づかせてくれるはずである。この破壊的なものをトマスは，精神［知性］的な実在を捉えるときの内的感覚の愚かさと鈍さとして，**内感の愚鈍**（*hebetudo sensus*）[83]と命名した。ほとんどあたりまえでありふれたものとなっている内官のこの愚鈍の現象と，同じくあたりまえでありふれたものになっているあの軽視とのあいだには，ある種の因果関係があるのではないか？　東方の知恵はこの点で反省させてくれるところがある。

ダンテの世界詩の，**煉獄篇**の三つの歌の第二番目では，「食の快楽」を絶つことが扱われているが，そこには並はずれて重要な，珍しい三行

---

†23)　「しかし，これによって自然本性が大きく重圧を受けない仕方で」（2-2, 147, 7, 和訳第21分冊）。また 2-2, 147, 6（同）を参照すること。

詩が見られる。かれは悔い改める者について語っている。「眼窩は，宝石の脱けた指環を想わせる。されば人の顔に人［イタリア語，OMO］を読みとる者ならば，M［O, すなわち目のない人間］だけそこにはっきりと認めたであろう」[84]。ここで言われていることは，「食の快楽」によって荒れ野と化したもの，すなわち人間の内的なものが，断食の償いで元どおりの形になる，ということにほかならない。

無私無欲の証印

「心の晴れやかさ」について，もう一度話そう。われわれは晴れやかな心で断食しなければならない。ただし，これはいわば相手があって言われていることである。主みずからの相手は，沈んだ顔つきをする偽善者である[*12]。修行の経験からは，さらに別の相手がくる。

節制［躾け(ツフト)］はすべて，行為する人格自身に視線を向ける，とわれわれは言った。しかし，この方向には，当然のことながら，人格の無私無欲を失い，見苦しく尊大な態度に落ち込んで，修行的な「成果」から不動の自己讃美のおまけまで躾る，という危険がたえず伴う。虚栄，自己自身を偉いと見なすこと，「不完全な者」にたいする我慢のならない不遜——これらは修行者に特有の危険である。グレゴリウス大教皇は，その「司牧規則書」という，生きる知恵についての汲めども尽きない宝庫で，このことをはっきりと言った[85]。

これにたいして，心の晴れやかさは無私無欲の証印である。われわれはこの証印によって，偽善ならびにおのれ自身を気遣うガツガツとした見苦しさからほど遠くにあるということを，確実に知る。心の晴れやかさは，無欲の自己保全という，内的に真正な節制［躾け(ツフト)］がそこで顕わになる，偽りのない目印なのである。

[*12)] 「断食するときには，あなたがたは偽善者のように沈んだ顔つきをしてはならない。……」（マタイによる福音書6:16）。

第6章

触　覚

触覚の順位

節制はとくに触覚に属している快につながっている，とトマスは言う。**節制は触覚の悦びにかんするものである**[86]。触覚には，飲食の快も性の快も属している[†24]。

誤ってこれらの命題を文字どおりにとって，とんでもない凡俗の曲解に落ちこむ場合がある。そのため，そこには一瞥しただけでは思いもよらない深みのあることを，またどうしてそうなのかを，ごく簡単に言っておく必要がある。

倫理的な人間の生命的な水源

トマスによれば（アリストテレスも），触覚は感覚のなかでも特別の位置をしめる。それは，他の感覚と並ぶ一つの感覚ではなく，「他の諸感覚の基盤」である[87]。「他のすべての感覚は触覚に基づいている」[88]。感覚的なものの全部が総体として（*principaliter*）触覚に含まれている[89]。一つのものが感覚するもの，つまり動物なのは，何よりもまず触覚能力によってである[90]。触覚がないものには，感覚する生命(いのち)もない[91]。——これが第一のことである。

第二。「あらゆる感覚するもののなかで，人間がよりよい触覚をもつ」[92]。「動物には人間よりもっと鋭く見，もっとよく聞き，またもっとよく嗅

[†24]　2-2, 141, 4（和訳第21分冊）。——ここで注意すべきは，味覚そのものが触覚の一特殊形であるといった考えを，トマスはもっていないということである。『悪についての討論問題』14, 3 ad 4 を参照すること。

ぐものがいる。しかし，触覚のいっそう鋭い知覚によって，人間は他のあらゆる感覚するものから区別される」[93]。

そして第三。「人間そのもののあいだにあっても，よりよい触覚をもつ者がよりよい認識能力をもつ」[94]。「視覚がもっとも精神的な感覚として，事物の差違をもっともよく知覚するのだから，認識能力は触覚よりもむしろ視覚のよさに対応していると思うかもしれない。……しかし，触覚が他のすべての感覚の基盤なのだから，その能力は触覚のよさにいっそう対応していると言わざるをえない。……したがって，よりよい触覚をもつ者が，無条件に，感覚的により鋭敏な自然本性と，それゆえにまた，より鋭い知性をもつ。なぜなら，感覚の鋭さが知性のよさの基盤だからである。しかし，ある者がよりよい聴覚ないしよりよい視覚をもつということからは，その人が無条件により高度に感覚の鋭さをもつということにはならない。せいぜい，ある点でだけそうである」[†25]。

これら三つの思考は，宝を発見したときのようにときめくが，ここでは引用するだけに止めよう。これにたいして，たとえば現代の感覚生理学が何かを言ったにしても，ここの本題からして重要なことではない。ちなみに，教科書を覗けば分かるとおり，現代通用しているものを聖トマスの問題設定ならびに答え方と比べると，けっして互いに矛盾しているというまでにはいたらないほどの隔たりである。

しかし，大事なことを確認しておこう。このようにして，聖トマスの考えによれば，節制(ツフト)と節度の徳，なかでもその原型である貞潔と抑制は，全感性的かつ精神的ないのち全体の根本につながっているということである。節制(ツフト)というのは，そこから倫理的な人間の形が不断に成長しきたるところの水源を，その深みから支配するようにして秩序づけることに向かっているのである。

痛みを支配するものとしての節制(ツフト)

節制(ツフト)概念につながる分野で，また別の，これまでは隠れていた関連が見えてくる。

触覚は痛みの器官である[95]。触覚に属している快を精神が支配するこ

[†25] 『アリストテレスの霊魂論註解』2, 19：『魂についての定期討論』8を参照すること。

とは，同時に痛みを支配することを意味している。

　エルンスト・ユンガー［E. Jünger, 1895-1998年］は「痛みについて」という注目すべき論稿で言っている。「訓練・躾（Disziplin）」とは，たえず痛みを覚える生活に耐え，それによって，「いっそう高い秩序を目的として，常時，出動できる」態勢にあるということにほかならない，と[96]。ただし，ユンガー的な，仮面のようにこわばった「訓練・躾」の概念は，キリスト教的な節制と節度の概念とはまったくちがっている。ユンガーはトマス・アクィナスの「節制の目標ならびに照準は至福である」[97]という命題をけっして受け入れることができないであろう。しかし，われわれが痛みという要件から節制のキリスト教的概念を捉えれば，おのれの前面に見える創造の悦びの背後には，被造のものをその造り主のために献げるという決断の証印のついた，いっそう厳しい顔が立ち現れるのだ——もっとも，この厳しい顔は肯定し同意しているときの晴れやかさに輝いており，それこそあらゆる素朴な創造の悦びよりも無限に勝っている。

第7章

謙　遜

節制の基本的な形，謙遜

　人間が自然のままにおのれの現存在を達成しようとして追求する諸善のうち，一つは**卓越性**（*excellentia*），すなわち人より優っていること，優位，認められること，である†26。節制と節度の徳は，それがこの自然のままの衝動を理性の秩序に結びつけるかぎりで，謙遜と呼ばれる。謙遜というのは，人が真実に即しておのれを評価する，というところに基づいている98)。これでほとんどすべてのことが言われたことになる。

　この定義から出発すると，どうして「謙遜」がいわば論争の概念になりえたのか，われわれは理解に苦しむのである。もし，キリスト教的な人間像のこの特徴にたいして，悪魔的な，善そのものにたいする抵抗を問題にしなくてよければ，論争というのはひたすらキリスト者の心にもある謙遜の概念の混乱が原因となって生じた，というのが事実であったろう。謙遜と高慢についての聖トマスの論考全体を見渡してみても，おのれを絶えず咎める態度，おのれの存在(ヴェーゼン)とおのれの為すことを最初から過小評価してかかり，卑屈な劣等感をもつこと，このようなことと謙遜とが何か関係があるかのように，そうでなくともキリスト教の徳と何か関係があるかのように解釈されるような文章は，一つもないのである。

高邁：必然的に節制に属してくる徳

　謙遜をただしく理解するには，次のような道が一番である。すなわち，

---

　†26)　「われわれの善すべてのなかから，われわれは卓越したものを追求する」（『悪についての討論問題』8, 2)。1-2, 47, 2（和訳第10分冊，408ページ）。

第7章 謙 遜

謙遜と高邁（magnanimitas）は互いに排他的でないばかりか[99]、ちょうど隣り合っており姉妹関係にあって、双方ともに高慢と卑屈に対立してもいる、ということである[100]。

それでは高邁とは何を意味しているのか？ 高邁とは精神が大いなるものにひろがっていることである[101]。大いなるものに心を向け、またそれにふさわしい人は、高邁である。高邁な人はある意味で「選ぶ」人である。みずからにふさわしい大いなることだけに応じ、何であれ出会うものにはやたらと声をかけることをしない[102]。高邁はとくに高い名誉を欲する。「高邁な人は最高の名誉に値することにたいして心がひろがっている」[103]。『神学大全』では次のように言われている。「ある人が名誉のために行為するようには気を遣わないというふうに名誉を蔑視するとき、それは非難されるであろう」[104]、と。他方で、高邁な人は辱めを受けることによっては砕かれないで、それを自分にふさわしくないとして軽蔑するのだ[105]。一般に高邁な人は卑劣なことをすべて蔑視するし、誰かがその人にふさわしくないことをするようであれば、けっしてその人を高く評価できないであろう[106]。正しい人の高邁な「人間蔑視」については、トマスは詩編の言葉（15:4）[*13]につなげて、「悪人はかれの目には無である」[107]と言う。揺るがない誠実が高邁な人の証しである。怖いがために黙して真実を言わないことほど、高邁さから縁遠いものはない[108]。へつらいとしらばくれという、小心を起源とするこれら二つを、高邁な人は徹底して避ける[109]。高邁な人は嘆かない。なぜなら、その人の心は何であれ外的な悪に打ち負かされるということがないからである[110]。高邁は、希望がひるむことなく確固としていること、まさしく敢然と闘いを挑むような姿勢[111]、そして怖がることのない完全な落ち着きを含んでいる[112]。高邁な人は精神の動揺(ゲミュート)に屈せず、どのような人間にも、どのような運命にも屈しない——しかし、神だけは例外である[113]。

聖トマスの『神学大全』で、この高邁という人間像が一歩一歩描き上げられているということを、われわれは驚きとともに知る。この人間像をまざまざと立ち現すことが必要であった。謙遜についての論考で、謙遜は高邁に対立するものではない、と何度も言われているのである。わ

───────
*13) 「主の目にかなわないものは退け／主を畏れる人を尊び／悪事をしないとの誓いを守る人」（詩編15:4）。

れわれはこの，警告ないし注意のようにして発せられる文章が何を言っているのか，推して知ることになる。これはほかならぬ次のことを言っている。すなわち，高邁との共存という内的な緊張に耐えないほど狭小かつ弱々しい「謙遜」は，けっして謙遜ではない，ということである。

　人間の凡庸な判別力は，いつも高邁な人を高慢と呼ぶのに近く，したがってその程度に応じて謙遜のまことの姿を見損いがちである。「高慢な人間」，このようにいとも簡単に言われる。しかし，これで何を言っているのか，まことの，ほんものの高慢（superbia）が何を意味しているのか，これはめったに問題にならない。高慢とは，はじめから，人間どうしの日常的なつき合いのなかでの一つの態度なのではない。高慢は，人間の神への関係の仕方に関わる。高慢とは，造り主と被造物との関係にたいする，現実性に反した拒否態度である。高慢は人間の被造性を否定する。どのような罪にも二つの側面があり，それは神から離反すること，ならびに移ろい去りゆく善にかかずらうことであるが，罪の本質を決めるものは最初の方，すなわち神から離反することである。ところで，高慢における離反については，その他のどのような罪の場合にもみられないほど明確に，「すべての罪が神を逃れても，高慢だけは神の前に立たされる」[114]，と言われている。聖書は高慢な者について一度だけ触れている。すなわち，神は高慢な者を敵とする（ヤコブの手紙4:6），と。

　謙遜もまた，はじめから，人と人とが共に生きるさいの一つのつながり［交わり，関係］のあり方なのではない。謙遜もまた，まずもって神へ視線を向ける。高慢が拒否して破壊するところのもの，すなわち人間の被造性，これを謙遜は肯定・同意し，保つ。被造性，造られているということが人間のもっとも深みにある本質を成しているのであれば，謙遜というのは「神への人間の服従」[115]であり，本質的にあるこの原構成要件にたいする肯定・同意のことである。

謙遜とユーモア

　したがって謙遜は——第二に——はじめから外的な態度なのではなくて，意志の決断から生まれてくる内的な習慣である[116]。それは，神と自分の被造性とに視線を向けながら，神の意志によって現実となっているものを不断に承認するという習慣である。それはとりわけ一つのこと，

すなわち人間も人間性も神ではないということ，また「神のようなもの」でもないということを，素朴に受け入れることである。ここで，謙遜というキリスト教の徳と——おそらく同じくキリスト教的な——ユーモアのセンスとを結びつけている隠れた連関がすこし見えてくる[†27]。

おのれの被造性を認めること

さて最後になるが——第三——，これまで言われたことを超えてでも，謙遜は人間と人間との習慣的姿勢であると，それも他者にたいする自己卑下の習慣的姿勢であると，率直に言ってはいけないのだろうか？ よく見てみよう。

トマス・アクィナスは『神学大全』において，この，人間の人間にたいする謙遜な習慣的姿勢，という問題を立てた上で，次のように解答している。「人間において観察すべきことが二つある。神のものとは何かということ，そして人間のものとは何かということである。……謙遜とは，厳密にいって，それによって人間が神に服従するところの畏敬をいう。したがって人は，自分自身のものにまなざしを向けながら，隣人にたいして，その神のものであるところにまなざしを向けて，服従しなければならない。しかし謙遜は，自分のなかの神のものを，他者において神のものであると思われるところに服従させる，ということは要求しない。……同様に，謙遜は，自分のなかの自分のものを他者において他者のものにたいして，服従させるようには，要求しない」[117]。

この解答の，広くて多段だが境界線のはっきりした区域内は，高邁な人の「人間蔑視」にも余地があるし，またアシジの聖フランシスコ

[†27]　テオドール・ヘッカー（Theodor Haecker）は（『キリスト教と文化についての対話（*Dialog über Christentum und Kultur*）』Hellerau, 1930, S.78;『小品集（*Opuscula*）』München, 1948, S.372）ユーモアをいわば「自然的な謙遜」と呼んでいる。また，Fr. ヴィステル（Th. Visther）の次の文が（『美学（*Ästhetik*）』第一部, Reutlingen und Leibzig, 1846, S. 372）ここで味読されてよかろう。「ユーモアの持ち主はおのれ自身を愚か者と知っている。そのように知るのは，かれを満たしている真の精神から出発して，そこから，おのれの内に低いもの，無意識を知る，というとき以外ではない。しかしまさしくこのことによって，かれは一気におのれを知者ならびに愚者として立てている。というのは，この立てる者と立てられる者は同一人物であり，まさしくこの……働きが自己解放なのである」。後者の引用を私はハインリヒ・リュッツェラー（Lützeler）の見事な論文「ユーモアの哲学（*Philosophie des Humors*）」（「ドイツ精神科学雑誌（*Zeitschrift für deutsche Geisteswissenschaft*）」1938年報）に負っている。

［Francesco d'Assisi 1181/82-1226年］の自己卑下にも——修道服を脱ぎ捨て，縄をおのれの首に付けて，民衆の前に引き出させた[†28]——余地がある。ここでもまたはっきりしていることは，キリスト教倫理学が単線的な方策しかない狭量な一本道を大して評価していない，ということである。この用心深さ，いや嫌悪は，——別の，しかし近い連関で——聖アウグスティヌスの言葉に表明されている。「主の晩餐は毎日もたれるべきであると一方は言い，他方は反対のことを言うなら，だれでも自分の信仰にふさわしく，敬虔にすべきだと思うことをすればよい。ザアカイとあの百人隊長が，一方は悦んで主を自分の家に招き入れたし（ルカ16:9），他方は『わたしはあなたを自分の屋根の下にお迎えできるような者ではありません』（ルカ7:6）と言った。だからといって，たがいに争うことはしなかったではないか。双方ともに，同じようにではなかったにしても，救い主を敬っていたのである」[118]。

[†28]　Br.レオ（Leo）『完徳の鏡（*Spiegel der Vollkommenheit*）』（Leibzig, 1935），111ページ以下を参照すること。

第8章

怒りの力

怒りの力をほめる

　きわめて不当なことであるが，一般的な「キリスト教的」な用語法によれば，「感性」，「情念」，「欲望」といった諸概念が徹底して「反精神的な感性」，「邪悪な情念」，「反乱を起こす欲望」として理解されている。もともとはるかに広い意味がこのように狭められると，重要な事態を覆い隠してしまうことになる。すなわち，これらすべての概念はけっしてただ否定的な意味だけをもっているのではないということ，むしろこれらには，人間の自然本性がそこから作り上げられ，そこから生きているところの諸力が表現されている，ということなのである。怒りの概念についてもまったく同じである。キリスト教的な一般常識からすると，怒りが問題にされるときはいつも，ひたすらその無抑制のこと，反理性的なこと，否定的なことしか視野にない。しかし，「感性」や「欲望」もそうだが，怒りの力も，人間存在(ヴェーゼン)の原初的な力に属している。この怒るという力において，ほかならぬ人間本性のエネルギーがもっともはっきりとおのれを語るのである。目的達成が困難なとき，容易に手にするはずのものが拒まれるときに，総じて「険しい善（*bonum arduum*）」を我がものにしようと身がまえるときに，この力が向けられるのである。「感覚するもの(ヴェーゼン)に怒りが備わっている理由は，一つの善を手にするのが困難な場合であれ，悪に打ち克つのが困難な場合であれ，対象を手中にしようとして欲望の力が邪魔されるときに，障害物を取り除けるためである」[119]。怒りとは対抗してくるものに攻めかかる力である[†29]。怒りの力とは魂［心］の本来の抵抗力なのだ[120]。

したがって，怒りの力にたいして，まるでそれ自身が反理性的なもの，「押し殺すべきもの」であるかのようにして汚名を着せる者は，ちょうど「感性」，「情念」，「欲望」についてそのように言うのと同じことをしている。いずれの場合もわれわれ人間の基本的な諸力を誹謗し，いずれの場合も，教会の典礼にあるように，「人間の尊厳をみごとに打ち立てられた」造り主，この方を侮辱している。

怒り（狭い意味で），すなわち，受けた不正にたいして正義の報復をしようとする情念を伴う意志について，トマスはストア派にたいして次のことを言う。「人間の本性は魂［心］と身体から，また精神（ガイスト）と感性からできあがっているのだから，人間が徳に向かって，全力で，つまり精神も感性も身体もともに，取り組むことが，人間の善に属している。それだから，正しい報復への意志は魂［心］の精神的な領域にだけあるのではなく，感性にも身体そのものにもあるということが，人間の徳には要求される」。これは聖トマスの晩年の大作『悪について』の「怒ることはすべて悪いか」という問題を扱った項に[121]，見られるものである。怒りは，もしそれが理性の秩序に即して人間の真の目的に奉仕するときには，「善い」[122]のだ。一般に，激情をもって善を為す者の方が，善のために火が点いているが「全力を尽くさず」して，つまり感性的な領域の力にまでいたらない者よりも，いっそうほめられるようである[†30]。グレゴリウス大教皇の言うように，「怒りの助けによって，理性は悪にたいしていっそう大きな力で対抗する」[†31]，と。また，怒りという理性を曇らす力についても，ちょうど性的な快楽に理性を混乱させる力があると言われたことと同じことが，当てはまる。「理性が思案をめぐらしたことを執行するにさいして，理性の思案が停止することは，何ら徳の本質に抵触するものではない。技術にしても，仕事を為すべきそのときに，為すことについて思案しているとしたら，仕事そのものが妨げられることになるからである」[†32]。

---

　　†29)　「損傷を加える悪を打とうとすべく」(1-2, 23, 3，和訳第10分冊，21ページ)。
　　†30)　「情念から（ex）行為することは賞讃と非難を減じるが，情念を伴って（cum）行為することは両方とも増加させる」(『真理論』26, 7 ad 1)。
　　†31)　『ヨブ記訓釈（Moralia in Iob）』(訳注：または『大道徳書』とも) 5, 45。
　　†32)　2-2, 158, 1 ad 2（和訳第22分冊，144ページ）。『悪についての討論問題』12, 1 ad 4 を参照すること。

これらの文章を熟考するときに驚きを感じるが，それは再度次のことをわれわれに教えてくれるのである。われわれの倫理的善についての考え方が，どれほど全人を顧慮することからかけ離れているかということ，どれほどわれわれ自身が気づかずして「純粋に精神的なもの」を本来の人間性と見なしているかということ，他方で，「古くからの人々」が，創造されたままの世界と人間とを現実肯定的に視野に納めているという点で，見事にわれわれの教師になることができている，ということなのである。

　もちろんのこと，節度のない怒り，理性の秩序を破るような怒りは悪である。そして，それは罪である。したがって，抑制なく怒るときの三つの基本的な形，すなわち，すぐに怒る気質，恨みをいつまでも抱き続けること，恨みを晴らそうとする復讐心，これらは悪であり，秩序に反している[123]。すぐに怒る気質［癇癪］は，事情を把握して判断できたにもかかわらず，その前に精神(ガイスト)の目を閉じる。恨みをいつまでも抱き続けることと恨みを晴らそうとする復讐心は，真実と愛のみ言葉を拒否することに怨恨的な悦びを感じながら，心を閉ざす[124]。それらは，うちに膿をもつ傷のように，精神(ゲミュート)に毒を注ぐのである[†33]。最後に，もちろんのこと，不正な意欲と結び付いた怒りはすべて，悪である。これについては多言を要しない。

柔和は怒ることができないことではない

　節制も節度もなく怒っている者が，かっとなって，辺りかまわず仕遂げようと思っていること，いわばこん棒を手にして殴ろうとするときの全目的を——まさしくそれを，その者は必ず仕損じる。そして，まさしくそれを，柔和(Sanftmut)[*14]と寛大・優しさ(Milde)だけが成し遂げるのである。（これらは同じものではない。寛大・優しさはそとに向けられた柔和である[125]。）「柔和は優れて，人がおのれ自身を支配するように，働く」[126]。この徳について，聖書では忍耐というほとんど同じ言葉がきている。忍耐についてルカ福音書では，それによって人は自分の魂

[†33]　「精神の腫れ上がり（Tumor mentis）」（『悪についての討論問題』12, 5）。
[*14]　「柔和（Sanftmut, mansuetudo）」にあたる語は，『神学大全』和訳第22分冊では「穏和」と訳され，「優しさ・寛大（Milde, clemens）」は「寛容」という訳である（129ページ）。

［心］を自分のものにする*15，とある。そして，柔和については，「あなたの魂［心］を柔和によって護りなさい」と言われている（シラ書10:28*16）。

　しかしながら，柔和というのは，怒りのもともとの力が弱められたり，まったく「押し殺され」たりすることを意味してはいないが，それはちょうど貞潔が性の弱まることを意味していないのと同じである。逆に，徳としての柔和は怒りの力を前提にしている。柔和とはこの力を秩序づけることであり，弱めることではない。柔和と称されるあの青白い顔の無害性――残念ながら多くそのとおりになっている――，それをキリスト教の徳と思ってはならない。無感性が貞潔ではないし，怒ることの不能は柔和と何の関係もない。そのような不能はそもそも徳でないだけでなく，トマスがはっきりと言うように，欠陥であり，**罪**（*peccatum*），**悪徳**（*vitium*）である[127]。

怒りの抑制のなさと欲情の抑制のなさ

　トマスは『神学大全』のなかで面白い問題を立て，そして解答している。抑制のない怒りと抑制のない欲情，どちらがいっそう邪悪であり，またいっそう重大か[128]。解答は以下のとおりである。それぞれの結果を考えると，抑制のない怒りは隣人の善に悪い影響をもたらすことから，こちらの方がいっそう重大な悪である。しかし，情念自身を考えると，いずれにしても抑制なく堕落しているのなら，抑制のない欲情の方が重大なことは，いくつもの理由から言える。たとえば，怒りの興奮は，受けた不正に反抗するのだから，いつも何がしかの理性に与っているのにたいして，色欲はただ感性にだけ属している。抑制のない怒りの罪の方が，それだけとして見れば，抑制のない欲情の罪よりも取るに足りないことは明らかだし，同じく，怒る人が求めている正義の善の方が，欲望の人が渇望している欲情よりもいっそう高度である。抑制のない欲情が

---

　　*15）　「忍耐によって，あなたがたは命（psyche，魂）をかち取りなさい」（ルカ21:19）。
　　*16）　ただし，ここの「柔和（mansuetudo）」は「新共同訳」では「慎み深く……」と訳されている。このギリシア語「プラウテース」は「山上の説教」（マタイ5:5「柔和な人々は……」）で使われる形容詞「柔和な（プラウス）」の名詞である。なお，この28節はブルガタ訳ではシラ書10:31に当たる。

節度のない怒りよりも醜い（*turpior*）理由はここにもある[129]。怒りの節度のなさは欲情の節度のなさに比べると，通常体質的に，したがって生まれながらにもっているということもある（このため，節度のない怒りの素質は節度のない欲情のそれに比べて，たいてい親ゆずりである！）。最後に，抑制なく怒る人が抑制なく欲情にまかせる人よりもいっそう好感がもてるのは，前者が高邁に似て開放性を好むのにたいして，色情欲の方は密かに隠さねばならないほど，直視することもされることも適わないからである。

　加えて，怒りの力が特別の重みをもつのは，欲情の無抑制に打ち克つという点にこそある。

　トマスもまた，突然の邪淫の誘惑に勝つには，逃げるのが一番だと言う[130]。しかしかれは，堕落した病的な色欲となると，たんなる拒否によっては，がむしゃらに「そのことは考えません」とするだけでは，けっしてうまくいかない，ということも知っている。トマスは，同意・肯定することは拒否することよりも強い意味をもつはずだ，という考えなのである。魂［心］の力が堕落したら，別の力から，まだ損傷を受けていない核の部分から，癒すことができる，ということである。邪淫の色欲というだらしない無抑制に打ち克ち，いわば抹殺するのは，怒りながらする抵抗の喜びでもって困難な課題に立ち向かうことによる，ということが可能でなければならない[131]。

　色欲という無抑制が怒りのない怠惰な脱力と結び付くと，これこそ希望のもてない完全な頽廃の標である。一つの社会層，一つの民族，一つの文化の没落がまさにはじまろうとしているときはいつも，これが見られるのだ。

第9章

目の欲に対する節制(ツフト)

どこまでも知りたがる無節度

　ストゥディオシタス（*studiositas*）とクリオシタス（*curiositas*）という言葉にはじめて言及したとき*17，そのままにして訳さなかったのは，訳(わけ)あってのこと，むしろ然るべき必然からであった。辞書に従って，簡単に，前者を「知識欲」とか「専念」とし，後者を「知りたがり」とか「好奇心」とおくこともできたであろう。しかしそれでは，これらの概念の内容のうち，本来の重要な部分が隠れてしまったであろう。さらに，単純に月並みに，「いい生徒」の徳とか，近所の奥さんのどうでもいい欠点とかがここでの話題だと思う人がいるかもしれない。

　ストゥディオシタス，クリオシタス――これらの意味は，自然のままに知りたいと思うことにかんする節制(ツフト)と無抑制である。とくに世の多くのことを手当たりしだいに感覚するときの快にたいする節制(ツフト)と無抑制である。アウグスティヌスが言っているように，「知って経験したい欲望」132)の節制(ツフト)と無抑制である。

　「知ることに限界を設ける」という知恵の言葉は，ニーチェが言っている。かれ自身がこれで何を理解していたにしても，人間のこの知りたいと思う高貴な力にたいしても，「度を越えて知りたがらないように」限界を設ける知恵が必要だったのである133)。

　しかしどこにそのような無節度があるというのか？――無節度は，人間精神が被造物の自然本来の神秘と封印を解いて明らかにしようと希求

　＊17）　第Ⅳ部第2章，本書184ページ。

するところに，したがって「この世的な」諸科学すべてに，あるのではない（トマスは，すでにあの時代に，自然的な被造物を軽蔑する者にたいして，これを言っている。そしてこんにちふたたび，これが同じ方向に向けて発言されなければならない）。哲学の研究について，『神学大全』では次のようなことが言われている。それは「（異教徒の）哲学者たちに知られていた真理，それもローマの信徒への手紙（1:19）が言っているように，神がかれらにそれを示したがゆえに知られていた真理のために，賞讃されるべきである」[134]，と。──それにしても，被造物の自然的な神秘にたいして武装して突進するさまを眼前に見ていると，やはり，老いたゲーテのあの注目すべき言葉が熟考されてよい。曰く，「もしわれわれがあまりにも精密に知ろう（erkennen）としないならば，多くのことをいっそうよく知る（kennen）であろうに」[135]。

「魔術」

どこまでも知りたがる無節度とは，たとえば魔術である，とトマスは言う[136]。この考え方ほどすぐに笑いとばされるものはないであろう。しかし，これを選べば救いの代価にもなると言われたらどうだろう。われわれは禁断の封を切らないだけ十分に距離をおいているかどうか──これは一つ考えさせられる問いでもある。──さらにおよそ無節度で無意味なのは，なかでも，神自身と神の業を暗号解読によって我がものにしようと腐心することである。たとえば，歴史における神の業の事実性と究極の目的についてであれば，われわれは信仰によって十分知ることができる。しかし，人間の方から今・ここに配慮されている業を指して，神はここで，あれこれの賞罰，あるいはイエス・ノーを示している，と言うなど，大それたことを望みえないのである。日常生活の浅薄な用立てのために神の把握不可能性のヴェールを剥ごうとする誘惑，したがって把握不可能性を拒否しようとする誘惑，この誘惑は百面相で隠れながら，深い精神にも平板な精神にも同じく手の届くところにあって，危険である。アウグスティヌスは『告白』で次のように書いている。「もはやわたしは星々の運行に気を遣うことをせず，わたしの魂［心］はけっして亡霊から答えを要求しようともしなかった。これらすべての汚らわしいまじないの類を，わたしは唾棄する。でも，主なるわたしの神よ，

わたしは，ただ誠実に，ひたすらあなたに仕えるべきなのに，あなたから印しを求めるということのために，悪魔は数千のはかりごとによって，どれほどわたしを惑わそうとすることか」[137]。

「目の欲」による自己破壊

　ところで，どこまでも知りたいという衝動にたいする本来の無抑制を，「目の欲」と言う。われわれは，あいまいで誤った解釈のやぶをアウグスティヌスとトマスに連れられて抜けでてはじめて，聖書のこの言葉の真の意味を捉えることになる。以下に見るとおり，これは現代の人間にひじょうに良く当てはまることである。

　見る悦びのうちのあるものは，もともとの目的とは逆に，人間自身を異常にし，その秩序を壊す。見ることの意味は現実在を知覚することである。ところが，「目の欲」は現実在を知覚しようとはせずに，ただ何でも見ようとする。「食の快」についてアウグスティヌスは次のように言う。そこでは満ち足りるということではなく，味わい食することに重点がおかれている[138,*18]，ちょうどこのことがクリオシタス（好奇心）と「目の欲」にも当てはまる，と。「この見るという気遣いは，真理を捉えて知ることに向かうのではなくて，世の中へと放心することに向かう」，ハイデガーは『存在と時間』でこのように言っている[139]。

　トマス・アクィナスはクリオシタス［好奇心］を「精神の，休らいのないさまよい（$evagatio\ mentis$）」に属するものとして，これをアケーディア（$acedia$［専念できない物憂い悲しみ］の第一子だと言う。これらの連関は，寓話的で遊びのための作り話以上のものなので，すこし時間をとって，より正確に捉えておくことは無駄ではない。アケーディア，それは，神が人間をそこへと呼んでいる偉大なことに向かう気力のない，倦怠の物憂い悲しみである。この倦怠は，人が，人格というおのれの本質的な尊厳の含みもつ義務的な気高さを，とりわけ神の子という気高さを振り切ろうとするときには，したがってその真の自己を拒否しようとするときにはいつも，その萎えきった顔を持ち上げるのである[†34]。トマ

---

*18)　「初期哲学論集（2）」『アウグスティヌス著作集，2』教文館，389ページを参照すること。

†34)　ヨゼフ・ピーパー『希望について（$Über\ die\ Hoffnung$）』S.55ff.を参照すること。

スは言う，したがって，「精神が，休らいなくさまよう」¹⁴⁰⁾なかで，まず第一にアケーディアの徴候が現れる，と。(その「第二子」は絶望である。この親戚はここの話題にたいしても多くの光明を投じる)。「精神の，休らいのないさまよい」というのは，これまた日常会話の語彙としても知られており，どうにも止まらない欲望のまま，「心そこにあらず*¹⁹」して内的に落ち着かず，決意の拠点が定まらないこと——そしてまさしくクリオシタス［好奇心］という，いつまでも満たされないことを言う¹⁴¹⁾。

したがって，見たいと思う自然のままの意欲がクリオシタス［好奇心］へ堕落することは，人間存在(ヴェーゼン)の表面が無害に混乱していることよりも，ずっと重大である。それはまるまる根こそぎにされる目じるしでもありうる。それは人間が自分のなかに住まう能力を失っていることを意味しうる。絶望で灰燼と化した内面の荒れ地に嫌気がさして，自己自身から逃げてしまうことを意味しうる。すなわち，高邁な休らいだけがもち，犠牲の覚悟ができているために自己自身を自由にできる心というものを，すなわち現存在の充実を，じつはあまたの虚しい道へと自己本位の不安を背負って探し求めているのである。しかし，その人はおのれの存在(ヴェーゼン)の深みから生きてはいないのだから，再度ハイデガーに従えば，「自称真正なる『生き生きとした生』の保証」を「締まりなく何も保全しないままの好奇心」に求めているのである¹⁴²⁾。

聖書は，「目の欲」を，あの「悪い者の支配下にある」「世の中」を成している三つの力のうちに数えるが（ヨハネの手紙一 2:16, 5:19）*²⁰，これは理由あってのことなのである。

自己保全のために，見ることを躾ける

「目の欲」がとてつもない破壊力と根絶力を発揮するのは，それが自分の像に従って，自分に似せて，世界を作り上げたときである。意味の

(訳注：英語訳あり。*On Hope*, tr. by Sister Mary Frances McCarty, Ignatius Press. p.54。また，*Faith, Hope, Love*, p.118。さらには 2-1, 35, 8（和訳第10分冊，241-242ページ）を参照すること。)

*19) 「精神という城からあちこちに彷徨い出る」というのが，原文の意味。

*20) 「2:16 なぜなら，すべて世にあるもの，肉の欲，目の欲，生活のおごりは，御父から出ないで，世から出るからです」。「5:19 わたしたちは知っています。わたしたちは神に属する者ですが，この世全体が悪い者の支配下にあるのです」。

ない映像を止めどなく流されて落ち着くすべもなく，感官の窓という窓に休む間もなく狂ったように狩り立ててくる諸印象と諸感覚でしかないところの，ただただ耳をふさぐ騒音の状態に，目の欲が取り囲まれたときである。それは，表向き豪華な書き割りの後ろには完全な無しか住まっていない「世界」であるし，せいぜい四半時もたたないうちに色あせ，読み捨ての新聞やペラペラとめくっただけで捨てられる雑誌のような，一日だけ建っている世界である。健全で無感染で無傷のままの精神（ガイスト）のもつ純粋なまなざしにとって，大都市の歓楽街は真冬の前のような凍てついた明かりをおびて見える。絶望的なほど緑の葉はなく，荒涼とした幽霊の世界である。

　病的な異常から生まれて形を成しているこの無秩序の破壊力の本質は，それが現実在を知覚する人間の原初的な力を窒息させるところにある。また，人間をして，自己自身に到達できないようにするだけでなく，現実在と真理にも到達できないようにする，というところにある。

　したがって，そのような欺瞞の世界が現実的なものの世界の上に生い茂り，覆い被さるとすれば，自然なままの見たい欲望を躾けることは，自力防衛ならびに正当防衛の措置，という性格をもつことになる。そこでこそ，ストゥディオシタス（*studiositas*）[然るべきことに専念すること*21] とは，とりわけ次のことを意味する。ほとんど逃げきれないほどの無抑制の誘惑にたいして，無欲の自己保全の全力を傾けて対抗するということ，われわれがみずからの生のうちなる空間を，見えるだけで実体のない，しつこくうるさいだけの見かけの世界に対抗して，城門を固く閉じて守るということである——知ることをこのように禁欲することによって，またそうすることによってのみ，人間の本来の生きた現存在を安全に守り，もしくは回復し，また神と被造物の現実在を知覚し，沈黙のなかでだけ門を開く真理から，自己自身と世界とを形づくるのである。

---

*21） 2-2, 166（和訳第22分冊，276-282ページ）。

第10章

節制の結ぶ実

節制 (temperantia) と美

　節制と節度という，人間の内的な秩序を保ち，かつ防戦しながらそれを達成していく徳には，特別の意味と重みをもって，美の賜物が伴っている。その徳自身が美しいだけではない。それは人間をも美しくするのである[143]。ただし，ここで美しいとは，そのもともとの意味で理解されなければならない。すなわち，いっさいの存在(ザイン)のままの秩序性から発する真と善の輝きであり，したがって，感性的なままの好ましさという上べだけの意味ではない。節制の美はいっそう精神的でいっそう強くいっそう男っぽい相貌をもつ。それがまこと男らしさと結び付くものであってもべつに構わないし，むしろちょうどふさわしい，ということがこの美の本質的な姿である。節制(ツフト)は，勇気の源ならびに前提としては[144]，成熟した雄々しさの徳である。これにたいして，無抑制という幼稚な[145]無秩序は，美を破壊するだけではなく[146]，意気阻喪させる。われわれは，多くふしだらによって(ウンツフト)，世の中の悪の傷害にたいして「奮い立つ」ことができなくなり，「奮い立とう」ともしなくなる[†35]。

　ある人が正しくないのか正しいのか，容易には相貌に読みとることはできない。ところが，節制(ツフト)と無抑制については，その明らかな証拠が，人格がじかに現れるところではどこでも，相貌がしっかりしているかどうかに，物腰に，笑いに，筆跡に，自ずと示されるのである。人間そのも

[†35]　2-2, 153, 5 ad 2（和訳第22分冊，48-49ページ）。トマスはここで聖書の言葉を引用する。「淫行とぶどう酒と新しい酒は心を奪う」（ホセア書4:11）。

ののなかの秩序としての節制は，魂［心］と同じく，また総じてすべての魂［心］的・精神的ないのちと同じく，ほとんど「純粋に内的」なままでいることはありえない。「からだの形相」であること，これが魂［心］の本質なのである。

　ところで，この，あらゆるキリスト教人間学†36の根本命題は，からだが魂［心］によってすっかり形づくられているということ，それだけでなく，魂［心］がからだと相互につながっている，ということも言っている。ここに，第二の事態が基づいている。すなわち，外的な行動と表現に現れる節制とふしだらは，強めたり妨げたりしながら，人間の内的な秩序にも逆に作用しているということである147)。この視点から，いっさいの外的な規律・しつけが——飲食の快だけでなく性の快の領域で，また，認められたいという願望や，怒りや，見るときの快の領域で——，意味と権利と必然性をえているのである。

憑かれたような欲求と絶望

　われわれは一度，やはり注目すべき事態を指摘しておいたのではなかったか？　すなわち，ほとんどすべての病的に取り憑かれたような欲求は——内的な秩序が破壊されている証拠である——変態性欲からはじまって，アルコール中毒，誇大妄想と病的な癇癪もち，そしてぶらぶらと浮遊する野次馬根性にいたるまで，**節制**の区域に入るということである。これら我欲の硬化したものすべてには，自己の渇きを癒したいと激しく切望しながら，たえず仕損じるという絶望が伴っている。つまり，自己本位の我執は必然的に絶望的な頑張りでしかない。というのは，人間をどのように位置づけようとも，まず先行する基本的な事態は，人間は自然本性的に自己自身よりも神を愛するということ，我欲という神に背を向けた仕方では，自己自身を見失わざるをえない，ということだからである。

　無節制（*intemperantia*）と絶望はたがいに隠れた抜け道でつながっている。いつも頑ななほどだらしなく，自己顕示もしくは快楽を満たすことが最終的な充足と完成であるとしてこれをどこまでも追求する者は，

---

†36)　ヴィエンヌ公会議（1311-1312年）決定事項。デンツィンガー『改訂版カトリック教会文書資料集』（エンデルレ書店），Nr.902（481），206ページ。

第10章　節制の結ぶ実　　　　　　　　　　　　　241

おのれの足を絶望の道に進めているのである。他方，次のこともただしい。すなわち，本来の，究極の目的の完成を拒否する者にとっては，また，神とおのれ自身に絶望して，完成はありえないということを見こす者には[†37]，抑制のない欲情という人工的な楽園が，幸福の場所として，いや，忘却の，自己忘却の唯一の場所として，示されるのである。「無感覚になって放縦な生活をし，あらゆるふしだらな行いにふけってとどまるところを知りません」（エフェソの信徒への手紙4:19）と言われているとおりである[†38]。罪が重荷であり苦役であること，これは，ほかならぬ無節制において，自己本位な自己保全を，虚しく，憑かれたように求めることにおいて，もっともはっきりと出てくる。

節制は清める
これにたいして節制は自由にし，清める。とりわけ，節制は清めの働きをする。

もしわれわれが，この，まれにしか通らない──奇妙なことである──城門から，清さというひじょうに難しい概念に接近し，したがって，清めることの果実として，清さを理解するならば──混乱させるだけで協和しない，あのわれ鐘の響きは押し黙ることになる。さもなければ，その響きは，清さの概念に覆いをかぶせて，マニ教に近づく恐れがある（ドイツ語の「異端者（*Ketzer*）」はギリシア語の「カタロイ（*katharoi*）」──「清い人々」──から来ており，ゆゆしい警告を含んでいる）。この視点から，十分な意味をもった制約なしの清さの概念が，平俗な，したがっておよそ異なったそれにたいして，見えてくるのである。

この清さこそ，心の清さというのが節制に内在する目的であり，「それには，孤独，断食，徹夜，責めが助けとなる」[148]，と『師父たちとの霊的談話集』のヨハネス・カッシアヌス［Johannes Cassianus, 360-435年］が言うときに意図していることである。聖アウグスティヌスの「節制ならびに節度の徳は，神のために，人を何一つ欠けたところのない，汚れ

---

　　†37)　Pieper, *Über die Hoffnung*『希望について』S.49ffを参照すること（訳注：*On Hope*, tr. by Sister Mary Frances McCarty, Ignatius Press. p.47; *Faith, Hope, Love*, p.113）。
　　†38)　『悪についての討論問題』15, 4 ad 3。2-2,153, 4 ad 3（和訳第22分冊，45ページ）を参照すること。

のないものとして護ることに向かっている」[149]という言葉は，清さのこのようないっそう広大な概念の上に理解されるべきである。しかし，清さの制約なしの概念とは何を意味しているのか？　それは，われわれが深い痛みに揺り動かされて現存在の限界に耐えているときに，もしくは死が触れようとするときに，人間において現実となるような——澄み渡って濁りのない朝のように，——世界にたいするあの囚われのなさであり，世界にたいするあの無私無欲のことなのである。聖書では，「重病は人［魂］を醒めた目にする」（シラ書31:2）と言われており，この醒めて清淡であることも，共に，清さの本質に属するのである。アリストテレスのあらゆる命題のなかでもっとも議論を呼ぶ「悲劇は，清めの，カタルシスの働きをする」[150]という命題は，この方向を意味している。また，トマスが節制の問題とする**恐れという霊的賜物**（*donum timoris*）[151]も，恵みによる内奥の危機の経験として，精神を清める(ゲミュート)し，また，あやしげな自称完成目標の自己本位な追求を拒否するような清さを，実りとして持つのである。清さとは全存在(ヴェーゼン)が無条件に開かれていることであり，そのように開かれているときにはじめて，「ごらん下さい。わたしは主のはしためです」（ルカ1:38）という言葉が発せられるのである。清さのこの最高の実現は，ヴァイスの詩において，汚点のない美しさとして，そして，神の心に適って輝いている様として，捉えられている。「咎ひとつなく，希望のうちにたじろがないバラの花が，そこにある」[†39]。

清さ，心を開いて受け入れること

ここで新たな深みがのぞき見られる。すなわち，清さは清めの果実であるだけではないということ，それは同時に，神による清めを——恐ろしく，また命揺さぶられることであろう——信頼のうちに大胆に心を開いて受け入れ，実りにまで変容せしめるその力を経験する準備ができている，ということである。

これが，節制(ツフト)と節度の徳の究極の目的である。

[†39]　コンラッド・ヴァイス「エジプトへの逃亡（Die Flucht nach Ägyptien）」（詩集『言葉の心』(Konrad Weiß, in dem Gedichtband *Das Herz des Wortes*, Augsburg, 1929），また，コンラッド・ヴァイス全集『全詩集（*Gedichte*）』第一部（Hegner-Bücherei des Kösel Verlags, München 1948)。

出 典 注

第 I 部 思　慮

1) 『神学大全』2-2, 47, 5 ad 3（和訳第17分冊，268-269ページ）を参照すること。以下,『神学大全』を省略する。
2) 2-2, 50, 1 ad 1（和訳第17分冊，268-269ページ）。
3) 『徳一般についての討論問題』12 ad 23。
4) ガリグー・ラグランジュ（Garrigou-Lagrange）「聖トマスの道徳神学の形而上学的性格について」, Revue Thomiste, 第8年度（1925），345ページ。
5) 2-2, 4, 5（和訳第15分冊，116ページ）。『真理論』14, 6。『任意討論問題』12, 22。
6) 1-2, 64, 3（和訳第11分冊，282ページ）。『徳一般についての討論問題』9。
7) 『真理論』14, 5 ad 11。『ペトルス・ロンバルドゥス命題集註解』3, d.27, 2, 4, 3。また，同3, d.27, 2, 4, 3 ad 2を参照すること。
8) 『徳一般についての討論問題』9。
9) 2-2, 47, 5 ad 2（和訳第17分冊，203ページ）。
10) 2-2, 47, 5 ad 1（和訳第17分冊，203ページ）。
11) 2-2, 56, 2 ad 3（和訳第17分冊，359ページ）。
12) 2-2, 55, 2 ad 3（和訳第17分冊，337ページ）。
13) 2-2, 119, 3 ad 2（和訳第20分冊，286ページ）。2-2, 141, 1 ad 2（和訳第21分冊。未刊である。以下，第21分冊とのみ記す）。
14) ゲーテのミュラーとの対話，1819年3月28日。
15) 1-2, 64, 3 ad 2（和訳第11分冊，282ページ）。『現実在と善（*Die Wirklichkeit und das Gute*）』（Kösel-Verlag, München, 1949），93ページ以下。
16) 『徳一般についての討論問題』6。
17) 2-2, 47, 3（和訳第17分冊，197ページ）。
18) 『現実在と善』を参照すること。60ページ以下。
19) 1-2, 63, 3（和訳第11分冊，268ページ）。
20) 2-1, 14, 2（和訳第9分冊，292ページ）。2-2, 47, 6（和訳第17分冊，206ページ）。
21) 2-2, 47, 6 ad 3（和訳第17分冊，207ページ）。
22) 2-2, 47, 6 ad 3（和訳第17分冊，207ページ）。『真理について』5 ,1 ad 6。
23) 『枢要徳についての討論問題』1。
24) 『現実在と善』52ページ以下。
25) 2-2, 48（和訳第17分冊，237-238ページ以下）。
26) アリストテレス『ニコマコス倫理学』6, 9（『アリストテレス全集13』6, 10, 岩波書店）。
27) 2-2, 47, 9（和訳第17分冊，213ページ）。
28) 2-2, 49, 4（和訳第17分冊，253ページ以下）。
29) 2-2, 53, 5（和訳第17分冊，317-318ページ以下）。
30) 2-2, 47, 1 ad 3（和訳第17分冊，192ページ）。2-2, 47, 8（和訳第17分冊，210-

211ページ)。
31) 2-2, 47, 3 ad 3（和訳第17分冊，198ページ）。2-2, 47, 14 ad 3（同228ページ）。
32) 2-2, 47, 14 ad 1（和訳第17分冊，227-228ページ）。
33) 2-2, 47, 14 ad 2（和訳第17分冊，228ページ）。
34) 『三位一体論』XI, 3-5: XV, 22。
35) 2-2, 49, 1（和訳第17分冊，242ページ以下）。
36) 2-2, 49, 3 ad 3（和訳第17分冊，251ページ）。2-2, 49, 3を参照すること（和訳第17分冊，250ページ）。
37) 2-2, 55, 1（和訳第17分冊，333ページ）。
38) 2-2, 49, 6（和訳第17分冊，258ページ）。
39) 2-2, 47, 9 ad 2（和訳第17分冊，214ページ）。
40) 2-2, 49, 6 ad 1（和訳第17分冊，259ページ）。
41) 2-2, 53, 6（和訳第17分冊，320ページ）。
42) 2-2, 55（和訳第17分冊，331-353ページ）。
43) 2-2, 55, 1（和訳第17分冊，333ページ）。
44) 2-2, 55, 3-5（和訳第17分冊，337-345ページ）。
45) 2-2, 55, 3 ad 2（和訳第17分冊，340ページ）。
46) 2-2, 55, 8 ad 2（和訳第17分冊，353ページ）。
47) 『ニコマコス倫理学』4, 3（『アリストテレス全集13』4, 8, 1124b 29，岩波書店）。
48) 2-2, 55, 8（和訳第17分冊，352ページ）。
49) ヨスト・トリエール「言語的展開からみた思慮の概念」(Jost Trier, Die Idee der Klugheit in ihrer sprachlichen Entfaltung. *Zeitschrift für Deutschkunde*, Jg. 1932）630ページ。
50) 2-2, 118, 2（和訳第20分冊，252ページ）
51) 2-2, 118, 1 ad 3。
52) 2-2, 55, 8（和訳第17分冊，352ページ）。
53) 『枢要徳についての討論問題』1。
54) 『真理論』21, 3。
55) 1-2, 17, 5 ad 3（和訳第9分冊，347ページ）。
56) 『形而上学』2, 1.993b 10。
57) 『徳一般についての討論問題』6 ad 5。2-2, 109, 2 ad 1（和訳第20分冊，136ページ）。
58) 『魂についての討論問題』13 ad 11。
59) 1-2, 18, 5（和訳第9分冊，377ページ）。
60) 2-2, 4, 5（和訳第15分冊，116ページ）。
61) 『ペトルス・ロンバルドゥス命題集註解』3, d.33, 2, 5。
62) 2-2, 49, 3（和訳第17分冊，250ページ）。
63) 2-2 ,47, 3（和訳第17分冊，197ページ）。
64) ポール・クローデル『人質（L'Otage）』2-1。
65) 『真理論』14, 6。
66) 2-2, 47, 13 ad 2（和訳第17分冊，225ページ）。
67) 1-2, 18, 5（和訳第9分冊，377ページ）。

68) 『現実在と善』第二章の,「倫理的な全体的行為の構築 (Der Aufbau der sittlichen Total-Handlung)」(52ページ以下) を参照すること。
69) 『現実在と善』109ページ,注12を参照すること。
70) 『枢要徳についての討論問題』2。
71) 『真理論』27, 5 ad 5。
72) 『真理論』14, 5 ad 11。
73) 2-2, 52, 2 (和訳第17分冊, 297ページ参照)。
74) 2-2, 52, 2 ad 3 (和訳第17分冊, 297ページ参照)。
75) 2-2, 52, 2ad 2 (和訳第17分冊, 296ページ参照)。
76) 『主の山上のことば』第一巻第四章 (創文社, 37-38ページ)。
77) 2-2, 52, 4 (和訳第17分冊, 302ページ参照)。
78) 1-2 ,61, 5 (和訳第11分冊, 242ページ参照)。

第II部　正　義

1) Kant, *Eine Vorlesung Über Ethik*. Hrsg. Paul Menzer. 2. Aufl., Berlin 1925, S. 245。パウル・メンツァー編『カントの倫理学講義』(小西他訳, 三修社, 1968年), 249ページ。
2) トマス・アクィナス『アリストテレス：ニコマコス倫理学註解』5, 1; Nr.893。
3) 『弁論術』1, 9。
4) キケロー『善悪の究極について』5, 23。
5) アンブロシウス『聖職者の義務について (*De officiis ministrorum*)』1, 24。
6) アウグスティヌス『神の国』19, 21。
7) とくに,『神学大全』の2-2, 56-122 (和訳第18分冊-第20分冊), ならびに, アリストテレスの『ニコマコス倫理学註解』第5巻, Nr.885-1108。
8) 『枢要徳について』1 ad 12。
9) 『ディオニュシウス・アレオパギタ：神名論への註解』8, 4; Nr.778。
10) Patrologia Latina (Migne), 220, 633。
11) 『護教大全』2, 28。
12) 同上。
13) 『護教大全』同上。
14) 1, 21, 1 ad 3 (和訳第2分冊, 217ページ)。
15) 2-2, 57, 1 (和訳第18分冊, 4ページ)。
16) プラトン『ゴルギアス』469A。
17) 同508D-E。
18) 2-2, 57, 2 (和訳第18分冊, 7ページ)。
19) 2-2, 57, 2, ad 2 (和訳第18分冊, 8ページ)。
20) J・ルクレール「正義についてのノート」, *Rev. Néoscolast. de Philosophie*, 第28年報 (1926), 269ページ。
21) 『実存主義とは何か』(『サルトル全集』第13巻) 人文書院, 1955年), 17ページ。
22) 『護教大全』3, 112。
23) 同上。
24) 『カントの倫理学講義 (*Eine Vorlesung Über Ethik*)』, 原文 S. 245, 和訳248ページ。

25) 『ペトルス・ロンバルドゥス命題集註解』4 d.46, 1, 2, 1。
26) 2-2, 57, 1（和訳第18分冊、3ページ）。
27) 2-2, 58, 2（和訳第18分冊、25ページ）。
28) 2-2, 57, 4（和訳第18分冊、14ページ）。
29) 2-2, 74, 2（和訳第18分冊、343ページ）。
30) 2-2, 102, 2 ad 2（和訳第20分冊、23ページ）。
31) 1, 21, 4（和訳第2分冊、225ページ）。
32) 『プロスロギオン』10（『中世思想原典集成7 前期スコラ学』、199-200ページ）。
33) 1, 21, 1 ad 3（和訳第2分冊、217ページ）。
34) Paul und Euling, *Deutsches Wörterbuch*, 397ページ。
35) 『国家』332C。
36) 2-2, 122, 1（和訳第20分冊、304ページ）。
37) 同上
38) 2-2, 58, 5（和訳第18分冊、33ページ）。
39) 『枢要徳についての討論問題』3 ad 8。2-2, 58, 6 ad 4（和訳第18分冊、38ページ）。2-2, 79, 4（和訳第18分冊、418ページ）。
40) 2-2, 47, 10 ad 1（和訳第17分冊、216ページ）。『ニコマコス倫理学註解』5, 2（『ニコマコス倫理学』「アリストテレス全集13」岩波書店、145ページ。1129a34）; Nr.907。
41) 2-2, 58, 5（和訳第18分冊、33-34ページ）。
42) 『ニコマコス倫理学註解』5, 2（上掲書5, 1）; No.907。
43) 『ニコマコス倫理学』1129b28-29（「アリストテレス全集13」岩波書店、146ページ）。
44) 2-2, 79, 1（和訳第18分冊、408ページ）。
45) 『ニコマコス倫理学註解』5, 1; Nr.907。
46) 上掲書『カントの倫理学講義』、原文S.245、和訳248ページ。
47) 1-2, 100, 2（和訳第13分冊、189ページ）。
48) 『ペトルス・ロンバルドゥス命題集註解』3 d.33, 2, 1, 3。
49) 1-2, 60, 2（和訳第13分冊、211ページ）。
50) 『神学大全』1-2, 60, 2（和訳第13分冊、211ページ）についての註解。
51) 『枢要徳についての討論問題』1 ad 12。
52) 2-2, 122, 1（和訳第20分冊、304ページ）。
53) 2-2, 181, 1 ad 1（和訳第23分冊、197ページ）。
54) 『ニコマコス倫理学註解』5, 13（上掲書5, 9）; Nr.1044。
55) 第5巻第9章以下（訳注：とくに1137a5-9）。
56) 2-2, 58, 10（和訳第18分冊、50ページ）。
57) 『義務について』1, 7（『キケロー著作集9』岩波書店、138ページ）。
58) 2-2, 58, 3（和訳第18分冊、28ページ）。
59) 『護教大全』3, 24。
60) 『ニコマコス倫理学註解』5, 2（上掲書5, 1）; Nr.910。
61) 1-2, 66, 4（和訳第11分冊、322ページ）。
62) 2-2, 58, 12（和訳第18分冊、55ページ）。1-2, 66, 1（和訳第11分冊、310ページ）。

63）　『徳一般についての討論問題』9。
64）　1-2, 66, 4（和訳第11分冊，321ページ）。
65）　2-2, 124, 1（和訳第21分冊。未刊である。以下，第21分冊とのみ記す）。
66）　2-2, 157, 4（和訳第22分冊，138ページ）。
67）　2-2 ,123, 12（和訳第21分冊）。
68）　同上
69）　『ニコマコス倫理学註解』5, 15（上掲書5, 11）; Nr.1077。
70）　プロティノス『エンネアデス』I, 2, 6（『世界の名著 続2，プロティノス・ポルピュリオス・プロクロス』中央公論社，233ページ）。
71）　2-2, 55, 8（和訳第17分冊，352ページ）。
72）　ディオゲネス・ラエルティオス『ギリシア哲学者列伝』1, 36（岩波文庫，上巻36ページ）。
73）　プルタルコス「七賢人の饗宴」11（『モラリア2』西洋古典叢書，224ページ）。
74）　トマス『君主の統治について』1, 10。
75）　プルタルコス「七賢人の饗宴」11（『モラリア2』西洋古典叢書，223ページ）。
76）　プルタルコス，同。
77）　ディオゲネス・ラエルティオス『ギリシア哲学者列伝』1, 69（岩波文庫，上巻66ページ）。
78）　プルタルコス「七賢人の饗宴」11（『モラリア2』西洋古典叢書，224ページ）。
79）　プルタルコス，同。
80）　2-2 ,61, 2（和訳第18分冊，100ページ）。
81）　『ニコマコス倫理学註解』1,1; Nr.5。
82）　2-2, 61, 3（和訳第18分冊，106ページ）。
83）　2-2, 62, 1（和訳第18分冊，114ページ）。
84）　同上
85）　B. H. メルケルバッハ『道徳神学大全』（第二版，1936年，パリ）II, 284。
86）　『道徳の基礎』。Insel 版全集第2巻，611ページ（『ショーペンハウアー全集』第9巻，白水社，335ページ）。
87）　2-2 ,61, 3（和訳第18分冊，105ページ）。
88）　同上
89）　2-2, 58, 7 ad 2（和訳第18分冊，41ページ）。
90）　2-2, 61, 1 ad 5（和訳第18分冊，99ページ）。
91）　2-2, 61, 2（和訳第18分冊，100ページ）。
92）　2-2, 61, 2（和訳第18分冊，101ページ）。
93）　同上。
94）　2-2, 61, 2 ad 2（和訳第18分冊，102ページ）。
95）　『ニコマコス倫理学註解』5, 6（『ニコマコス倫理学』「アリストテレス全集13」岩波書店，は5, 3）; Nr.950。
96）　『ニコマコス倫理学』5, 7（『ニコマコス倫理学』「アリストテレス全集13」岩波書店，は5, 3: 5, 4）; 1131b。
97）　「アリストテレス『政治学』註解」1, 1; Nr.11。
98）　2-2 ,65, 2 ad 2（和訳第18分冊，194ページ）。

99) 『ニコマコス倫理学註解』5, 11 (『ニコマコス倫理学』「アリストテレス全集13」岩波書店、は5, 6); Nr.1009。
100) エフェソの信徒への手紙註解、6: 3。
101) 『政治学』3, 4; 1276 b。
102) 『君主の統治について』1, 8 (和訳前掲書、第一巻七章、41ページ以下参照)。
103) 『君主の統治について』1, 10 (和訳前掲書、第一巻九章、58ページ参照)。
104) 『神曲』「天国編」第18歌 (寿岳文章訳、166ページ以下)。
105) 『政治学』3, 4; 1277 b。
106) 2-2, 50, 1 ad 1 (和訳第17分冊、268ページ)。
107) 『君主の統治について』1, 4 (和訳前掲書、第一巻三章、22ページ参照)。
108) 『君主の統治について』1, 6 (和訳前掲書、第一巻五章、32ページ参照)。
109) 2-2, 61, 1 ad 3 (和訳第18分冊、98ページ)。
110) 1-2, 96, 6 (和訳第13分冊、122ページ)。
111) ドノーソ・コルテス『西洋からの離反、ドキュメント (*Der Abfall vom Abendland. Dokumente*)』(パウル・ヴィアートル刊、ウィーン、1948年)、67ページ。
112) 「ヴィルヘルム・ディルタイとパウル・ヨルク・フォン・ヴァルテンブルク伯爵との往復書簡、1877-1897年」(ハレ、1923年)、97ページ。(訳注:パウル・ヨルク・フォン・ヴァルテンブルク伯爵はギリシア哲学の研究者。その孫、ペーター・ヨルク・フォン・ヴァルテンブルク伯爵は、いわゆるヒトラー暗殺計画「ヴァルキューレ作戦」の首謀者の一人である。)
113) 2-2, 61, 2 (和訳第18分冊、100ページ)。
114) 『ペトルス・ロンバルドゥス命題集註解』4 d 26, 1, 2。
115) 2-2, 63 (和訳第18分冊、141-155ページ)。
116) 2-2 ,63, 2 (和訳第18分冊、147ページ)。
117) 2-2, 63, 1 (和訳第18分冊、143ページ)。
118) 2-2, 63, 1 (和訳第18分冊、144ページ)。
119) 2-2, 63, 2 (和訳第18分冊、148ページ)。
120) リーヴォーのアイルレッド『聖なる友情』(ミュンヘン、イエズス会)。
121) 『法律』757。第6巻5章。
122) 2-2, 80, 1 (和訳第18分冊、148ページ)。
123) 1, 21, 1 ad 3 (和訳第2分冊、216ページ)。
124) 1, 21, 4 (和訳第2分冊、225ページ)。
125) 『ゴルギアス』480A-D。
126) 3, 85, 3 ad 2 (和訳未刊)。
127) 2-2, 80, 1 (和訳第19分冊、4ページ)。
128) 2-2, 101, 1 (和訳第20分冊、3ページ)。
129) 2-2, 101, 1 (和訳第20分冊、4ページ)。
130) 2-2, 103, 2 ad 2 (和訳第20分冊、34-35ページ)。
131) 2-2, 106, 4 (和訳第20分冊、92ページ)。
132) 2-2, 114, 2 ad 1 (和訳第20分冊、207ページ)。
133) 「マタイによる福音書註解」5: 2。
134) 『護教大全』3, 130。

第Ⅲ部　勇　気

1) 『神学大全』2-2, 123, 12（和訳第21分冊。未刊。以下，『神学大全』を省略。）。2-2, 124, 1（同）。
2) 『枢要徳についての討論問題』1。
3) 1-2, 64, 3 ad 2（和訳第11分冊，282ページ）。
4) 『真理論』1, 2（哲学書房，47-48ページ参照）。1-2, 64, 3（和訳第11分冊，281ページ）。
5) オトマル・シュパン『社会学（*Gesellschaftslehre*）』（第三版，ライプツィヒ，1930），158ページ。『真正国家論（*Der wahre Staat*）』（第三版，イェナ，1931），40ページ
6) 『悪についての討論問題』1, 4。
7) カール・シュミット『政治的なものの概念（*Der Begriff des Politischen*）』1993年版，44ページ，2002年版，62ページ。（未来社，76ページ）。
8) 2-2, 141, 8（和訳第21分冊）。
9) 『神の国』19-4。「神の国」(5)『アウグスティヌス著作集15』教文館，40ページ。
10) 『任意討論問題』4, 20。
11) 「聖ポリュカルポスの殉教4」（『使徒教父文書』講談社文芸文庫，231ページ参照）。
12) 「殉教者行伝」『キリスト教教父著作集22』教文館，122ページ。
13) 2-2, 123, 8（和訳第21分冊）。
14) 『殉教についての説教』16。2-2, 124, 4の異論に引用されている（和訳第21分冊）。
15) テルトゥリアヌス『護教論』50（『キリスト教教父著作集14』教文館，116ページ参照）。
16) 2-2, 123, 8（和訳第21分冊）。
17) 2-2, 9, 4（和訳第15分冊，200ページ）。
18) 2-2, 125, 2 ad 2（和訳第21分冊）。
19) 『枢要徳についての討論問題』4 ad 5。
20) 2-2, 124, 3（和訳第21分冊）。
21) 2-2, 123, 12 ad 2（和訳第21分冊）。
22) 『聖職者の義務について』1, 35。
23) 『ペトルス・ロンバルドゥス命題集註解』3, d.33, 2, 5。
24) 『真理論』14, 5 ad 11。『ペトルス・ロンバルドゥス命題集註解』3, d.27, 2, 4, 3。
25) 『枢要徳についての討論問題』1。
26) 『徳一般についての討論問題』12 ad 23。
27) 2-2, 129, 5 ad 2（和訳第21分冊）。
28) 2-2, 126, 2 ad 1（和訳第21分冊）。
29) トゥキュディデス『戦史』第二巻，40。「世界の名著5」中央公論社，358ページ。「世界古典文学全集11」筑摩書房（『歴史』同），68ページ参照。
30) 2-2, 123, 12（和訳第21分冊）。
31) 「詩編註解(2)」34, 13『アウグスティヌス著作集18』教文館（未刊）。
32) 『聖職者の義務について』1, 35。

33) 2-2, 123, 2 ad 2（和訳第21分冊）。
34) 2-2, 123, 4（和訳第21分冊）。
35) 『ニコマコス倫理学註解』3, 18（『ニコマコス倫理学』3, 9「アリストテレス全集13」岩波書店）; Nr.593。
36) 2-2, 123, 6（和訳第21分冊）。
37) 2-2, 123, 6 ad 2（和訳第21分冊）。
38) 2-2, 136, 4 ad 2（和訳第21分冊）。
39) 1-2, 66, 4 ad 2（和訳第11分冊，323ページ）。2-2, 128, 1（和訳第21分冊）。
40) 2-2, 128, 1（和訳第21分冊）。
41) 『スキヴィアス（Scivias）』2, 23。（訳注：「スキヴィアス」は「道を知れ」の意味とも言われる）。
42) 2-2, 136, 2 ad 2（和訳第21分冊）。
43) 1-2, 66, 4 ad 2（和訳第11分冊，324ページ）。『枢要徳についての討論問題』1 ad 4。
44) 2-2, 128, 1 ad 2（和訳第21分冊）。
45) アタナシオス『アリウス派駁論』第3，57章。
46) 『ヨハネ福音書講解18章』4, 12。
47) フリッツ・キュンケル「神経衰弱とヒステリー」(*Handbuch der Individualpsychologie*, München 1926. S. 500)。
48) 1-2, 68, 2（和訳第11分冊，366ページ）。
49) 1-2, 61, 5（和訳第11分冊，242ページ）。
50) 同上。
51) 2-2, 159, 2 ad 1（和訳第22分冊，171ページ）。
52) 『イエズスの聖テレジア（Teresa de Jesus，アビラのテレサ）自叙伝』第31章17（中央出版社，392ページ）。
53) 2-2, 139, 1（和訳第21分冊）。

第IV部　節　制

1) 『ペトルス・ロンバルドゥス命題集註解』4, d.14, 1, 1, 4 ad 2。『神学大全』2-2, 141, 2, obj.2（和訳第21分冊，未刊。以下，『神学大全』を省略）。
2) *Sprüche in Prosa* (v. Loepersche Ausgabe), Nr.777。
3) 2-2, 141, 8（和訳第21分冊）。
4) 『枢要徳についての討論問題』4。1-2, 61, 5（和訳第11分冊，241ページ）。
5) 2-2, 141, 2 ad 2（和訳第21分冊）。
6) 1, 60, 5（和訳第4分冊，317ページ）。
7) 2-2, 23, 7（和訳第16分冊，143ページ）。
8) Przywara: *Das Geheimnis Kierkegaards*（プシュヴァーラ『キルケゴールの秘密』）[München 1929]，S.77f.。
9) 2-2, 141, 4（和訳第21分冊）。
10) 2-2, 157：2-2, 158（和訳第22分冊，127ページ以下：同，140ページ以下）。
11) 2-2, 166：2-2, 167（和訳第22分冊，276ページ以下：同，283ページ以下）。
12) 『悪について討論問題』15, 2。
13) 2-2 ,153, 2（和訳第22分冊，38ページ）。

14) 2-2, 141, 2（和訳第21分冊）。2-2, 152, 2 ad 2（和訳第22分冊，21ページ）。2-2, 153, 3 ad 4（和訳第22分冊，43ページ）。
15) 『ペトルス・ロンバルドゥス命題集註解』4, d.33, 1, 1。
16) 2-2, 153. 3（和訳第22分冊，42ページ）。
17) 2-2, 151, 1（和訳第22分冊，3ページ）。
18) 2-2, 153, 3（和訳第22分冊，42ページ）。2-2, 154, 1（和訳第22分冊，54ページ）。
19) 2-2, 153, 3 ad 2（和訳第22分冊，12-13ページ）。
20) 2-2, 151, 4（和訳第22分冊，10-11ページ）。
21) 1-2, 18, 5.（和訳第9分冊，377ページ）。
22) 2-2, 153, 2, obj.2, ad 2（和訳第22分冊，39-40ページ）。
23) 1, 98, 2（和訳第7分冊，157-158ページ）。
24) 1, 98, 2 ad 3（和訳第7分冊，159-160ページ）。
25) 2-2, 154, 1 ad 2（和訳第22分冊，55ページ）。
26) 2-2, 153, 3（和訳第22分冊，42ページ）。『悪について討論問題』15, 2 ad 4。
27) 2-2, 122, 1（和訳第22分冊，42ページ）。2-2, 122, 6。
28) 2-2 ,154, 2（和訳第22分冊，59-60ページ）。
29) 2-2, 153, 5 ad 1（和訳第22分冊，68ページ）。
30) 同上。
31) 2-2, 15, 3（和訳第15分冊，314ページ）。
32) 2-2, 53, 6 ad 2（和訳第17分冊，320ページ）。
33) 2-2, 180, 2 ad 3（和訳第23分冊，164ページ）。
34) 2-2, 155, 1 ad 2（和訳第22分冊，101ページ）。
35) 「詩編註解」72, 73（『詩編註解（2）』『アウグスティヌス著作集18』教文館（未刊））。
36) 2-2, 153, 5 ad 1（和訳第22分冊，48ページ）。
37) 『悪についての討論問題』15, 4。
38) 2-2, 155, 4（和訳第22分冊，110ページ）。2-2, 156, 3（和訳第22分冊，121ページ）。
39) 2-2, 155, 4 ad 3（和訳第22分冊，111ページ）。
40) 2-2, 155, 4（和訳第22分冊，110ページ）。『枢要徳についての討論問題』1 ad 6。2-2, 123, 12 ad 2（和訳第21分冊）。
41) 『ニコマコス倫理学』7, 9（『アリストテレス全集13』7, 8，岩波書店），1151a。
42) 2-2, 156, 3 ad 1（和訳第22分冊，122ページ）。
43) 2-2, 156, 3（和訳第22分冊，121ページ）。
44) 同上。
45) 『悪についての討論問題』3, 13。
46) 同上。
47) 1-2, 64, 2（和訳第11分冊，279ページ）。
48) Somme théologique, La tempérance, tome 2 [Paris 1928]，pag. 324。
49) 2-2, 170, 1 ad 3（和訳第22分冊，326ページ）。
50) 『任意討論問題』12, 33。
51) 2-2, 154, 4（和訳第22分冊，68ページ）。『真理論』15, 4。
52) 1, 5, 4 ad 1（和訳第1分冊，104ページ）。

53) 『祈りについて』22。
54) 『慎みについて』1。
55) 『芸能見物について』24。
56) アウグスト・アダム『愛の優位（*Der Primat der Liebe*）』（Kevelaer, 1932. S.93）。
57) 2-2, 8, 7（和訳第15分冊, 183ページ）。
58) 2-2, 142, 2 ad 2（和訳第21分冊）。2-2, 142, 3（同）。
59) 2-2, 141, 8 ad 3（和訳第21分冊）。
60) アウグスト・アダム 上掲書 S. 110。
61) 2-2, 20, 3（和訳第16分冊, 91ページ）。
62) 2-2, 154, 3 ad 1（和訳第22分冊, 64-65ページ）。
63) 2-2, 123, 12（和訳第21分冊）。
64) 2-2, 141, 8（和訳第21分冊）。
65) 2-2, 152, 3（和訳第22分冊, 23ページ）。2-2, 152, 3 ad 5（和訳第22分冊, 25-26ページ）。
66) アウグスティヌス『純潔について』8。
67) 2-2, 152, 3 ad 1（和訳第22分冊, 24ページ）。2-2, 152, 5（和訳第22分冊, 31-32ページ）。
68) 「結婚の善について」22（『アウグスティヌス著作集7, マニ教駁論集』教文館, 268-270ページ）。
69) 「純潔について」44。
70) 2-2, 152, 2, ob.1（和訳第22分冊, 18ページ）。152, 4, ob.3（和訳第22分冊, 26-27ページ）。
71) 2-2, 152, 2 ad 1（和訳第22分冊, 20-21ページ）。
72) 2-2, 152, 4（和訳第22分冊, 27-28ページ）。
73) 2-2, 146, 1 ad 4（和訳第21分冊）。
74) 2-2, 147, 3（和訳第21分冊）。
75) 同上。
76) 2-2, 146, 1 ad 4（和訳第21分冊）。
77) 『任意討論問題』5, 18。
78) 2-2, 146, 1 ad 2（和訳第21分冊）。
79) 2-2, 147, 1 ad 2（和訳第21分冊）。
80) 2-2, 147, 5 ad 3（和訳第21分冊）。
81) 2-2, 150, 1 ad 1（和訳第21分冊）。
82) 『任意討論問題』5, 18。
83) 2-2, 148, 6（和訳第21分冊）。『悪についての討論問題』14, 4。
84) 『神曲, 煉獄篇』23, 31ff.（寿岳文章訳, 集英社版, 211ページ）。
85) 『司牧規則書（*Regula pastoralis*）』3, 19。
86) 2-2, 141, 4（和訳第21分冊）。
87) 『真理論』22, 5。
88) 1, 76, 5（和訳第6分冊, 66ページ）。
89) 『魂についての定期討論』8。
90) 同上。

91) 『アリストテレスの霊魂論註解』3, 18。
92) 1, 76, 5（和訳第6分冊, 67ページ）。
93) 『アリストテレスの霊魂論註解』2, 19。
94) 1, 76, 5（和訳第6分冊, 67ページ）。
95) 3, 15, 6（和訳第28分冊, 193ページ）。3, 26, 3 ad 9（和訳第31分冊, 未刊）。
96) *Blätter und Steine*, [Hamburg 1934, S. 171f.]。
97) 2-2, 141, 6 ad 1（和訳第21分冊）。
98) 2-2, 161, 6（和訳第22分冊, 200ページ）。2-2, 162, 3 ad 2（和訳第22分冊, 216ページ）
99) 2-2, 161, 1 ad 3（和訳第22分冊, 182ページ）。2-2, 129, 3 ad 4（和訳第21分冊）。
100) 2-2, 162, 1 ad 3（和訳第22分冊, 207ページ）。
101) 2-2, 129, 1（和訳第21分冊）。
102) 2-2, 129, 3 ad 5（和訳第21分冊）。
103) 2-2, 129, 2（和訳第21分冊）。
104) 2-2, 129, 1 ad 2（和訳第21分冊）。
105) 2-2, 129, 2 ad 3（和訳第21分冊）。
106) 2-2, 129, 3 ad 4（和訳第21分冊）。
107) 2-2, 129, 3 ad 4（和訳第21分冊）。
108) 2-2, 129, 4 ad 2（和訳第21分冊）。
109) 2-2, 129, 3 ad 5（和訳第21分冊）。
110) 2-2, 129, 4 ad 2（和訳第21分冊）。
111) 2-2, 129, 6（和訳第21分冊）。
112) 2-2, 129, 7（和訳第21分冊）。
113) 2-2, 129, 7 異論（和訳第21分冊）。
114) ヨハネス・カッシアヌス『共住修道院の諸制度と八つの罪源の治療』12, 7。
115) 2-2, 162, 5（和訳第22分冊, 224ページ）。2-2, 161, 1 ad 5（和訳第22分冊, 183ページ）。2-2, 161, 2 ad 3（和訳第22分冊, 186ページ）。2-2, 161, 6（和訳第22分冊, 200ページ）。
116) 2-2, 161, 3 ad 3（和訳第22分冊, 190ページ）。
117) 2-2, 161, 3（和訳第22分冊, 188-189ページ）。
118) 「ヤヌアリウスへの手紙」54, 4。
119) 1-2, 23, 1 ad 1（和訳第10分冊, 15ページ）。
120) 1, 81, 2（和訳第6分冊, 203ページ）。
121) 『悪についての討論問題』12, 1。
122) 2-2, 158, 1（和訳第22分冊, 143ページ）。
123) 2-2, 158, 5（和訳第22分冊, 156ページ）。
124) 2-2, 157, 4 ad 1（和訳第22分冊, 139ページ）。
125) 2-2, 157, 1（和訳第22分冊, 129ページ）。
126) 2-2, 157, 4（和訳第22分冊, 138ページ）。
127) 2-2, 158, 8（和訳第22分冊, 164ページ）。『悪についての討論問題』12, 5 ad 3。
128) 2-2, 156, 4（和訳第22分冊, 124-126ページ）。
129) 2-2, 158, 4（和訳第22分冊, 153ページ）。

130) 2-2, 35, 1 ad 4（和訳第17分冊、23ページ）。
131) 『真理論』24, 10。
132) 『告白』10, 35（「世界の名著 アウグスティヌス」中央公論社、382ページ）。
133) 2-2, 166, 2 ad 3（和訳第22分冊、282ページ）。
134) 2-2, 167, 1 ad 3（和訳第22分冊、288ページ）。
135) レーベル版『散文箴言集』Nr.36（『ゲーテ全集13』人文書院、273ページ）。
136) 2-2, 167, 1（和訳第22分冊、287ページ）。
137) 『告白』10, 35（「世界の名著 アウグスティヌス」中央公論社、384ページ）。
138) 『真の宗教について』53。
139) 『存在と時間』第36節「好奇心」（『ハイデガー選集16』「存在と時間、上」理想社、287ページ）。
140) 『悪についての討論問題』11, 4。
141) 2-2, 35, 4 ad 3（和訳第17分冊、33ページ）。
142) 『存在と時間』第36節「好奇心」（『ハイデガー選集16』「存在と時間、上」理想社、287-288ページ）。
143) 2-2, 142, 4（和訳第21分冊）。
144) 2-2, 153, 5 ad 2（和訳第22分冊、48-49ページ）。
145) 2-2, 142, 2（和訳第21分冊）。
146) 2-2, 142, 4。2-2, 151, 4 ad 2（和訳第22分冊、11ページ）。
147) 2-2, 161, 6 ad 2（和訳第22分冊、202ページ）。
148) 「師父たちとの霊的談話集」1, 7（『中世思想原典集成4 初期ラテン教父』1122ページ）。
149) 『カトリック教会の道徳』1, 19（35）（「キリスト教古典叢書2」65ページ）。
150) 『詩学』6（1449b〜）（『アリストテレス全集17』29ページ）。
151) 2-2, 141, 1 ad 3（和訳第21分冊）。

解　説

枢要徳とは

　広辞苑で「枢要徳」という項目を見ると，「〔倫〕(cardinal virtues) もろもろの徳の中で最も根本的なもの。プラトン以来，知恵・勇気・節制・正義の四徳が枢要徳として重視され……」という説明がある。

　ここには，われわれが人間として（専門職を持つ者として，もしくは特定の社会の成員としてではなく）優れていること，その善さ，を決める中心的な徳が四つ，プラトンにしたがって挙げられている。もっとも，ここでただちに付け加えておくことがある。人間として徳という点で優れているというのは，単なる個人や私人のことではなく，何らかの共同体（社会的全体）の一員としての人間のことであり，その徳と行為が問題になっているということである。何らかの共同体の成員として個人が，そして個人の行為が優れている，善い，とされるときの四つの徳，それが四枢要徳である。徳とは，個人の共同体性を重視するものであり，何らかの共同体の善の実現に関わるものとしての徳——獲得された優れた習慣（ハビトゥス）——の倫理である。当然，「国家社会的な政治に携わるときの，すなわち political な行為」，「市民・公民としての行為」の選びと，その種の行為を容易にする徳が問題となる。もちろん，具体的・個別的なわたしが，あなたが，彼／彼女が，そのような徳の習得の主体であり，また，思索の足場が具体的・歴史的な特定の社会にあることは，言うまでもない。

　プラトンとアリストテレス（後者は「知恵 (sophia)」ではなく「思慮 (phronēsis)」で一貫させ，分析は詳細で体系的である）を中心とした古典古代のギリシアに源流をもつこのような徳の倫理学の伝統は，西洋では長い間，多少の曲折を経ながらも，ほぼ変わらない姿で受け継がれ，研究され，また陰に陽に教えられてきたように思われる。「ただしい人間」「善い人間」として，反対に「不正な人間」「悪い人間」として，人々を

評価するときの基準とされてきたことになる。

　まず、これをローマの世界に広めたのが、哲学者でありまたローマの国政に大きく携わったキケローであった。かれによれば、枢要徳は思慮・正義・勇気・節制の四つであり、かつ、重要性からしてこの順序でなければならない（『発想論（*De Inventione*）』2-53）。

　もちろん、その後、キリスト教という西洋文化のもう一つの源流がこれに合流し、別種の徳（なかでも、対神徳と呼ばれる信仰と希望と愛）が、「善い人間」の模範像を決めるものとして加わることになる。しかし、「四枢要徳」の流れが見えなくなることはなく、かえって、「自然的な四枢要徳」と「超自然的な対神徳」というように、それぞれを際だたせる形で、双方の関係が探求され、徳の理論が仕上げられる、という方向に進んでいる。なかでも、中世最盛期のトマス・アクィナスの『神学大全』において、二色の流れの関連が明確にされて、これがさらにルネサンス・近世へと受け継がれる。

　われわれはその流れの断面を、寓意的に、たとえばラファエッロの有名な壁画（1508～1511年作、ヴァティカン宮殿の署名の間のフレスコ画――カバー絵参照）に見ることができる。思慮の女性像を中心に、左右に勇気と節制の女性像が描かれ、信仰と希望と愛を示す三体の天使も配されているという。思慮は天使の差し出す「良心の鏡」でおのれを確かめている。その真上の天井に、右手に剣を、左手に水平で偏らない天秤をもち、目を伏せて構えている女神が正義である。「誰にでもその人のものを帰属させる」と書かれたプラカードが天使たちによって掲げられ、正義像の横には、旧約聖書から「ソロモンの裁判（ソロモンの知恵）」の場面が添えてある、といったぐあいである。また、この種の寓意像がスペインのサンティアゴ・デ・コンポステーラの総会室、またウィーンのカールスキルヘ教会にも描かれていると聞く。どれも16世紀、教会建築のなかに描かれた「四枢要徳」である。

　これは西洋だけに限られたことではなかった。大航海時代に、遠く東のはて日本にも伝えられ教えられていることは、あまり知られていないかもしれない。

　キリスト教の教理書は上述の徳論を人間のあり方――あるべき姿――として含み、それが日本におけるキリスト教宣教のさいに使われ、イエ

ズス会において教科書として刊行されているのである。日本最初の活版印刷本（木活字）『どちりいなきりしたん』がそれである（1591年刊）。これは，おおよそ，当時ポルトガル等で広く使われていた公認の *doctrina christã* に従った日本人向けの「キリスト教要理」であるが，その中に，四枢要徳が上述の順序で挙げられている。思慮（prudencia）「ふるでんしや」は，1600年版『どちりなきりしたん』では「ぷるでんしやとて賢慮の善」（1595年に天草で刊行された『羅葡日辞典（新版が *Lexicon Latino-Iaponicum* として1870年にローマで）』には「賢さ，知恵，分別」）との説明があり，以下，正義（iusticia）「じゆすちしあ」は同「憲法の善」（同「憲法」），勇気（fortaleza）「ほるたれざ」は同「つよき心の善」（同「つよさ，心の猛さ」），節制（temperança）「てんへらんさ」は同「色身の上に中庸を守る善」（同「中庸を守ることをいう，もしくは控え」）といった日本語が当てられている（亀井・チースリク著『日本イエズス会 キリシタン要理』等）。

また，同時代の中国においても，同じくイエズス会士マテオ・リッチ（利瑪竇）の名著『天主実義』（1603年，北京）等，儒教との異同にも触れる優れたキリスト教要理書が刊行されており，これらは然るべき出版認可を得たものであるから，四枢要徳についても折に触れて紹介され討論され，教えられただろうと推測される。『天主実義』は1605年広東で重刻され，この版が「いわゆる日本向けの出版と称されるもの」（『天主実義』平凡社「東洋文庫728」，解説325ページ）であることを付け加えておこう。

ピーパーの徳論

本書の著者ヨゼフ・ピーパーは三つの対神徳と四つの枢要徳それぞれについて単行本を出している。そして，1964年，四枢要徳だけをまとめて一冊の合本とし，「四頭立て（二輪戦車），思慮・正義・勇気・節制」のタイトルで出版した（ただし，豊富な注をすべて省く）。また，全く同様の仕方で，2004年（生誕100年記念）には，「諸徳について」と題して，四枢要徳だけの合本が刊行されており，その順序と内容（わずかの箇所を除いて）も変わっていない。

本訳書も，ドイツ語版合本と同様，また英訳本（*Four Cardinal Virtues*）

同様，四枢要徳それぞれの単行本すべてを訳出して一冊にした合本であり（ただし，英訳版と同じく豊富な注をもらさず付けた上で，さらにラテン語とフランス語の長い注も和訳），キリスト教的な対神徳それぞれの単行本は含まれていない。

そうすると，本書の「四枢要徳」は，ギリシア・ローマの源流のものであってキリスト教との直接のつながりを前提としていない，と言っても言い過ぎにはならないようにも見える。その当否はさておき，さし当たって，洋の東西を問わず，また古今を問わず，「人間である限り」，という，人間について自然本性的に問題にされうる徳が，本書のタイトルの意味するところである，ということを見失ってはならないであろう。

また，ピーパーの関心事がたんなる思想史的なことではなくて，今・ここのわれわれ，今・ここのわたし自身，あなた自身の「人間らしくある・存在」に関わるものであることについては，かれ自身が注意を喚起しており，訳者も，まずこのことに大いに惹かれたのである。

とすれば，徳の問題そのものに深い関心を持つ者にとっては，本書の内容を支えるかに見えるトマス・アクィナス等への言及，そして多くの出典注（とくに，トマスの『神学大全』から）は，読み進むに当たって無視してもかまわないことになる。1964年と2004年の合本が，注をすべて省いて本文だけで出版可能であったのは，その証左となろう。ピーパー自身が言っているように，そこで語っているのは歴史的な特定の哲学者・神学者なのではなく，人類の知恵そのものなのである。とすれば，四枢要徳に関して，この意味でもトマスの尊称「共同の教師」はまかり通ることにもなりそうである。

とはいえ，まず第一に，現代人の徳倫理学への姿勢が，周知のとおり，西欧近世・近代という17世紀以後の哲学の変貌，知識の革命（科学革命），そして目的的な自然界の不可知性の宣言と目的性の無視，さらには，自由主義，個人主義等の風潮，そして近代（資本主義）国家の成立等，といったことと共に，大きく変化しているという事実がある。現今しげく批判にさらされている「西欧近代」的な思潮のなかで，ピーパーが徳倫理学の視点からとくに批判の的とするものは，18世紀の啓蒙主義である。伝統といういわば見失われた宝の在処を示し，人類の知的・倫理学的遺産としてそれを復活させるためには，この啓蒙主義（そして，啓蒙主義的

な思考との関連で，もしくは反作用として出てくるもの，たとえば主意主義や道徳主義の思潮）の行き過ぎを明確にして，誤りがあればそれを正した上で，本来の徳論の姿を示して見せる必要が出てこよう。もう一つある。

思　慮

　第Ⅰ部「思慮」においては，ソクラテス・プラトン以来の，「徳は知」であることを条件とする，という主知主義が，それも「善をこそわれわれは愛し，また為さねばならない」ということ，そしてこの直接の帰結である普遍的な根本諸命題（自然本性的な道徳法則とも言われる）の認識と具体的・個別的な現実在の認識がそのまま個別的な決断へと適用されるということ，このことが強調される。前者の適用は，理論知における根本命題（矛盾律等）の適用に比定される。個別的な行為には，現実在（このような根本命題を含んで成り立っている）についての知が刻印されているのでなければならない。ここには，たとえば人間について，人格概念を要件とした「人間本性」の概念と実在の知があり，それを間違いなく個別的な決断に適用する，ということも指摘されている（本書69ページ）。実在が，そしてその認識が，人間らしい行為の尺度となっていなければならないのである。ちなみに，ピーパーは行為に関わる自然本性的な道徳法則を「より具体的には神の十戒」と言い換えている（38ページ，原注28）。

　一神教の，ひいてはキリスト教の伝統へのこのような言及は，残りの三部においても，とくに「勇気」と「節制」において，重要性を増してくる。これを第二のこととして，付け加えておかなければならない。

　ただし，思慮は現実在をただしく「沈黙して聞き取る（ver-nehmen）」，もしくは「知覚する，真を見て取る（wahr-nehmen）」という習慣・姿勢を要件としており，思慮の本来の役割はこのような現実在の知覚に基づきながら，目的への道・てだてを調整すること，とも言われる（18ページ）。このような思慮は「知性的な徳」であるが，残り三つの「倫理徳」の固有の目的は，それらが思慮の含む「ただしい理・道理（orthos logos, recta ratio, rechte Vernunft）」に一致することにある，と言われるとおりであり，思慮こそが徳一般にとって不可欠の尺度であり，形相的条件であ

り，原因であるとも言われることになる。これがアリストテレスの「思慮（phronēsis）」を受けたものであることは，トマス自身の引用によって明らかである（本文18ページ。『神学大全』2-2, 47, 6。和訳第17分冊205-206ページ）。

正義

　第Ⅱ部「正義」は，本書のなかではもっとも遅く，50歳の頃（1953年）に出版されている。

　徳の共同体性は正義（＝正義の徳）においてもっともよく知られる。このときのキーワードとなるのは，なかでも，個人（私的人格）の実在的な「権利，当人に帰属するもの，その人のもの」と，同じく実在的な「社会的全体という共同体」，そして社会的全体の保持し目的とすべき価値，「共通善」である。

　まず，正義とは「それによって確固として変わらぬ意志が，誰にでもその人の権利を認めて与えんとする習慣（habitus）である」（58ページ）と定義される。「その人の権利，その人のもの」，これには各人に自然本性的にある人格としてのそれ（人間の自然的基本権）と，契約等，われわれの意志によって生じるそれとがある。両者は排他的ではなく，また自然的に（自然法に照らして）不正なことをわれわれの意志によって正しいものとして制定することはできない（ピーパーは，一再ならず，ナチス・ドイツ時代の国内法による非人道的な殺戮に言及している）。ただし，注意すべきは，正しい人，正義の徳が徳論の主題なのだから，権利の要求が問題ではなく，「（その）人の権利」を把握した上でそれを返し与えるべきわたしの方の「義務」が問題であり，その義務を進んで為す習慣を習得している人が「正しい人」と呼ばれる。

　ついで，「社会的全体」を実在として立てることから，社会的全体とそのメンバーとしての個人との正義の関係，すなわち分配的正義と，逆の方向の正義の関係，すなわち法的正義（一般的正義）が，理論的に可能になる。後者は社会的全体に帰属すべき権利をわたしという個人の方から進んで与え返すところの正義の徳であり，前者は社会的全体，たとえば国家（具体的には，国家の管理・支配の責にあるところの「その人（たち）」）の国民個々人にたいする進んで為す義務である。こちらの徳は，

財・善の分配の正義であり，その不正義は「依怙ひいき」や「党派性」という不均等をもたらす悪徳である。

もちろん，分配が均等に為されることは，個人と個人の間の交換の正義の均等とは異なり，人格とその重要性を顧慮するという，共通善に参与する度合いに応じた比例的な均等が，分配的正義の尺度となる。交換正義の場合の，物や働きにたいする対価や賃金の支払いとは異なるのである。

いわゆる個人主義については，その筋を通した場合，対等な相手どうしの契約による交換正義だけが唯一の正義になるのにたいして，社会的全体を実在的と理解することによって，別の二種類の正義が理論的に可能になる，ということである。

最後に，この「社会的全体」の存在と切り離せない概念が「共通善（bonum commune）」の概念である。これをピーパーは「効用善（bonum utile）」と対比させながら，「それだけとして（手段としてではなく）価値をもつ貴い善（bonum honestum）」という，伝統の優れた善美を際だたせる。もちろん，このような共通善の目指すものには諸個人の有徳性（honestas）も含まれるのであり，それを満たすことに向かう習慣も正義の重要な要素となる（73, 192ページ）。共通善の管理者はそれをおのれの権利として個人に要求し，また個人もそのような習慣を自ずからなる悦ばしい義務として習得することになる（一般的正義）。他方，長期の観点から，いますぐ役立つような効用善ではなく，遠く，いつか役立つような善をも価値ありとして評価できねばならないし，またそれを維持し，育成し，還元できなければならないのである（分配的正義）。

正義の働きは他者にたいする負い目・負債を元どおりにすること，埋め合わせをすること，返すことである。ところが，その正義がけっして全うされないような種類の責務関係があることが，人間存在を根本から規定している。正義の相手方である他者が神の場合（敬神 religio），親の場合等（孝養 pietas, 敬順 observantia），お返しをして「これで済んだ」とは言えない関係である。これらの徳が，正義の定義を踏まえた上で，正義の限界として，正義の徳論のなかで論じられている。

第Ⅱ部「正義」は次の文で締めくくられる。人間関係がただ正義だけでは済まされないという，正義のもう一つの限界をそれは示している。

すなわち，正義には愛と憐れみが根を下ろしていなければならない。

「正義を求めてやまない人，まさしくそのような人が，本来の負い目・負債を返して埋め合わせを履行することの必要性だけでなく，たとえば惜しみなく与えることの必要性も経験する……。一方で，正義のない憐れみは，ことを台なしにする母である，しかし，憐れみのない正義は冷酷なだけである」。

勇　気

「傷つく恐れのあるところにだけ勇気がある」という文で，第Ⅲ部「勇気」が始められる。「傷つく」とは，自然のままのわたしの安定した状態が不本意ながら傷害を受けること，苦痛と害を受けることであり，その極まるところはわたしの死である。傷つく恐れがあるにもかかわらず，それを恐れず命を賭けるのは，そのようなわたしの安定状態ではないところの何らかの善のためであり，その実現のためである。ところで，人間らしい善とは理性の善であることから，勇気はそれだけでは立たず，自らの重みを思慮と正義という別の徳によって受け取る，と言われる。そのような善に関わるわれわれの本来の「いのち」の無傷の完全性にこそ命を賭ける，ということになる。思慮と正義を抜きにしては，いかなる勇気も勇気ではないのである。守るべき善を知っており，また正義を守ることで，その実現に功ある勇気は褒められるものとなる。

善を，より具体的には正義を守ることが目的であるということは，ほとんどの場合，あえて死を引き受けるということよりも，死を覚悟しながらも懸命に持ちこたえること，すなわち，「善を力いっぱい掴んで離さないこと」が勇気のより主要な働きだ，ということになる。

しかし，ピーパーによると，通常の意味での共同体の生における「市民的・政治的」な，「自然的・人間的」な勇気は，勇気という点での完全性（完徳）の第一の段階にすぎない。第二，第三の勇気があるのであり，それによって，煉獄的な，厳しい清めの，いわば「暗夜」（十字架の聖ヨハネの書名）の苦しみに耐え，「愛の炎に」燃やされて清められる，という段階である。そして，これこそが「本来の英雄的な徳」である，とピーパーは言う（本書167ページ）。

ただ，通常の意味での「英雄主義」（稲垣先生が巻頭に書いておられる

「エリート」）だけでなく，「本来の英雄的な徳」についてもおそらく，それを強調しすぎるということになると，徳についてもすべての人間（何らかの共同体のなかの）にわたる広がりと深みから体系的に論じえたトマス（doctor communis, すなわち「共同，普遍，共通の教師」と呼ばれる）の一面だけを強調することにはならないだろうか。ピーパーは後年，この「勇気」（第Ⅲ部）について振り返り，「そこでは英雄主義が強調されている」（本書137ページ，訳注）と書いている。

節　制

　第Ⅳ部の「節制」において，まず，この徳が重要な四枢要徳の一つであることに間違いはないが，徳の共同体性からして第四位であり，最後のものであることに，ピーパーは注意をうながす。ついで，かれはマニ教的な節制とその根底にある人間観を徹底して斥ける。マニ教は――とピーパーは言う――人間の自然のままの生命的な側面，感覚的・感性的な側面を悪とみなす。これにたいして，ピーパーは，神による被造現実在は自然本性的に善であり，人間の勝手な価値判断とは別である，したがってそこに悪はない，という一神教の伝統をただしく踏まえた上で，問題を展開する。勇気の場合，恐れ，怖さという情念が問題であったが，節制においては，主に，怒情と欲情という情念が問題となる。問題とされる情念は，それ自体は端的な悪ではなく，情念を殺すことがこれらの徳の目指すことではないのである。
　ここで，徳の一般的な特徴について再確認しておくことがある。徳あるように見える行為と徳との峻別である。徳とは「意志の習慣・ハビトゥス」であり，徳の行為とは区別されなければならない。徳は習慣として各人に得られるべきものである。外に見て取れるだけの行為（徳行）ではなく，また，共同体のなかで何らかの効果を及ぼす結果としての行為だけが問題なのではない。結果としての行為は徳から出てくるとは限らないからである。たとえば，人の目が怖いから不正を行わないのであって，人の目が届かないときには悪事を行う（悪徳の習慣により），といった場合である。
　節制の習慣をもっていなくとも，怒りを抑えることは可能である。欲情・欲望を抑えることも可能である。顔を真っ赤にして（というのは言

い過ぎだが）頑張って抑えることが可能である。怒りが，欲情がすぐそこまで来ているのを，人の目を気にしてか，処罰を気にしてか，もしくはいっそう大きな快を得んがためにか，抑制すること，これは人の目や処罰の怖さという情念が元の情念を押しのけているだけであって，勇気の人や節制の人のように為していることではない。勇気ある人，節制ある人とは，つまりそれらの徳をもつ人とは，その習慣を確固とした意志としてもっている人のことであり，そのような人にとっては，然るべきときを除いて，怒りや欲情・欲望はそもそも生じないのである。そのことが自然な傾き（第二の自然としての習慣）となっており，頑張って抑える必要がないのである。

これが抑制と節制との違いであるが，一般に，他の徳についても同じことが言いえ，徳とは習慣によって恒常的となっているところの，したがって，進んで事を行うことのできるところの心の優れた状態である。それは個人の責任において獲得されるものであるから，そのような人柄が共同体からの評価の対象となる。さらには，そのような習慣によって，わたしやあなたの知覚世界もコントロールされている人，まさしくこのような人こそ，徳ある人として褒めるに値する，ということになろう。知覚世界は，ただしい現実在の認識，そして意志と情念の躾けによって，全体的に変容を受ける。いや，むしろ，徳の習得によって，真の現実在が知覚され見て取られ（wahr-nehmen），また，ただしく聞き取られる（ver-nehmen），と言った方が正確である。

節制について言えば，それは目の欲・好奇心の奔るところに向かわず，真なる現実在をそれとして知覚させるのである（236ページ）。

ピーパーについて

ヨゼフ・ピーパーは1904年，ドイツの北西ライネに生まれ，ベルリン大学とミュンスター大学で哲学，法学，社会学を学ぶ。そして，トマス哲学，哲学的人間学，徳倫理学等にかんする優れた著作を出しながら，1946年，ミュンスターのウェストファーレン-ヴィルヘルム大学の正教授（哲学的人間学）に就任する。爾来，この大学で教鞭を執りながら精力的に著作活動を続けた。1981年には国際バルザン賞（Balzan-Preis ―1961年の設立。毎年数人の受賞者がいる。たとえば，1962年生物学者フォン・フリ

ッシュ，1978年マザー・テレサ，1979年心理学者ピアジェ，1989年ユダヤ人哲学者レヴィナス，1997年科学史家ギリスビー，1999年現代フランスの哲学者ポール・リクール等）を受賞。1997年に他界。

　かれの60余年にわたる著作活動は，ほぼ1～2年に1冊ほどの割で続けられているようである。大きく分けて，トマス・アクィナスの哲学と神学に関するもの，プラトンに関するもの，古典キリスト教に関するもの，ゲーテに関するもの等である。扱っている問題は，哲学的人間学，徳倫理学，キリスト教的人間像，社会哲学（政治哲学や法哲学を含む），大学の理念，文化（人文）哲学等，広範囲である。多くの著作が版を重ねて読まれ，また英語訳も多い。西洋の古くからの知的伝統を踏まえており，その遺産を現代世界に発信して，多くの人々の共感を呼んでいることを示していると思う。全8巻から成るピーパー著作集（Josef Pieper: *Werke in acht Bänden*, Felix Meiner.）の刊行が1995年に始まり，完成が間近いようである。

　徳に関しては，四枢要徳それぞれの単行本が版を重ねており（国立情報学研究所のWebcat検索の結果――日本の大学図書館の蔵書目録――を参考にされたい。「思慮」：1937年初版，1965年には第7版。「正義」：1954年初版，1965年には第4版。「勇気」：1934年初版，1963年には第8版。「節制」：1939年初版，1960年には第8版。いずれもKösel社），また「信仰」「希望」等それぞれの単行本とともに，英訳も版を重ねている。

　以下，多く版を重ね，英訳のある主な著書を，数冊だけ挙げてみる。

1933 *Grundformen sozialer Spielregeln : eine soziologisch-ethische Untersuchung zur Grundlegung der Sozialpädagogie*. Herder.（1987 *Grundformen sozialer Spielregeln*. völlig veränd. Aufl. Kösel.）

1948 *Was heisst philosophieren? : vier Vorlesungen; mit einem Nachwort von T.S. Eliot*. Kösel.（『哲学するとはどういうことか』稲垣良典訳，エンデルレ書店）

1948 *Musse und Kult*. Kösel.（『余暇と祝祭』稲垣訳，講談社学術文庫）

1949 *Die Wirklichkeit und das Gute*. Kösel.

1950 *Über die Liebe*. Kösel.（『愛について』（稲垣訳，エンデルレ書店）

1957 *Glück und Kontemplation*. Kösel.

1960 *Scholastik : Gestalten und Probleme der mittelalterlichen Philosophie*.

Kösel.
1964 *Über das christliche Menschenbild.* Kösel.(『キリスト教的人間像について』稲垣訳,エンデルレ書店)

　和訳は上掲のもののほか,『大学とはなにか——「アカデミック」概念をめぐって(*Was heisst akademisch? Zwei Versuche über die Chance der Universität heute,* 1964)』(稲垣訳,エンデルレ書店),『言葉の鎖(*THOMAS-BREVIER, Lateinisch-Deutsch...* 1947.)』(F・ビールブセ訳,同),そして『罪という概念について(*Über den Begriff der Sünde,* 1977)』(小林珍雄訳,同)がある。

訳者あとがき

───────

　筆を措くにあたって，多くの人々への感謝をここで申し述べておきたい。

　陰に陽にたいへんお世話になったのが，長崎純心女子大学の稲垣良典先生である。そもそもわたしがピーパーに興味をもったのは，先生の訳になる『余暇と祝祭』（講談社学術文庫）がきっかけであった。先生からは，今回，主に『キリスト教的人間像』に拠りながら，本訳書の巻頭に「徳とは何か？」と題して玉稿をいただいているが，それ以上に，多くの著書と訳書から，いろいろ学ぶことが多かった。

　東京学芸大学の荒井洋一先生，そして西南学院大学の片山寛先生ほかにも，ときどき相談にのっていただいた。

　まことに拙いわたしのドイツ語力を助けてくださったのは，宮崎大学の同僚でドイツ語学の竹川昭男先生である。独和辞書の紹介からはじめて，ドイツ語についての幼稚な質問にも，いとわず親切に答えていただいた。長い間まともにドイツ語を読んでいなかったわたしが，このような拙訳に一応の完成をみたのも，心強い氏の存在によるところが大きい。

　また，数行，英訳版にだけ挿入されているピーパーの難解な英文について（130ページ，訳注17），本学の英語学の南太一郎先生，そして同名誉教授の高須金作先生にお世話になった。中国現代の哲学者，羅忠恕（109ページ，原注37）について，その特定ができたのは，同じく本学の中国語の藤井久美子先生による。

　常時にこやかに励ましてくれた古くからの畏友お三人がおられる。改革期の本学で大きな役割を担ってこられた（とくに，教養教育のあり方をめぐって）生物学の芋生紘志先生。教育哲学の河原国男先生。そして，本学から筑波大学に移られ，現在筑波学院大学におられる教育哲学の宮寺晃夫先生である。宮寺先生には遠くから拙訳に関心をもっていただき，

また励ましてもらった。河原先生は荻生徂徠の専門家だが，M・ヴェーバーの研究者でもある。一度，徂徠の徳論についてお尋ねしたところ，それがトマス・アクィナスのような西洋の伝統と驚くほど似ているようであり，両者の比較研究の意欲をかき立てられたものである。

また，お名前は挙げないが，貴重な資料をお貸しいただいたり，日頃，にこやかに励ましてくださったりした多くの方々，そして同僚諸兄に，心からの感謝を申し上げたい。

わたしの授業で，ピーパーの著書『哲学するとはどういうことか』と『キリスト教的人間像について』，ならびに本訳書『四枢要徳』の草稿の一部を，学生諸君と読む機会を得，多くの質問を受けて啓発されることが少なくなかった。すでに社会人として活躍している卒業生も含めて，感謝したい。

なお，ピーパーの関係図書を，上智大学や広島大学等からお借りいただき，利用させてもらった。合わせて記しておきたい。

最後になったが，知泉書館の小山光夫社長と高野文子さんに出版のお礼を申し上げたい。本訳書の出版を快く引き受けていただき，度重なる校正にもかかわらず，いろいろアドバイスをいただいて刊行にこぎつけることができた。また，エンデルレ書店のハンス・エンデルレ社長のおかげで，この訳業を始めることができたことも，ここに記しておきたい。

2007年2月21日　灰の水曜日

人名索引
（数字の後のnは脚注，ならびに出典注の一部）

アイルレッド，リーヴォーの　122, 248n
アウグスティヌス　3, 12n, 22, 52, 58-59, 143, 155, 163, 168, 172, 195, 211, 213, 216, 228, 234-36, 241
アリストテレス（哲学者）　3, 20n, 24, 28, 33, 58, 81n, 90, 103n, 104, 110, 110-11n, 112, 167n, 187, 190n, 197, 198n, 221, 222, 242
アンセルムス，カンタベリーの　74
アンブロシウス　12n, 58, 84, 84n, 147, 150, 155
イシドルス，セビリャの　208
ヴァイス，コンラッド　242
ヴァルテンブルク，ヨルク・フォン　116, 248n
エックハルト，マイスター　13

カイエタヌス（ヴィオのトマス）　79-80
カッシアヌス，ヨハネス　241, 253n
カテリーナ，ジェノヴァの　212-13, 213n
ガリグー・ラグランジュ　12, 12n, 19n, 42n, 170, 243n
カント，イマヌエル　23, 58, 67, 75, 78, 197, 244n, 245n
キケロー　3, 58, 83, 84n
キプリアヌス　147
キルケゴール　250n
キロン　90
クリュソストモス，ヨハネス　188
グレゴリウス大教皇　29, 34, 34n, 220, 230
グレゴリオス，ナジアンゾスの　147
クレメンス，アレクサンドリアの　3

クローデル，ポール　30, 31n, 42, 244n
ゲーテ　15, 75, 75n, 99, 180, 180n, 235, 243n
コルテス，ドノーソ　116, 248n

サルトル，ジャン・ポール　66
シモニデス　58n
十字架の聖ヨハネ　167, 170n
シュタイン，ローレンツ　141
シュパン，オトマル　93n, 249n
シュミット，カール　249n
ショーペンハウアー　98, 98n
ストバイオス　89
セネカ　3, 131
ソクラテス　3, 63, 119, 126
ソロン　90

タレス　89
ダンテ　111, 219
ディオゲネス・ラエルティオス　89, 90, 247n
ディルタイ，ヴィルヘルム　116, 248n
テルトゥリアヌス　148, 203-04, 207-08
テレサ，アビラの（イエズスの聖テレジア）　167, 250n
テンニエス，フェルディナンド　96

ニーチェ　42, 207, 207n, 234
ニューマン，ジョン・ヘンリー　214
ノーブル，H.-D.　26n, 42n, 198

ハイデガー　236-37
パウロ　27, 121, 161n, 163, 188, 203
ビアス　89-90, 111

人名索引

ヒエロニムス　218
ピッタコス　90
ヒルデガルト，ビンゲンの　160
フィロン，アレクサンドリアの　3
プラトン　3, 23n, 58, 58n, 75, 87, 122-23, 126, 245n
フランシスコ，アシジの　227
フランシスコ，ビトリアの　12n
ブルンナー，エミール　62n, 130n
プルタルコス　89, 247n
プロティノス　87, 247n
ベルナルドゥス，クレルヴォーの　152, 152n
ペリクレス　154

ホメロス　58n
ポリュカルポス　146

マクシムス，トリノの　148

ヨハネ，使徒　122, 206
ヨハネ，十字架の　167, 170n
ヨハネス・ア・サント・トマ　12n

リルケ　141
ルソー，ジャン・ジャック　130n
ルター，マルティン　27
老子　31n

事項索引

（ドイツ語に対応する英語は，主に *The Four Cardinal Virtues*, 1966.の訳語。数字の後のnは，脚注，ならびに出典注の一部）

あ　行

愛，愛する　amor, caritas, diligere; Liebe; love, charity　　18, 40, 45-47, 49-53, 70n, 70-71, 97, 108n, 122, 133, 148-49, 156, 158, 161, 164-67, 177, 182-83, 191, 194-96, 206, 212-13n, 212-13, 218, 231, 240

悪，悪意，邪悪，悪質　malum, malitia; böse, Bosheit; bad, wicked, evil　　11, 77-78, 84 ,87-88, 141-43, 148, 155, 158-59, 171, 182, 190, 197, 202, 208, 211-12, 229-32, 237n, 239

禍悪，悪いこと，悪　malum; Übel; evil　　116, 126, 156, 158-61, 187, 202, 225, 229, 232

最悪，重大な悪，重大，まずい・よくないこと，害になる，悪い，悪化　schlimm　　63-64, 87-88, 108, 113, 143, 197, 202, 208, 232

劣悪（悪い，よくない）　schlecht; evil　　21, 90, 129, 207

悪徳，堕落，倒錯，転落　vitium; Laster, Entartung, Verkehrung; vice, perversion etc..　　23n, 37, 88, 183-84, 187, 203, 232

悪魔（サタン）　　142-43, 185, 208, 224, 236

アケーディア（専念できない物憂い悲しみ）acedia　　236-37

値するところ　→尊厳

『愛の優位』（アダム，アウグスト）　　188

憐れみ，憐れみ深い　eleēmōn; misericors; barmherzig; merciful　　52, 125, 133

暗夜　→暗やみ

怒り　ira; Zorn, zürnen; anger, wrath　　79, 85, 160-61176,1 84, 229-33, 240

行き過ぎ　→過剰

意志　voluntas; Wille, willentlich; will, desire　　23, 32, 46-49, 47n, 49n, 51, 58, 64, 67-68, 74（神の Wollen）, 87, 87n, 98, 109, 124, 139, 142-43, 145, 149, 156, 169, 181, 197, 208-09, 218, 226, 230　→自らの意志による　→進んで為す

イデア　　13

いのち，命　vita, anima; Leben; life　　15, 18, 21, 37, 47, 50-51, 147-49, 86, 146, 154-56, 158-59, 160n, 164n, 164-67, 169-70, 175, 180-81, 206, 222, 240　→永遠のいのち，生活

意欲，欲すること　Wollen; volition　　14-16, 19, 22-23, 26, 32, 47-49, 47n, 49n, 50, 54, 68（神の心にかなう），85, 153, 182-83, 192, 197, 231, 237

受け身主義（勇気と）Passivismus　　158-59, 163

生まれながら　→自然のままの

美しい（立派）kalon; pulchritudo, honestum; schön, Edle; nobility, beautiful　　10, 73n, 200-01, 214-15, 239, 242　→善，価値

永遠のいのち（生）　　164, 166, 168, 171-72, 172n

英雄（武勇）的　heroisch　　64, 84, 87, 125, 143-44, 149, 157, 159, 167

英雄（武勇）的 heroisch　　64, 84, 87, 125, 143-44, 149, 157, 159, 167
英雄主義 Heroismus　　88, 137n
依怙ひいき，別け隔て，特別待遇 acceptio personarum; Ansehen der Person; partiality　　29-30, 120n, 120-22
「エフェソの信徒への手紙」　　108n, 121, 241
負い目　→責務
掟 praecepta; Gebote; commandments　　4, 14, 39n, 49, 76-77, 80, 133, 146, 152n, 199, 205n, 214, 217-18
惜しみなく与えること　→気前のよさ
恐れ，恐怖，恐ろしさ，怖いもの，畏れ timor; Furcht, fürchten; fear　　85-86, 90, 143, 145, 156-58, 167-68, 171, 208, 225n, 242

か　行

禍悪　→悪
快，快感，快楽，悦び delectatio; Lust; pleasure　　187, 190-191, 195, 199, 201, 210-11, 219-22, 230, 234, 236, 240　→悦び（Freude）
各人のもの　→その人のもの
確定（不確定）性，確かさ（不確かさ），確実 certitudo; Sicherheit, Gewißheit　　18n, 25n, 25-26, 36-37, 39n, 41n, 147, 168-69, 171, 220
我執的，自己中心的 ichhaft; egocentric, egoistic　　28-29, 169, 240（Sich-selber-Suchen）
過剰，行き過ぎ excessus, superabundantia; Überschwang, Maßlosigkeit; excess, abundance etc.　　11, 126-27, 130, 176, 188, 190-91, 218
カタルシス　→清め
価値 dignitas, honor; Wert, Würde　　12, 38n, 73n, 97, 102-03, 118, 120, 128, 144, 154, 157, 184n, 201-02, 211, 212n, 213-14
活動，活動的 activus; akthaft, aktivistisch, tätig, Wirken; deeds and works　　26, 31, 31n, 68, 80, 113, 153, 159-63
悲しみ，悲しむ者，悲痛，悲嘆，嘆く tristitia; Traurigkeit etc.; sorrow, sadness　　142, 149, 159-60, 236
からだ（体），身体，肉体，生身の corpus; Leib, Körper, physisch; body　　（全身）7, 24, 27-28, 43n, 85, 148-49, 153, 159（心身），160, 163, 165, 170, 177, 187n, 188（肉 Fleisch），189, 191, 201-02（一体），212n, 213-14, 218, 230, 232（体質），240
感謝 Dank, danken; grateful etc.　　131
感性的，感覚 sensus, sensibilitas; sinnlich　　24n, 27, 34, 50, 85, 167, 182-84, 187, 191, 193-94, 197, 200-03, 208, 217, 219, 221-22, 229-30, 232, 234, 238, 241
完成した，完結した vollendet, vervollkommen; perfected, perfection　　13-15, 13n, 18, 20-26, 31, 34, 35n, 40-41, 42n, 43, 46, 50-51, 70, 85, 138, 143, 146, 162, 166-67, 171, 187, 191, 195, 197, 200, 202, 209, 218
完全，完徳，完全性 perfectio; Vollkommenheit; perfection　　15n, 30, 31, 52-53, 62n, 66, 77, 105, 118, 147-49, 159, 165-68, 170, 170n, 213n, 217, 228n
完全無欠，何一つ欠けていない，無傷の完全性，損傷を受けていない integritas;

事項索引 273

観想 theōria; contemplatio; Beschauung　31n, 68, 85, 118, 170n, 193, 196, 214
奸知（ずる賢さ）astutia; Verschlagenheit; cunning　27-28
完徳　→完全
記憶 memoria, 存在にたいする記憶の誠実 das seinstreue Gedächtnis　19, 21-23, 24n, 25, 30
幾何（学的）比例 geometrische Verhältnisgleichheit　104
気概, 奮起, 気力 Mut; courage　43n, 158, 160, 165, 169-70, 180, 236
聞き取る vernehmen; perceptive, receptive　13, 15, 19-20, 23, 28, 30, 51, 193, 196　→知覚する
技芸の術, 技法 ars; Kunst, Technik; art　40, 41n
刻み込む, 押印する, 型押しする, 刻印する, 刷り込む prägen, umprägen etc.; imprint, shape　14-15, 17, 19, 30, 49, 51, 96, 138, 139, 176, 188, 197　→変換・転換する
傷つく恐れ, 傷, 負傷 etc. vulnerabilis; Verwundbarkeit, verwunden; vulnerability　145, 147-48, 150-51, 155-56, 158-59, 161, 165, 168-69, 171-72, 239
犠牲 Opfer, 自己犠牲 Selbsthingabe; sacrifice, devotion　11, 68, 104, 125-126, 126n, 127, 147, 149, 154, 159, 162, 165, 181, 237
偽善, 偽善者 hypocrisis; Heuchler　188, 220, 220n
帰属する, 帰属分, 持ち分, 当然のものを持っていること, 当然の権利, 取り分 Zustehen; due　57-58, 60-68, 71-73, 74n, 82, 86, 91, 94, 96-99, 101-07, 109, 113, 116, 119, 124-25, 127, 130, 132, 132n　→その人のもの
希望 spes; Hoffnung; hope　18, 26, 69n, 108, 110, 160, 165, 171-72, 206, 225, 233, 237, 237n, 241n, 242
気前のよさ, 惜しみなく与えること liberalitas; Freigebigkeit　131, 210
義務, 守るべき（断食）Pflicht, Verpflichtung; duty　4, 12n, 26n, 35, 38n, 41n, 53, 58n, 60-61, 65-68, 73-76, 82, 83-84n, 94, 96, 101-03, 107-09, 114-16, 119, 126, 128, 131-33, 138（verbindlich）, 141, 146, 155, 203, 214, 216-19, 236
共通善（共有財）　→善
共同社会 Gemeinwesen; community　89-91, 117, 119, 129
共同生活　→生活
共同体 communitas; Gemeinschaft; community　30n, 76-77, 86, 89, 92 ,94, 96-97, 105, 107, 118, 131, 140-41, 158, 166, 187, 203, 214, 216
共同の教師 doctor communis; allgemein Lehrer; universal teacher　5, 28, 34, 38, 45, 52, 59, 144, 176, 186, 196, 217-18
恐怖　→恐れ
清い, 清さ, 清め purus, purgare; rein, Reinheit, reinigen　23, 85, 166-67, 166n, 170, 186, 188, 201, 204-05, 205n, 208, 241-42
気力 Mut　→気概　→勇気
均等, 均等な調整の正義, 均等にする aequalis, commensuratio; Ausgleich, ausgleichende Gerechtigkeit, Gleichheit; equality　79n, 82, 91, 93, 95n, 95-99, 100n, 100-01, 103-04, 117, 120, 122-23, 127-28, 140, 178
勤勉 industrium; Fleiß; industry　122
悔い改め, 改悛, 償い poenitentia; Buße, Bußgesinnung; penance　126-27, 167, 197, 203, 220
功徳（功績）, 相応した meritum; Verdienst; merit, deserts,　74, 120-21, 125

功徳（功績），相応した meritum; Verdienst; merit, deserts, 74, 120-21, 125
暗やみ，暗夜 Dunkel, dunkle Nacht; dark night 32-34, 47, 142, 166-68, 170
クリオシタス →好奇心
形而上学（『形而上学』） 9, 23, 33n, 42n, 47n, 111, 140-42, 168, 182-83
敬順 observantia; Ehrerbietung; respect: 125, 129-30, 130n
敬神（宗教）religio; Religion 125-30, 177n
形相（形式）eidos; forma; Form 9, 12-14, 19, 30, 43, 49-51, 68-69, 125, 130, 153, 165, 208, 240
軽率 praecipitatio, inconsideratio; Unbesonnenheit; thoughtlessness 20, 26-27, 112
軽蔑 →蔑視
啓蒙的，啓蒙主義 Aufklärung; enlightenment 137, 137n, 139-143, 159, 188-90
契約 Vertrag; contract 64, 96-97, 102, 110, 140-41
激情 Leidenschaft; passion 81
結婚 63, 187-188, 191-92, 212, 212n, 213
決疑論 Kasuistik; casuistry 19, 25, 34, 36-37, 38n, 39, 41-42, 42-43n, 44, 186, 198-99
決断（選択決断）Entscheidung; decision 12-13, 20, 24-27, 30-31, 36-40, 38n, 42-44, 43n, 69, 85, 138, 180, 182, 193-96, 200, 206, 211, 217, 223, 226
険しい善 →善
原因（諸徳の）causa; Ursache 12, 14, 39n →大義
原罪 Erbsünde, Ursünde, Erbschuld; original sin 142, 161-62, 181, 183, 204
現実在（現実，実在，現実性，現実態）Wirklichkeit, Verwirklichung; reality, realization 13n, 13-26, 26n, 28-35, 30n, 37, 38n, 39, 41-44, 43n, 47n, 49n, 46-51, 53-54, 69, 69n, 93, 104, 118, 130, 137-42, 147, 149, 152n, 152-57, 161, 162, 164, 166, 169, 172, 181, 183, 185, 189n, 189-90, 193-98, 195n, 200, 202, 204, 206, 208, 215, 217-18, 226, 231, 236, 238, 242
献身，自己犠牲，没入，仕える，（全力で）取り組む Hingabe, Selbsthingabe; devotion 11, 127, 144, 148, 154, 158, 165, 170-71, 194-96, 212, 230
謙遜 humilitas; Demut; humility 23, 29-30, 184, 224-27, 227n
賢明，賢慮，知慮 →思慮
原良心 →良知
交換正義 iustitia commutativa 74n, 91, 93, 95-98, 102-06, 120, 140-41
剛毅 →勇気
好奇心（クリオシタス）curiositas; Neugier; curiosity 184, 195, 199, 234, 236-37
豪奢（マグニフィケンティア）magnificentia 210, 210n
功績 →功徳
肯定（同意，承諾，合意）Ja, Bejahung; affirmation, assent 27, 38, 46-48, 82, 97, 104, 178, 188, 196, 199, 206, 212, 218-19, 223, 226, 231, 233
公平，不偏不党，不公平，別け隔て Unparteilichkeit; impartial 12n, 114, 120-21
高邁 magnanimitas; Hochgemut 28, 224-27, 233, 237
高慢（傲慢）superbia; Hochmut; pride 53, 171, 184 ,224-26
効用善 →善
孝養 pietas; Pietät; piety 125, 127-30
功利性，功利主義 Nützlichkeit Nützlichkeitsethik; utilitarianism 10, 130
合理的，合理主義，非合理主義 32, 36, 47, 130, 139, 188-89

事 項 索 引　　　　　　　　　275

国民生産　　117
国民総収益　　117-18
心, 心的　cor; Herz; heart　　21n, 175, 180, 194-96, 201, 204-05 ,216（mens）, 218, 220　→魂
個人主義　Individualismus　　93, 101, 110, 140-41, 143
個人心理学　Individual-Psychologie　　30n
国家　polis; civitas; Staat; state　　23n, 57-58n, 90-94, 105-11, 105n, 110n, 114n, 116, 118, 120, 122, 130, 141, 166, 170-71, 212　→政治
個的人格（個人, 個別的人格）Einzenlperson; individual person　　91-92, 104　→私人
古典神学　klassische Theologie　　12, 138, 143, 151, 154, 159, 170, 205
ことわり　ratio　→理, 理性
「コリントの信徒への手紙一」　　177, 203
「コリントの信徒への手紙二」　　27, 161n, 203n
「コロサイの信徒への手紙」　　188n
怖いもの知らず　Furchtlosigkeit; fearlessness　　156, 158

さ　行

財（善）Gut, Güte; goods　　115, 117-19, 128, 181, 215　→善
債権者, 受けるはずの人　Anspruch, Gläubiger; claimant, creditor　　68, 99, 101-02
債務者　Schuldner; debtor　　→責務, 負い目
算術比例　arithmetische Verhältnisgleichheit　　104
三位一体　Dreifaltigkeit, dreieinig; trinity　　18, 22, 51
死　　27, 86, 106, 145-46, 148, 150, 155-56, 159, 161-62, 167-68, 171, 172n, 203, 218, 242
自愛　Selbstliebe; self-love　　182-83
思案, 思量, 思案をめぐらす, 熟考　deliberatio; Überlegung, bedenken; consideration
　　19-21, 19-20n, 26, 30, 39-40, 43, 46, 47n, 52-53, 82, 152, 154, 195, 230
自己破壊（無節制, ふしだらと）Selbstzerstörung; self-destruction　　181-82, 184, 236
自己保全, 保身　Selbstbewahrung, Selbstsicherung etc.; self-preservation, security for himself
　　10-11, 29, 165, 167, 169-70, 180-84, 220, 237-38, 241
自己本位, 自分本位の, 私欲　selbstisch; selfish　　29, 181, 183-84, 194-95, 201, 204, 206, 237, 240-42
私人（私的人格）persona privata; Privatperson　　103, 106, 140, 142
自然, 自然的, 自然本性, 自然本来, 本性, 性質上　natura; Natur, natürlich; natural
　　13, 15, 18, 21, 29n, 32-33, 33n, 37, 38n, 46n, 50-52, 64-66, 84, 86-88, 120, 122, 124-27, 130, 138-39, 142, 145, 147-50, 156-57, 164-66, 168-69, 171, 183, 189-91, 196-97, 202n, 212-14, 217-19, 219n, 222, 227n, 229-30, 234-35, 240
自然権　ius naturale; Naturrecht; natural right　　64　→自然法
自然のまま, 生まれながら　naturhaft; by nature　　21, 32-33, 47, 50, 138, 148, 165, 182-84, 187, 195, 201, 207, 217-18, 224, 233-34, 237-38
自然法　Naturrecht; natural law　　64, 126, 216-19
十戒　Dekalog, Zehn Gebote; Ten Commandments　　14, 38n, 76, 80, 192
実践理性　　17-19, 35n

「使徒言行録」　163
至福　beatitudo; Glückseligkeit　　52, 149, 168-69, 205, 223
事物（事がら）そのもの　ipsa res; Sache selbst　　15, 33n, 34, 48, 59, 64, 81n, 129, 138, 210
自分本位　→自己本位
「詩編」　168, 225
市民　politēs; civis; Bürger; citizen　　90, 110
市民的もしくは国家社会の政治に携わるときの　civilis; politisch; political　　80, 166, 170-71
市民的（近代市民的, 小市民的），市民性　bourgeoise; bürgerlich, Bürgertum　　84, 141-42, 159, 161, 183
邪淫（貞潔のなさ）luxuria; Unkeuschheit; unchastity　　26-27, 27n, 79n, 184, 186, 188, 192-99（ふしだら）, 200-01, 203-04, 208, 233
社会的全体　soziale Ganze; social whole　　76, 90-93, 101-06, 113, 117, 140
尺度　mensura; Maß; measure　　12-13, 13n, 14-15, 19, 22, 38, 38n, 40, 48-49, 51-52, 54, 69, 88, 139, 149-50, 152-53
主意主義　Voluntarismus　　32, 34
自由　Freiheit, frei　　14, 17, 24, 32-33, 38, 39n, 42, 43n, 44, 47, 66-67, 105-06, 119, 122, 126, 139-40, 154, 163, 191-92, 201, 211-12, 214, 217-18, 237, 241
習慣, 習慣的姿勢, 姿勢　hexis; habitus; Haltung, Gewohnheit; attitude, habit　　19, 21, 28, 34-35n, 40n, 46-47, 53, 57n, 58-59, 80, 82, 85, 109, 115-16, 125, 127-29, 157, 160, 164, 169-70, 184-85, 188, 195-97, 202, 206, 207, 226-27
自由主義　Liberalismus　　110, 137, 139-43, 159
集団主義　Kollektivismus　　93, 101-02
集団的罪責　Kollektivschuld; collective guilt　　92
重要性　→尊厳
主観（的），主観主義　Subjektivität, Subjektivismus　　26n, 38n, 78-79, 82, 138-139, 180, 192
修行（禁欲）askēsis; Askese　　85-88, 167, 188, 202, 216-17, 219, 238
主権　Souveränität; sovereignty　　33, 57n, 105
「出エジプト記」　41n, 167
熟考　→思案
殉教　Martyrium; martyrdom, 血の証し　Blutzeugnis; witness of blood　　146-48, 155, 157, 162-63, 166-68, 172, 213
純潔　virginitas; Jungfräulichkeit　　11, 27, 207n, 210-15
証印　Siegel, Siegelung, geprägt; seal, patterned　　14, 49, 51, 96, 197, 220, 223
状況良心　→良心
小罪　läßliche Sünde; venial sin　　42, 199
情念　passio; Leidenschaft　　36n, 47n, 86, 143, 160, 176, 180, 197-98, 208-09, 229-30, 232
思慮（賢明）phronēsis; prudentia; Klugheit　　3-4, 7, 9n, 9-32, 12-13n, 19n, 20n, 24-25n, 30-31n, 34, 34-35n, 37-46, 38-39n, 40-42n, 46-47n, 49n, 48-55, 69, 86-87, 112, 112n, 122, 138-39, 151-55, 152n, 177, 181, 193-95, 201 ,209, 209n
深淵　abyss; Abgrund　　47,50（深く）, 142
人格　Person, 人格性Personalität　　13, 23, 24n, 37, 41, 43n, 65-67, 76-77, 82, 84-85, 89, 91-93, 102-04, 119-22, 130, 141, 154, 181-83, 191-93, 195-96, 204, 217, 220, 236, 239

事項索引

神経症 Neurose 24, 165, 250n
「箴言」 12n
信仰，信じること fides; Glaube; faith 18, 21, 33, 51, 53, 69n, 142, 148, 165, 168, 181, 187, 189-90, 205n, 205-06, 218, 228 ,235
身体（肉体）→からだ
神秘（的），神秘家，神秘主義 Geheimnis, mystisch, Mystik etc. 10, 47n, 50, 142, 149, 164, 166-67, 169-71, 170n, 192, 212, 218, 234-35
「申命記」 121
信頼，信託，（自）信，恃む Vertrauung; trust 29, 81n, 120, 123, 150, 157, 160-61, 168-69, 206, 242
救い salus; Heil; salvation 21, 142, 164, 164n, 168, 214-15, 218, 235
進んで為す（自らの意志による，本意の）voluntarium; willentlich; voluntary 46-48, 49n, 58, 98, 131, 199
ストア 160, 230
ストゥディオシタス（然るべきことへの専念）studiositas 184, 234, 238
性，性欲，性的 Geschlecht, geschlechtlich; sex, sexual 183, 186-88, 190-94, 201-02, 207, 210-11, 219, 221, 230, 232, 240
生活，生，生涯 vita; Leben; life 11, 24, 26, 31, 42, 45-46, 52, 72, 118-19, 132, 132n, 140, 176, 180, 200, 202, 206-07, 212, 218, 223, 235, 237-38, 237n, 241 →いのち，永遠のいのち（生）
　活動的な生 vita activa 31, 68, 80
　観想の生活 vita contemplativa 118
　キリスト者の生 vita Christiani 51, 146-47
　共同生活（体）Gemeinleben; community life 30n, 90, 93-94, 97, 100, 105-06, 116-17, 120-21, 124, 128-32, 140
　共同体の生活 Leben der Gemeinschaft 89, 131, 166, 187
　協同的な生（活），共存，共生 mitmenschliches Leben (Existenz), Zusammenleben; communal life 72, 79, 96-97, 99, 132, 139, 187
　市民的な（国家社会的，政治に携わる）生 vita civilis; politisches Leben 80, 109, 112, 141
　純潔の生活 jungfräuliches Leben 212, 215
　精神的・霊的生活 geistig-geistliches Leben; spiritual and intellectual life 213, 213n
　人間らしい生（人間的な生活），人間の生（生命）menschliches Leben; human life 18, 21, 24 ,27, 93, 169, 192, 202
　倫理（実践，道徳）的生 41, 41n, 43, 43n, 45, 143
誓願 Gelöbnis; vow 211
正義，正しい dikaiosynē; gerecht, Gerechtigkeit; just, justice 3-4, 9-11, 12n, 13-15, 15n, 23, 29-30, 30n, 35, 36n, 38n, 39, 43, 45-46, 49, 53, 55, 57-62, 57-58n, 61-62n, 64-80, 65n, 70n, 73-74n, 81-87, 82n, 86-87n, 89-91, 93-101, 95n, 102-03, 107-14, 109n, 111n, 115-17, 119-20, 122-28, 130-33, 130n, 135, 138, 140-41, 151, 153-55, 158, 160, 168, 170, 175, 181, 191-93, 198, 201, 207, 209, 209n, 225, 230, 232, 239
清算 Liquidation 71-72
政治，政治的，政治家，国家社会的，『政治学』Politik, politisch, Staatsmann; political

事項索引

57, 81, 81n, 89, 104-05, 109, 110, 110n, 112-16, 114n, 117n 119-22, 166, 170-71　→国家
聖書　　4, 12n, 33, 54, 66n, 77n, 83, 120-21, 160, 163, 165, 168, 188, 204-05, 214, 216, 226, 231, 236-237, 239n, 242
精神（知性）mens, intellectus; Geist　　9, 13-15, 22, 24, 30, 32-33, 37, 47n, 51-52, 62, 66, 85, 88, 104, 117, 138-39, 142-43, 147-49, 160, 162, 165, 171, 180-82, 190-91, 193-94, 199n, 200, 202, 213-15, 217, 219, 222, 225, 227n, 229-31, 231n, 234-40, 237n, 242
精神 animus; Gemüt; spirit　　180, 182, 225, 231, 242
精神（霊）spiritus; Geist; spirit　　166, 167　→霊的
精神主義 Spiritualismus　　160, 188-90
正当防衛, 自力防衛 Selbstschutz; self-defense　　238
生命 Leben; life　　61, 90, 106, 202, 221
生命的, 生気あふれる, 血気 vital　　24, 24n, 26n, 153, 157-58, 164-65, 169-71, 221
聖霊 der Heilige Geist, The Holy Spirit　　22, 51-53, 166-67, 167n, 168, 171
聖霊の賜物　→霊的賜物
責務, 負い目, 罪責, 咎, 負債, 債務 debitum, obligatum; Schuld, Schuldigkeit, Geschuldete; owe, debt　　61n, 61-62, 68, 70, 73-75, 77, 82, 87, 91-92, 96, 98-99, 101, 107, 124-25, 127, 130-31, 133, 140-41, 164, 217, 224
節制, 節度, 締まり sōphrosynē; temperantia; Zucht, Maß, Mäßigung, Mäßigkeit; temperance, temperateness, moderation, discipline　　3, 9, 11, 13-14, 34-35, 43, 74, 78-79, 85-87, 135n, 138, 142, 153-54, 166n, 175-78, 178n, 180, 183, 185, 192-93, 196-09, 217, 220-24, 231, 234, 239-42
絶望 Verzweiflung; despair　　43n, 237-38, 240-41
摂理, 予知 providentia; Vorsehung; providence　　25, 33, 66, 122-23
善, 善性, 善いこと das Gute; goodness　　9-11, 13-14, 13n, 15n, 17-18, 20, 24, 26n, 27, 30, 32-36, 34-35n, 41, 46-49, 47n, 73-74n, 74-78, 84-87, 86n, 101, 107, 113-14, 118-20, 138, 140-41, 146-50, 153-59, 161-63, 168-69, 171-72, 182, 184, 187-88, 192, 202, 208-09, 209n, 212, 214-16, 224, 224n, 226, 229-32, 239　→美しい
　外的な善　äußere Güter; external goods　　213
　共通善（共有財）bonum communis; Gemeinwohl, Gemeingut; common good　　76-77, 79, 91, 101-06, 113-20, 122, 128, 140-41, 192, 213-14
　結婚の三つの善　　187, 191
　険しい善 bonum arduum; steiles Gut; steep good　　23, 143, 229
　効用善 bonum utile; Nützliche; utility　　10, 73n
　最高善（真理, 神的な存在）, 最善 das höchste Gut, das Beste; the highest good　　110-11n, 196-97
　精神的な善 Güter des Geistes; goods of the spirit　　192, 214-15
　他者の善 bonum alterius　　84
　貴い善 bonum honestum　　10, 73n　→美しい
　人間の（らしい）善 bonum hominis; Gute des Menschen; good of man　　15n, 33-35, 35n, 46, 85-87, 119, 138, 155, 187, 190, 209, 214, 230
　理性の善 bonum rationis; Gut der Vernunft; good of reason　　86, 138, 150, 155, 209
　善（財, 財産）bonum; Gut, Güter, Wohl; good　　58, 115, 117-19, 128, 180, 213, 215, 216, 226, 230　→財

事 項 索 引　　　　　　　　　　279

倫理的な善 sittlich Gutes; morally good　　169, 200, 231
全体主義　66, 93, 104, 112, 118-20
「創世記」　214
注ぎこまれた（注入，注賦の）eingegossene; infused　18, 21, 51, 168
その人の（もの），自分のもの suum; das Seine; his/her due.　58-63, 65-68, 78, 96-98, 98n, 106, 109, 121　→帰属，責務・負い目，持ち分
尊厳，重要性，値するところ dignitas; Dignität, Würde, Würdigkeit　29（altitudo, Größe）, 103, 110, 112-13, 119-22, 130, 186, 230, 236

た・な 行

対価（代金），代償 Lohn, Gegenwert, Gegenleistung, Preis, Entgeltbezahlen etc.; recompense, payment　12n, 61, 97, 102-03, 119, 120, 124, 127, 131, 195
大義 causa; Sache, 国家大義 Staatsgesinnung; public spirit　120, 155
大罪 schwere Sünde; mortal sin　42, 146, 192, 208
対神徳 theologische Tugenden; theological virtues　18, 50-51, 69n, 165, 201, 209, 209n
他者 der andere; others　21, 31n, 52, 60, 62-64, 68, 70n, 70-73, 75n, 75-82, 79n, 84, 95-97, 95n, 131-32, 181, 227
ただしい中間　→中間
ただしい理（理性）orthos logos; recta ratio; der objektive Logos; rechte Vernunft; right reason　30, 36n, 40, 49, 87, 152
ただしく，ただしく間違いのない，間違いない etc., rectus, rectitudo; richtig, Richtigkeit; right　3, 11-13, 25n, 28, 32, 34-36n, 48, 57n, 64, 80, 82-83, 90（上手に）, 107, 128, 138, 148, 154, 171-72, 178, 192, 195, 198, 200, 205, 217,
正しい　→正義
貴い善　→美しい，善
魂［心］，霊魂 psychē; anima; Seele; soul　24（心身）, 33n, 35, 35n, 43n, 59, 74n, 85, 127, 142, 147-48, 153, 159-61, 163-71, 191, 193-94, 198, 212n, 229-30, 232-33, 235, 240, 242
賜物　→霊的賜物
断食 Fasten; fasting　11, 127, 166n, 202-03, 216-20, 220n, 241
「知恵の書」　66, 66n, 184, 184n
知性（精神），知解 intellectus; Verstand, Geist; intellectual　9, 22, 25, 33, 46n, 66, 190-91, 205n, 219, 222
知性的徳 intellektuelle Tugend　25, 34n
知覚する wahrnehmen, gewahren; perceive　33, 139, 184, 222, 236, 238　→聞き取る
血の証し　→殉教
中間（中庸），ただしい中間 medium; Mitte, rechte Mitte; mean, proper mean　34, 36n, 43n, 49, 82, 126, 177, 191
超自然的 übernatürlich; supernatural　15, 18 ,21, 50-54, 138, 142, 164-66, 168, 170-71, 190-91, 205, 212, 218
調整する　→均等
超倫理的 übersittlich; supermoral　164, 170

告げ口 susurratio; Ohrenbläserei; talebearing　　71, 71n, 72, 72n
つながり（交わり，関係）ordo; Beziehung; relation　　70, 73n, 79-80, 90-91, 93, 124, 128, 140, 212, 226
罪，罪責，罪悪，罪人 peccatum; Sünde, Schuld; sin　　14, 29n, 30, 40n, 42, 42n, 50, 75, 77n, 92, 142, 153, 164, 167, 187n, 187-88, 190, 192, 197, 199, 202n, 203-04, 207-08, 208n, 218-19, 226, 231-32, 241　→大罪，小罪，原罪，犯罪
貞潔 castitas; Keuschheit; chastity　　79n, 85, 143, 184, 186, 188, 190-93, 195-97, 200-05, 207, 209-11, 213 ,222, 232
抵抗 resistentia; Widerstand　　23-24, 50, 57, 108, 117, 158, 161-62, 170-71, 184, 224, 229, 233
適合性 convenientia; Angemessenheit, Übereinstimmung, Tauglichkeit; appropriateness　　140, 187n, 200-01
手だて　→道（てだて）
哲学者　→アリストテレス
「テトスへの手紙」　　205, 205n
「テモテへの手紙一」　　33, 188
転換　→変換
特別待遇　→依怙ひいき
取り分　→帰属
同意（肯定，承諾，合意）　　Ja, Bejahung　→肯定
同意 Zustimmung; consent　　67-68, 82, 115-16, 199
道徳主義 Moralismus　　25, 26n, 34, 42, 44
道徳法則 Sittengesetz; moral law　　38n, 43n, 217
道徳神学（倫理神学）Moraltheologie　　11-12, 12n, 19n, 37-39, 42n, 196, 199, 243n
道徳論 Morallehre　　12n, 19, 36-37, 39, 42, 170, 175-76, 196
独裁制 Gewaltherrschaft, 独裁者 Tyrann, 独裁 Diktator (Diktatur); despotism　　63, 89-91, 104, 113, 114n, 116, 130, 154
徳の順位　　9, 12, 32, 37, 83-84, 86-87, 143, 150, 153-54, 201, 206-09
貪欲（思慮と正義に対立するもの）avaritia; Geiz; avarice　　27-30

内官（の愚鈍）hebetudo sensus; Stumpfheit und Unschärfe des inneren Sinnes; dulling and obscuring of the inner perception　　219
何一つ欠けていない　→完全無欠
『ニコマコス倫理学（註解）』　　20n, 28, 73n, 77, 82, 90n, 96n, 103n, 104, 110-111n, 90n, 198n, 210n
柔和 präüs; mansuetudo; Sanftmut; meek, gentleness　　79, 184, 231, 231n, 232, 232
人間学　　181, 240
忍耐，我慢 patientia; Geduld, dulden　　20, 42, 81, 159-63, 160n, 198, 220, 231

は　行

配当分　→帰属
配分的正義　→分配的正義

事項索引

恥ずべき ehrlos, unehrenhaft, schamlosig　　73, 130, 143, 190, 207
ハビトゥス　→習慣
晴れやか hilaritas; Heiterkeit; cheerfulness　　160, 216, 219-20, 223
反キリスト Antichrist　　88, 88n, 194, 211
範型 Urbild, prototype　　11, 13-14, 177, 181
犯罪（者），犯行 Verbrechen; crime　　57, 90, 105
判断（とくに思慮における）iudicium; Urteil; judgment　　18-19, 19n, 20, 20n, 26, 35n, 37, 39, 39-40n, 43n, 47n, 71（裁き）, 92, 154, 156, 195, 199-200, 202, 206, 231
非合理主義　→合理主義
非精神的 nichtgeistig, ungeistig; nonspiritual, unspiritual　　62, 65n, 202
秘跡 sacramentum; Geheimnis　　39n, 170, 187, 212
被造性 Kreatürlichkeit　　66, 226-27
美　→美しい
不確定（倫理的行為の），確定性，確実 Unsicherheit; uncertainty　　25-26, 25n, 35-37, 38n, 41n
不可譲渡の（譲り渡しえない）unabdingbar; inalienable　　63-68, 65n, 104, 106-07
ふしだら（無節制）akolasia; intemperantia; Unzucht　　181-84, 189, 192-93, 195-200, 203, 207-08, 239-41
普遍主義 Universalismus　　141
不偏不党　→公平
武勇　→英雄
分配的正義 iustitia distributiva; austeilende Gerechtigkeit　　74n, 91, 94, 101-04, 106-09, 112-17, 119-22, 120n, 140-41
蔑視，軽蔑に値する fastidium; Verachtung; contempt　　52-53, 72, 130n, 143, 148, 156, 212n, 225, 227, 235
変換・転換する umformen, umprägen, umsetzen; transform, transpose　　19-20, 30, 34-35, 43, 69, 138, 195　→刻み込む，押印する
変容（身）Verwandlung, umwandeln; transformation　　111, 166, 218, 242
方向（ただしく方向づける）Richtung, richtegeben; direct, direction　　19-20, 22, 29, 34-35, 37, 40, 45-46, 47n, 76, 88, 138-39, 153, 155, 178, 184, 191-92, 194-95, 200, 209, 220, 235, 242　→道（手だて）
法的正義 iustitia legalis　　73, 77, 91, 94, 140-41
「ホセア書」　239n
欲すること　→意欲
本性　→自然本性

ま　行

マグニフィケンティア　→豪奢
魔術 Magie　　235
交わり communicatio; Miteinanderleben, Gemeinschaft　　73, 73n, 78, 84, 212
「マタイによる福音書」　　7, 28, 162-63, 164n, 168n, 205, 205n, 216, 220（133）

事項索引

マニ教　　186, 194, 201-03, 206-07, 212, 218, 241, 252n
見えざる（もの）invisibilis; unsichtbar　　51, 139, 194
道（手だて），途上 via; Weg, Möglichkeit, Mittel, Weise; way, means, road, possibility　　15, 15n, 18, 23n, 24-26, 28, 33, 35-36, 35n, 38, 38n, 46, 46n, 49, 50, 85, 125, 143, 155, 158-59, 161, 167, 193, 237, 240（Kanal）, 250n　→方向
民主主義，民主制，民主政　　91, 104, 113-16, 130
無傷 Unverwundetheit, Unberührtheit; integrity, untouched　　159-60, 204, 211, 238
無傷の完全性　→完全無欠
無決断 inconstantia; Unschlüssigkeit; irresoluteness, indecisiveness　　20, 26-27
無原罪 immaculata　　204
無私無欲 Selbstlosigkeit; selflessness　　5, 180-83, 194, 196, 220, 242
無思慮 unklug; imprudent, Unbesonnenheit; thoughtlessness　　11, 14, 20, 26-27, 112, 152　→軽率
無節制 akolasia; intemperantia　→ふしだら
無抑制，抑制のない akrasia; incontinentia; Zuchtlosigkeit, Unbeherrschtheit, Unenthaltsamkeit; wantonness　　77-79, 81, 88, 143, 196-97, 199, 202, 218, 222, 229, 231-34, 236, 238-41
明敏 solertia; klarsichtige(Sachlichkeit); clear-sighted（objectivity）　　20-21, 24-25, 160
命令（主に，思慮の）praeceptiva; befehlen, gebieten, Imperativ, Sollen; decree, imperative　　18-20, 25, 32, 49n, 57, 76, 81, 108, 138, 152n, 153, 155, 163, 189, 217-18（Sollen）
目覚めて（目を覚まして）いる wachen, Wachheit; alertness　　24, 26, 190-91, 218
目の欲 Begierlichkeit der Augen; concupiscence of the eyes　　206, 234, 236-38, 237n
目的，終局 telos, finis, Ziel, Sinn; end, goal, aim　　18, 24-28, 34-35, 38n, 41n, 45-46, 48-49, 54, 59, 62n, 66, 68, 72, 93-94（Zweck）, 97, 108, 110, 117-19, 137, 140, 147, 156, 168, 178（Zweck）, 183, 187, 191, 197, 200, 209, 211, 212, 218, 223, 229, 235-236 241-242
持ちこたえ sustinentia; Standhalten; endurance　　143, 156, 158-61, 163, 168　→忍耐
持ち分　→帰属
元どおりにする restitutio; Wiederherstellung　　95, 97-100, 100n, 124-25, 127, 220
ものわかりのよさ（学びの善さ，素直さ）docilitas; Belehrbeikeit　　21, 21n, 23-25, 43
模範像 Richtbild; ideal image　　42, 59, 72, 96-97, 101-02, 104, 114-15, 128-29, 132, 137-41, 185, 189, 192

や　行

「ヤコブの手紙」　　39n, 226
休らい，安定 quies, tranquilitas; Ruhe, stillen, unversehrt　　50, 72n, 145, 148, 180, 180n, 218（stillen）, 236-37
ユーモア　　226-27, 227n
友愛，親しい交わり，友情 philia; amicitia; Freundschaft; friendship　　21, 39-40, 50, 53, 72-73, 122, 122n, 187
勇気，勇敢 andreia; fortitudo; Tapferkeit, Mut; courage　　3-4, 9-11, 13-14, 30, 35, 43, 45-46, 74, 77-79, 83-87, 135, 138, 141-48, 150-61, 164-72, 175, 181, 207, 209, 239
友好 affabilitas; Freundlichkeit; kind　　73, 131

有徳性 honestas; Ehrenhaftigkeit　　73, 73n　→美しい（善）　→恥ずべき
譲り渡しえない　→不可譲渡の
ユダヤ教　　3, 38n
欲情，快さ，悦楽 Genuß, Genußwille, Genießen, Wollust　　183-84, 194, 199, 200, 204, 232-33, 241
抑制する，支配する continentia; beherrschen; dominated, self-control　　32, 81, 83, 197-99
　→無抑制
欲望 appetitus; Begehrung, Begehrungskraft, Begierde; desire　　12, 15n, 29, 34, 34-35n, 36n, 73, 76, 85-86, 184（Gier, Sucht）, 192, 194, 197, 199, 207-08, 213, 229-30, 232, 234, 237
予知 providentia; Voraussicht　　25-26, 33　→摂理
世の中（腐敗した）Welt; world　　99, 124, 130-31, 171, 206, 212, 236-37, 239
「ヨハネによる福音書」　　31, 54, 149, 163, 206
「ヨハネの手紙一」　　52n, 77n, 206, 237
「ヨブ記」　　34n, 55, 230n
悦び，悦び，面白い delectatio; Freude; joy, pleasure　　82, 131, 147, 149, 186, 198, 200

ら・わ 行

利益社会，社会 Gesellschaft, 社会学 Gesellschaftslehre　　68, 93n, 96n, 110, 118, 140-41, 141n
利害，利益，利害関心，利害関係者 Interesse, Interessent　　22-23, 28-29, 93, 96, 99, 113-15, 141, 194
利害相殺，利益の均等 Interessenausgleich; balancing interests　　96-97, 140
理性，理 ratio; Vernunft　　15, 15n, 17-19, 29n, 29-30, 32-34, 33n, 35-36n, 39n, 49, 49n, 74n, 85, 87, 142, 152n, 154, 182, 188-89, 190-91, 193, 195, 195n, 197-98, 202n, 229-30, 232
理性の善　→善
理性の秩序 ordo rationis; Ordnung der Vernunft　　155, 188-91, 197, 209, 218-19, 224, 230-31
立派で美しい kalon; honestum; edel　→美しい
律法 Gesetz; law　　39n, 80, 163
良心 conscientia; Gewissen　　17n, 18, 19, 19n, 22, 26n, 38n, 42, 43n, 108, 139, 188, 195, 205n, 217
　状況良心 Situations-gewissen　　17-18, 17n
　良知（原良心）synderēsis; Ur-gewissen　　17n, 17-18, 38n, 46-47, 47n
倫理徳 sittliche Tugenden; ethical virtues　　9, 11, 13n, 14, 23n, 34n, 36n, 43, 45, 47, 47n, 49, 51, 74, 74n, 83, 85-86, 153, 158, 198
「ルカによる福音書」　　127, 160, 206, 228, 231, 242
霊　→精神（霊），聖霊
霊的 geistlich; spiritual　　40, 165, 213-15, 213n, 241
霊的賜物，聖霊の賜物，賜物 domum spirituale; Geist-Gabe, Gabe des Heiligen Geistes; spiritual gift　　51-52, 125, 166-168, 167n, 171-72, 209, 239, 242
劣悪　→悪
煉獄の purgatorisch　　166n, 219, 252n　→清め
「ロマ書（ローマの信徒への手紙）」　　27, 38n, 49, 182, 203n, 235

ロマンティック（ロマン主義）　96-97, 112, 132

別け隔て　→依怙ひいき

松尾 雄二（まつお・ゆうじ）
1943年横浜市に生まれる．1967年熊本大学法文学部文科卒業．九州大学大学院文学研究科を経て，1971年宮崎大学教育学部助手．コロンビア大学交換研究員，オックスフォード大学客員研究員を経て，1984年宮崎大学助教授，現在に至る．専攻：哲学・西洋哲学史
〔主要業績〕「実体と完全概念，ライプニッツに即して」（「宮崎大学教育学部紀要社会科学」第51号，1982年），「イエスの受難の日付について」（「宮崎大学教育学部紀要人文科学」第2号，2000年），「I. ニュートン『プリンキピア』の「一般的注解」の訳と解説」（同，第6号，2002年），「ライプニッツ全著作・書簡のクロノロジー等」（2006年科学研究費報告書．http://www.miyazaki-u.ac.jp/~e02701u/ に公開）

〔四枢要徳について〕　　　　　　　　　　　　　　　ISBN978-4-86285-008-9
2007年4月25日　第1刷印刷
2007年4月30日　第1刷発行

訳　者　　松　尾　雄　二
発行者　　小　山　光　夫
製　版　　野口ビリケン堂

発行所　〒113-0033　東京都文京区本郷1-13-2　　株式会社　知泉書館
　　　　電話 03(3814)6161　振替 00120-6-117170
　　　　http://www.chisen.co.jp

Printed in Japan　　　　　　　　　　　　　印刷・製本／藤原印刷